社會工作管理

Enhancing Social Work Management: Theory and
Best Practice from the UK and USA

**Jane Aldgate, Lynne Healy, Barris Malcolm,
Barbara Pine, Wendy Rose, Janet Seden◎主編**

溫如慧、黃琇櫻、趙秋蕙、鮑曉詩◎譯

Jessica Kingsley Publishers
London and Philadelphia

推薦序

　　這是一個強調競爭與績效的時代，社會工作管理與福利服務的供給不能自外於這股潮流。面對多元化、高度分工與專業化的社會，人力物力資源緊縮、政府組織與功能的變革、服務對象問題與需求複雜化等因素，都讓社會工作充滿了挑戰與衝擊，需要以更有效的管理，來實現助人的目的及展現服務績效。由Jane Aldgate、Lynne Healy、Barris Malcolm、Barbara Pine、Wendy Rose 和Janet Seden等人主編，於2007年出版的 *"Enhancing Social Work Management: Theory and Best Practice from the UK and USA"*，是一本介紹有關當代社會工作管理和領導理論與實務的書籍，讓人印象深刻。

　　本書以更多元及鉅視的眼光，介紹社會工作管理方面頗受重視的議題及實務案例，從最基本的倫理和道德管理、領導學理論與實務、跨機構合作的策略、安全管理相關的法律知能、新科技的運用、責信和財務管理，以及全球化和多元文化社會背景下的勞動管理，都有詳盡的介紹。此外，也擴大對環境的隱私權和領域歸屬議題的討論。書中更探討新公共管理（NPM）理論，強調經濟、效能和有效率的服務，重視消費主義及產出結果管理，以回應福利服務供給與需求間縫隙持續擴大的現實。而書中介紹英國星級評鑑等級的績效評估審查制度，及肯定式探詢的介入方式，這些概念也是我幾年來擔任各機構評鑑委員期間，十分重視和努力的方向。

　　雖然，本書介紹的主要是美國和英國政治和社會工作發展脈絡下的實務案例，但「他山之石，可以攻錯」，透過先進國家更成熟的社會工作管理知識及經驗的學習，可以讓我們反省、檢視，在自

身文化環境下的社會工作及人群服務組織管理的作為。如今,本書由如慧老師、琇櫻、秋蕙、曉詩小姐等翻譯成中文出版,有助於台灣學生和實務工作者閱讀、學習及參考,而我也很樂意以實務工作管理者的身分,將本書推薦給大家。

內政部台南教養院院長

陳敬忠 謹誌

譯　序

　　從醫療社工轉任教職的第一個教學科目即是社會工作管理，幾年來透過分享實務經歷來連結社工管理理論教材，也鼓勵學生分享實習過程中的所見所聞，共同討論公部門與社福機構之組織結構、政策執行、案主需求、服務輸送之間的交互作用，並檢視社工管理理論的運用性與協助機構面臨現有挑戰的資源，而社工管理對於社工員提升專業知能與職場穩定性的影響，更是有志從事社工專業的學生特別關注的議題。這些在台灣發生的社工實務管理經驗，較少見於現今社工管理的教材中，而本書雖從英美兩國的政治環境變遷論及現代管理的改革與政策的修正，到反映在社工實務議題與倫理的論述，但本書作者群對於管理理論與直接服務的連結，能激發我們思考台灣社工實務與管理理論的交互影響。

　　本書的重點在於英美兩國近代社會工作管理理論與社工實務運用，所提出的議題亦是目前台灣社工界所關注的焦點。如同作者群認為即使英美兩國有著相異的政治環境、法規、組織結構等，但對於社會工作管理所共同關注的議題和價值觀卻是一致的。本書一開始強調新公共管理主義對於福利服務的影響，3Es與責信的要求對服務提供者而言更形重要。在領導理論方面，著重轉換型領導在社會照護機構的角色，以達到永續的品質改善與策略規劃。在社工專業本質的最高指導原則——倫理考量，本書亦有詳盡的論述與案例引證，並且提出讓管理者提高自身能力的方法，以從事倫理問題的思考與符合道德之決策。另外，對於日益增多的多元化社會，本書也從種族歧視與社會排斥理論、多元化和多元文化主義的角度，檢視社福機構工作人員在過去對於多元化的處理方法，並討論如何運

用多元化的優勢解決目前面臨的問題。本書的最後幾章,作者群提出社工管理者與社工員須具備法律知能的重要性以及工作場域的安全、新科技與資訊對於社工管理的運用與便利性、募款與經費的管理等議題。

　　本書的翻譯由筆者(負責第四、五、六、七章之翻譯)與三位好友共同完成,分別為新光醫院資深社工黃琇櫻小姐(第八、九、十、十一章)、於英國University of Hertfordshire任教的趙秋蕙老師(第一、二章、部分第三章),以及同樣定居於英國、任職於科技公司的鮑曉詩小姐(第十二章、部分第三章)。琇櫻的豐富社工實務經驗、秋蕙與曉詩的管理背景及外文能力,皆是促成本書的重要關鍵。此外,為使譯文易於讀者瞭解,由學生蕭閔介負責譯後的第一次閱讀,使譯者們修正艱澀難懂的文句。

　　在此,感謝由台南教養院陳院長敬忠為本書所撰寫的推薦序,以院長在社工實務的管理資歷,為推薦本書的不二人選。另外,嘉藥社會工作系張主任進上及系上教師、學生對筆者的鼓勵與協助,在此表達萬分感激之意。最後感謝揚智文化公司對本書翻譯工作的全力支持。譯文若有疏漏之處,尚祈社工或管理界前輩予以指正,更期望未來學界與實務界能共同撰寫屬於我們自己的教科書。

溫如慧

2011年1月19日

原　序

　　有些時候，書本是意外自天上掉下來的珍奇禮物。一位英國的編輯，Jane Aldgate，拜訪了美國康乃迪克州立大學（University of Connecticut）的社會工作學院後衍生了本書的構想。在那次的訪談中，Jane Aldgate與美國康乃迪克州立大學的社會工作學院院長Kay Davidson、Barbara Pine、Lynne Healy 與Myron Weiner共同構思並發展出一個正式的協議，讓美國康乃迪克州立大學的社會工作學院與空中大學（The Open University）的健康和社會福利學院（現為健康和社會照護系）確認這兩間學院對社會工作的共同點。其主要目的是互相交換意見，並尋找可以共同合作企劃的機會。兩所學校的院長於2002年正式批准這項協議。

　　在當時，有五名學者來自於空中大學，對本書有相當的貢獻，Jill Reynolds（為主席）、Janet Seden（為發表會中的主席）、Jane Aldgate、Wendy Rose和Vivien Martin在空中大學從事發展遠距教學課程的管理照護（K 303）。Sheila Peace對其課程教材有相當的貢獻，Trish Ross則提供了一些實務上的案例。而John Harris從2003年至今一直都是K303的校外評審委員。Wendy Rose和Julie Barnes一直與英國政府有些密切合作的案例。Barbara Pine、Lynne Healy 和Myron Weiner各享有國際聲譽，在人群服務管理學上都有他們所發表的文獻。Barbara Pine則在美國康乃迪克州立大學的社會工作學院帶領碩士班的行政集中管理課程，與她同行的有Lynne Healy與Myron Weiner，其中的教學團隊也包括Barris Malcolm。此學院裡的學術小組與其他美國大學專精於人群服務管理領域的資深學者都互有往來，其中學者包括Mark Ezell和Robert Madden，還有Peter

Petrella，他是社會工作學院其中一名成員，也是一位實務的管理者。所以本書被視為是我們這兩所學校第一次正式的協議模範。雖然本書經過長期的醞釀，但剛好在美英兩國從來沒有像現在一樣如此重視社會工作管理專業化標準的時間點撰寫出來。

撰寫本書期間，英國政府正經歷著權力的轉移，讓英國在管理上有顯著的變化。雖然撰寫本書當時，北愛爾蘭隸屬於西敏寺的管理之下，但蘇格蘭以及威爾斯現在也都有自己的立法議會。蘇格蘭歷經西敏寺三百年的管理之後，蘇格蘭議會於1999年重新成立，並建立了蘇格蘭的行政院，除了稅收、移民和安全問題的領域之外，行政院負責大多數事務的自治自理。蘇格蘭發展了自己的政策，包括與健康和社會議題有關的所有政策。雖然威爾斯仍然與英格蘭緊密合作，由於文化的差異，讓威爾斯堅持所有的正式文件都要以雙語呈現，而且威爾斯政府也在2000年成立，不斷的擴展威爾斯自己的法律，並僅在威爾斯內執行。從英國的角度來看，這些改變已經影響了本書教材呈現的方式，我們已經仔細研究找出政策在不同國家裡的不同之處。不可避免地，由於作者的所在地，對於英格蘭的發展會有所偏見，儘管我們已經努力的涵蓋來自其他國家所收集到的相對比較資料。

有關於語言的使用，國際合作上總是會有種緊張的局勢。有句來自蕭伯納 （G. B. Shaw）的名言，那就是「英格蘭和美國是兩個國家，被一個共同的語言隔開著」。我們一直努力解決這個問題，尊重對方在英語的使用和參考的範圍，必要時再加以解釋。所以在本書中，我們在人群服務管理、社會工作以及社會照護管理之間交替使用。每個國家的作者保留了其書寫和文法，但如有共同國際慣例的書寫方式，則是採用了美國的版本。

這兩個國家的社會工作組織存在著一個或兩個顯著的差異，這是我請大家特別要注意的。在美國，社會工作分為公共社會工作服

務、非營利機構以及私人機構；在英國，最重要的區別是公共社會工作服務由當地的組織機構所提供。這些地方政府的傘狀式組織不僅只是負責社會工作，而是一系列的地方政府服務，從教育到維修道路，以及影響當地生活基礎設施，如治安的其他服務事項。地方當局與國民保健服務信託機構有密切的合作。最近修正之法律使得社會工作服務也可以提供一些當地的基本醫療保健。在此也有非營利（志願性的）機構和一些私人機構提供服務，但地方當局的社會服務仍是主要的合作夥伴。

　　儘管有地方上不同的區別，在撰寫本書的期間，大西洋兩岸開始湧現了社會工作管理的共同主題和價值觀，例如領導能力、道德觀、參與以及多元化；回應改變和責信的要求，以及「以結果為導向的管理」，都是其他共同的社會工作管理主題；也有一些在原創的老題材裡撰寫出新的主題，例如空間管理的重要性、政策實施的後續追蹤，以及在管理財務和技術開發上專業的培養。因此，我們所做的即是一起將這些主題引入各個章節。有些作者強調學術和社會工作的發展研究以及社會照護管理，其他作者則強調創新或政策發展與做法。簡而言之，所有章節試圖平衡這些理論和實務經驗以符合本書之標題。

　　請銘記管理系學生或是具有實務經驗管理者很可能會閱讀本書，在本書的十二章節裡，大部分是真實的案例，足以說明各章節的主要議題或是重點。雖然在英國和美國的社會服務規範裡有許多相似之處，但是法律和組織環境卻有很大的不同。讀者將會注意到作者所使用的案例教材裡，都會反映這些差異之處。

　　本書某些章節所運用到的相關案例，雖被加入各章節裡，但這些章節的主要內容則著重在其他方面。此外，雖然本書的重點是在美國和英國，我們希望這些教材會讓其他地方的社會工作與社會照護管理者感到興趣，就如同現在大家所討論的一些趨勢，有關於全

球化以及其全球化的影響力無處不在。

　　首先，本書一開始由John Harris 來開啓第一章節，他探討了「新公共管理」的理論，此章節更加強調注重經濟、效能和有效率的服務。這總體的力量影響了美國和英國的社會服務，其社會服務採取了不同的路線，但這兩個國家有類似的成果，包括增加競爭力，委外發包制訂契約型服務，更加重視消費主義（包括服務使用者），增加審查和責任，可衡量及預設成果的要求，增加生產力（更高的工作量） 和定量供應資源。這些趨勢與變化讓社會工作／社會照護管理者有了新的挑戰和機會，在他們角色裡伴隨著複雜性。因此，Harris在書中也做了些提醒，去反省思考這些挑戰和機會，並且提供成功管理策略之建議。

　　第二章由Barbara Pine和Lynne Healy共同探討過去這一世紀領導學的理論與實務變遷。接著這兩位作者更著重於當前領導學的各個形式，尤其是著名的轉換型領導，其相關的社會工作和社會照護管理者以及他們所扮演的角色，尤其是在範圍廣泛的管理活動裡涉及其他機構的利益相關者。本章利用案例說明涉及工作人員、董監事會會員、顧客、志工所參與的活動之領導力，以及活動中其他人參與的設計與評估、永續性的品質改善和策略規劃。

　　第三章，Julie Barnes著重於Harris曾舉出的其中一項趨勢——增加審查制度來描述運用在英國公共服務一項新的績效評估過程，稱爲星級評鑑等級，亦說明此等級制度對管理者所造成的影響。經過檢視績效成功與失敗的各種實證數據之後，Barnes提出並說明了一種全機構組織發展，稱爲肯定式探詢的處遇方法，作爲扭轉那些評鑑等級較差的機構的解決方案。肯定式探詢的一個獨特功能，是注重組織發揮最大及擴展其效能，使其成爲行動研究和組織發展策略的回應。簡而言之，即是積極發揮最大的優勢。

　　第四章， 由Lynne Healy和Barbara Pine主筆，文章呈現了常被

忽略卻又是管理文獻裡最基本的主題：倫理和道德管理實踐的重要性。日益複雜的管理和領導者角色，意味著社會工作和社會照護管理者經常面臨競爭的義務，並且必須能夠衡量多種選項來做出道德上的選擇。除了道德決策外，道德管理者還必須培養使別人也可以做倫理決定的氣氛，並確保道德準則與機構在實務運用的一致性。本章描述了一系列的方法，讓管理者提高自身能力，以及從事倫理問題的思考和判斷。

　　第五章，Vivien Martin探討跨機構合作及夥伴關係的需求日益增長，以提供 「包裹式」（wraparound）或無縫服務予有需求的人們，作爲提高服務品質的其中一項策略。在審視服務整合所遇到的一些障礙，Martin 從英國憲章中描繪了跨機構的一套原則和價值觀念，特別是案主的參與計畫和評估服務，來說明這新的趨勢以及對管理者的影響。

　　第六章，Barris Malcolm在英國和美國內日益增長的多樣化社會背景下，提出了挑戰和創造道德任務與多元化的勞動管理。他首先審查了許多種族歧視的基礎理論、社會排斥、多元化和多元文化主義，及主要於社會機構裡的工作人員在過去對於多元化的處理方法。之後亦討論多元化的優勢概念，因爲它適用於個別工作人員以及整體組織。

　　第七章，Robert Madden強調社會工作和社會照護管理者的需求，讓社會工作人員及社會照護管理者具備法律知能，這樣的需求就如同我們所說的，法律與多元和文化的管理能力一樣重要。之後探討了如何塑造人群服務的法律規則， Madden描繪了必要的知識和技能以及法律能力。本章提及的相關主題爲安全問題，亦提供爲個案與員工創造了一個安全管理、無風險環境的指導方針。

　　Jill Reynolds 和Sheila Peace在第八章裡，擴大了對環境的討論，並主張照護機構的設置 （如護理之家） 皆受空間、地點、時

間和行為的限制。一個社會機構的環境主題顯少出現在管理學的教科書以及培訓課程裡。物質上的環境對於個案和員工福利而言是一個重要因素。Reynolds 和Peace並討論了隱私權和領域歸屬議題，也提供了關於管理處遇空間議題的數個案例。

第九章，Janet Seden 和 Trish Ross推動新的責信制度——根據Harris的說法是更多的審查——在服務設計與管理服務裡，讓服務個案和消費者可以有更多的參與感。作者提供了一些案例以呈現家長參與家庭支持計畫以及孩童照護課程時，其中的困難度與正向的回饋，然後制訂出一套原則，促使更多的個案參與。

對於社會服務使用的新科技所引起的廣泛影響則是第十章的主要專題，本章由Myron Weiner和 Peter Petrella所撰寫。本章討論新科技的可能性和機會，可提供給社會工作和社會服務管理者，將提出的技術運用於人群服務組織裡。作者提供了幾項指導方針，針對機構技術上的需求、考量和規劃，以及系統上的執行來加強各方面與各層面的服務。當談到實現該機構的使命時，作者強調經由技術來管理資訊是非常重要的，就如管理財務或是人事處理一樣重要。

第十一章，Mark Ezell 強調金錢管理，尤其是在於新資金的注入和政策方面的人群服務，這意味著更多樣化的資金來源產生更多複雜的會計做法，以及堅持更廣泛的需求。在審查一些資金來源、策略及其限制時，Ezell提出了一套指導原則和管理方法來協助社會工作以及社會照護管理者，讓他們得以留任，繼續為任務而努力以及避免財務問題。

在回顧地方當局政策實施的廣泛個案研究裡，所取得的結果及所學習到的教訓，Wendy Rose、Jane Aldgate 與Julie Barnes 在本書最後一章——第十二章總結了幾個由本書諸多作者所歸納的主要議題，其個案研究探討了當地所實施的全國性評量架構及有需求的兒童及其家庭 （Children in Need and their Families），此國家評量

架構於2000年引進英格蘭，並在一年後也引進到威爾斯。他們發現此架構的成功與否取決於道德實踐、良好的資訊傳達技術和裝置系統、領導者是否願意其他機構合作、是否具有強烈的參與感及以員工爲導向的領導者，才能夠有效的實施變革。

　　我們希望這本書可以引起任何社會服務領域，爲了管理角色而做準備的社會工作人員的注意。如果社會工作專業是去維護或在某些情況下讓所領導的服務符合人們的需要，這類的專門訓練是不可少的。社會工作的領導學可確保這些服務能一直符合社會工作的價值，而且這些服務是經由組織利用現代化管理技術所傳遞的，本書將在接下來各章節呈現這些技術。

Jane Aldgate 與 *Barbara A.Pine*

作者簡介

Jane Aldgate　英國空中大學健康與社會照護學院社會照護領域教授。

Julie Barnes　獨立開業之社會照護顧問。

Mark Ezell　美國堪薩斯州立大學社會福利系教授。

John Harris　英國華威大學健康與社會研究學院教授。

Lynne M. Healy　美國康乃迪克州立大學社會工作學院教授。

Robert G. Madden　美國聖約瑟學院社會工作教授。

Barris P. Malcolm　美國康乃迪克州立大學社會工作學院副教授。

Vivien Martin　英國布萊頓大學商學院管理發展領域首席講師。

Sheila Peace　英國空中大學健康與社會照護學院社會老人學領域教授與研究中心副主任。

Peter Petrella　美國康乃迪克州立大學社會服務系簽訂訓練合約之康乃迪克州立大學社會工作學院組織與技能發展方案主持人。

Barbara A. Pine　美國康乃迪克州立大學社會工作學院名譽教授。

Jill Reynolds　英國空中大學衛生與社會照護學院資深講師。

Wendy Rose　英國空中大學衛生與社會照護學院資深研究員。

Trish Ross　英國諾丁漢郡郡議會起跑點平等兒童中心經理。

Janet Seden　英國空中大學健康與社會照護學院資深講師。

Myron E. Weiner　美國康乃迪克州立大學社會工作學院名譽教授。

目　錄

推薦序　i

譯　序　iii

原　序　v

作者簡介　xii

第一章　回首過去・仰望未來：人群服務管理的現今趨勢　1

　　前言　2

　　新公共管理　3

　　私人管理方式對公共社會福利的影響　5

　　服務使用者即為顧客　7

　　影響管理者的趨勢　8

　　國際環境　11

　　美國　15

　　英國　19

　　結論　22

第二章　人群服務的新領導：參與管理促使員工參與和充權　23

　　領導理論　26

　　轉換型領導和參與　31

　　參與的實例　36

　　結論　45

第三章　由積極取向到管理變革以改善社會工作績效　47

前言　48

當代英國人群服務的績效評估　50

失靈的本質　53

成功的特點　57

重整　60

英格蘭政府處理不良績效的方式　62

改善績效的新取向　63

問題解決中的問題　65

肯定式探詢　67

結論　74

第四章　社會工作與社會照護管理者之倫理議題　77

前言　78

管理者的倫理之責　80

組織與倫理責任　82

組織內的管理行為與倫理氛圍　83

與管理者對立的倫理申訴　84

倫理管理的原則　85

專業與倫理　89

社工與照護領域裡協助倫理管理之方法　90

簡單之案例說明：是這樣嗎？　97

結論　99

第五章　跨越機構界限之管理：以改變爲目標的學習議程　**103**

前言　104

福利服務需求者的期待　104

英國人群服務的背景　105

公共服務現代化　106

整合預算以改善機構之間的合作：一些關鍵議程　108

克服專業認同　110

改善人力資源　111

何者可協助組織合作？　112

克服阻礙的機制：共有的原則與章程　113

領導學習議程以支持整合工作　114

使用轉化學習引導改變　116

學習改變　118

服務使用者與學習議程　121

現代化議程的實施　122

第六章　社會服務機構之多元化管理　**123**

前言　124

定義多元化　126

昔日多元化管理的方式　128

多元化管理的面向　130

多元化能力　138

結論　142

第七章　人群服務管理之義務與安全議題　**145**

前言　146

人群服務管理法律問題之背景　147

權力與自由裁量權　148

專業的自由裁量權　149

社會服務之法律監督　150

瞭解法律規則與授權　151

法律義務之根源　152

視專業實務標準為法律要求　154

日常管理問題　155

實務工作紀錄　156

督導　158

遵守法律命令　159

遵守機構政策　160

政策宣導的必要性　161

監督配合度　162

案主與工作人員的安全維護　162

案主的安全　163

員工的安全　163

發展支持性政策　165

回應工作人員的擔心　166

危害案主之情境　167

管理者與就業法規　168

與律師和法律制度的配合　171

結論　172

第八章　照護環境管理：研究與實務的反思　**175**

前言　176

環境的不同面貌　177

領域與隱私的處理　179

遠距管理　189

遠距管理的議題　190

結論　193

第九章　服務使用者積極參與人群服務：實務探討　**195**

前言　196

服務使用者在服務供給的「發言權」　197

實施服務使用者積極介入管理方式　199

參與的連續性　200

由服務使用者參與管理所產生的議題與兩難　201

自實務得來的經驗　203

服務使用者在管理委員會的會員資格　203

服務使用者代表　204

實際上的考慮　205

服務使用者參與的充權　205

訓練與支持　206

任用服務使用者爲受薪員工　207

組織的議題　208

不同的觀點　209

品質保證　210

服務使用者與管理者的參與焦慮　211

結論　212

第十章　新技術的影響：對社會工作與社會照護管理者的影響　**215**

前言　216

電子科技的潛力　219

社會服務機構運用電子科技之架構　222

社會工作及社會照護管理者必備的知識與技巧　225

科技的養成及管理　228

社會照護管理者應注意的相關議題　233

結論　237

第十一章　基金來源多元化管理　**239**

政策與機構環境　242

民營化與契約委外　243

基金不足　244

權力下放　245

募款機制　246

機構的生存策略　248

基金來源多元化　250

管理議題　252

結論　256

第十二章　從政策面到實行面：服務管理者在實務中的角色　**257**

前言　258

高層的理性官僚觀點　259

實際狀況是混亂而複雜的　261

政策流程　262

服務管理者對政策實行的影響　263

服務管理者在政策實行上的展望　264

評估弱勢兒童及其家庭的全國性架構　266

評量架構的政策背景　267

Browning Forest機構：個案研究　269

等待果陀：2000年3月　272

暴風雨：2001年1月　274

任務完成：2002年5月　277

好好服務兒童及其家庭：2002年11月　279

討論　280

結論　283

參考書目　**285**

專有名詞對照表　**305**

第一章

回首過去‧仰望未來：人群服務管理的現今趨勢

John Harris

❖ 前言
❖ 新公共管理
❖ 私人管理方式對公共社會福利的影響
❖ 服務使用者即為顧客
❖ 影響管理者的趨勢
❖ 國際環境
❖ 美國
❖ 英國
❖ 結論

 前言

在人群服務管理（human services management）裡有種暗喻著「轉變」的趨勢，不僅暗示著朝某個方向邁進，亦為朝某個地方離去；它不僅是一種確定的過程，也代表改革的可能性。基本上，將政府部門及志願服務或非營利機構的管理視為行政的觀點，正是不確定之所在。把管理學視為保管人員或管理人員之職責的慣例已逐漸消失，真正的管理學應致力於把原本已存在的工作及事務，好好的管理及持續下去。社會服務行政與私人企業管理學之間的傳統區別，在於社會服務的道德承擔不同於私人企業，社會服務的管理必須基於對服務本身的特定目標、情況與任務的瞭解。從一般的行政方法（administrative approach）走向社會服務管理，是起源於對專業主義（professionalism）的尊重；也就是以社會服務的專業知識為基礎，以及社會大眾對專業的正確實務做法的認同。經由階級、法規、過程、專業的運作，行政管理是把專業下的種種結構層層疊起。在這個行政的架構下，專業人員根據其實務工作做出相關的判斷。這種管理上的見解，管理者需要負起一些責任：他們自己本身、每個員工、工作團體、教育訓練、資源，以及組織與外界和組織內其他部門的關係（Harris & Kelly, 1992）。

自從1980年代開始，將這個行政方法改變為管理方式，即面臨了相當大的壓力。壓力起源於因應經濟的全球化（economic globalization）（Flynn & Strehl, 1996），很多國家開始強調注重國家競爭力（national competitiveness）的需求，結果造成市場的日益關注，政府機關乃求助於較具有優勢的私部門（private sector）（Flynn, 2000），請其將經歷過的一些教訓和經驗傳授給其他部

門。由於這些國家目前的公共支出（public expenditure）通常被描述爲是一種負擔，應該要被限制，或者最好降低，或減少支出（Flynn, 2000; Milner & Joyce, 2005）。

　　常被拿來與成本相提並論的是，政府所提供的服務一直被批評爲沒有彈性且沒有效率，而志願性組織（voluntary agencies）則被認爲提供比較多的服務，是對服務對象較有回應的組織。並且有人指出，已經有一群眼光更敏銳的群眾開始崛起，他們是曾體驗過市場上高層次服務的人，相對地，對公部門和志願性組織（請參閱Flynn & Strehl, 1996, pp. 17-18）具有較高層次的服務需求，而不是像Lipsky（1980）所證實以成本爲導向提供大量低品質的服務。在美國，由於普遍相信由私人企業（proprietary firms）所提供的服務輸送（service delivery）較有效率，社會服務民營化使營利事業的運用與日俱增（Karger & Stoesz, 2006）。這些論點導致整體趨勢從行政方法走向管理（Minogue, Polidano & Hulme, 1998），並呼籲社會服務管理需要改革。

　　本章將探討已經崛起的管理形式，此形式通常被稱爲「新公共管理學」（new public management），以及在瞭解國際情勢下新公共管理學的發展，並探討新公共管理在美國及英國具體的發展。

 新公共管理

　　在一個要求轉型的論述裡，往往是伴隨著呼籲新公共管理的產生——也就是給予管理者強制命令，要求他們以順從的態度轉變爲以創造績效爲主的態度，舉例來說，人們通常會遺忘管理學代表著持續性以及變化性。管理者，就如我們所見的，或許會受到新公共管理的刺激而用不同的方式處理事情，但他們也仍然必須要讓事務

保持正常運作。最近一本超過五百頁有關管理公共服務的書籍中，整合了公共服務管理的新與舊、沿革與變遷，本書採用其內容而成為標題，內容如下：

1. 環境不斷變化下的管理。
2. 變革阻力下的管理。
3. 策略及變革管理。
4. 市場上的管理。
5. 品質上的管理。
6. 團隊及領導小組管理。
7. 領導力及激勵管理。
8. 個人管理。
9. 預算管理。
10. 資源管理。
11. 審計、會計及績效管理。
12. 資訊及溝通管理。
13. 學習上的管理。
14. 個人發展的管理。（Doherty & Horne, 2005）

儘管在管理上有其持續性的需求，「新公共管理」在世界各地被視為是一種名稱，主要被用來描述公共（日益增加的志願型服務）服務（以及其他服務）中，不是已發生的變革，就是已被視為必要性的改變。新公共管理源自大眾廣泛的期待，期待新公共「管理」可以對社會服務提供另一層的改變，他們假設：「對於現今廣大範圍的經濟及社會弊病，嶄新的新公共管理方式可以證明是個有效的解決方案。」（Pollitt, 1993, p. 1）為了讓公部門和志願性組織追求更好的管理方法，雙方主要著重於關注全球性的私人企業，這

些私人企業相信管理的通用模式（generic model management）[1]，因為這種管理模式可以減少營利企業和提供社會服務的非營利企業之間管理上產生的分歧，且通用模式擁有關鍵性指標，可以提供社會服務的績效。

　　一份來自美國社會工作管理的文獻提出另一種看法，認為社會福利管理（social welfare management）與一般管理學有很大的不同，社會福利管理需要特殊的知識以及技能（Patti, 2000, p. 7）。儘管如此，從公部門及志願性組織的管理術語，漸漸地可以找到沿用自私人企業的管理用語，在在顯示出對私人企業學習的渴望。舉例來說，紐約的警察部門，大幅降低公共犯罪率，常隱喻警察長William Bratton所說：「公部門等同於利潤」（Milner & Joyce, 2005, p. 48）。雖然，在美國（Moore, 2002）及英國（Leach, Stewart & Walsh, 1994; Pollitt, 2003）私人企業的範圍及目的，與其他行業有非常大的不同，且一直存在著爭議，但私人企業對於一般管理學的管理通用模式表現出相當大的熱情，不僅已廣泛使用且互相流傳。舉例來說，一般大眾對於公部門的普遍看法是認為公部門遠遠地落後，需要加緊腳步才能趕上私人企業（請參閱 Milner & Joyce, 2005, p. 1）。

私人管理方式對公共社會福利的影響

　　正如社會服務所關切的，新公共管理的相關特點是著重於由公部門到私部門及志願性單位，委託外圍廠商提供服務，並運用來自

---

[1] 管理的通用模式由美國哈佛大學麥克波特（Michael Porter）所提出：管理學上競爭策略的三種基本通用模式，分別為以成本為導向（cost leadership）、產品差異化（product differentiation）以及焦點集中策略（focus）模式。

私人企業管理的理論，專注在確保提供更經濟化、更有效率及更有影響力的服務（Hood, 1991; Karger & Stoesz, 2006）。在新公共管理相關特點的基礎下，新公共管理賦予管理者權力，而非專業人員，並且堅持管理者所應有的「管理權」（right to manage），這都是為了改善績效和隨之而來的變革，此變革是「為了達到管理者所預設的目標、之前預估的服務水準，以及高度重視工作效率的一種高標準變革」（Milner & Joyce, 2005, p. 49）。

Osborne與Gaebler（1992）早期在一個非常有影響力的公開說明中曾表示，公部門的管理者不應受到限制以達成目標，即使這些目標是由人民所選出來的政治人物代表所訂下的。因為這些管理者不再扮演監督專業人員的監護人角色，反而比較會在組織內由高層派遣重要任務下來（Flynn, 1999; Kirkpatrick, Ackroyd & Walker, 2005），並善用管理策略積極地去尋求管理目標的達成（請參閱Harris, 2003, pp. 64-65）。

相較之下，私部門的做法是採用策略型並具有前瞻性的管理方式，並結合了如志願性組織這種服務提供者之間的競爭，以壓低資源分配和維持或改善服務品質促使生產力提升（Pollitt, 1993; Flynn & Strehl, 1996）。而採用委外契約（contracting）的方式逐漸增多，是為了尋求更大的生產力，它伴隨著高度的責信（accountability）以及履行契約的規定。契約已被廣泛視為重視績效管理的一部分，包括目標設立和審查服務是否已經達到目標。總而言之，它被視為是一種文化上的大轉變，亦被看待成管理組織極為重要的管理方式。

 服務使用者即爲顧客

　　達成基本文化改革的一個重要關鍵，就是以回應服務使用者的喜好爲中心，以此爲信念來改善服務經驗並且提高組織效率。服務使用者不僅被視爲顧客，還遠遠超乎於顧客：服務使用者是與服務有關的個體，以其所能接受的服務滿意度爲基準。在柯林頓（Clinton）時代擔任副總統的高爾（Al Gore），提供了一份具有影響力的報告，它是個具代表性的案例，來證明以服務使用者爲中心的理念。這份報告強調「將顧客擺在第一位」（putting customers first），以及擬訂一套系統使顧客有「選擇權及訴說權」（a voice and a choice），後者是經由服務機構在市場機制的競爭下提供服務。這份報告呼籲服務業界，以顧客的喜好提供服務，使顧客滿意（引述自Aberbach & Christensen, 2005, p. 235）。

　　對於高爾的報告，英國政府部長在最近的一次演說中發表了回應，指出「將顧客擺在第一位」在修辭用語上的相似性以及未來的長期發展性：

　　授權給公部門的服務使用者是最基本的，這也是為什麼政府現在必須注重顧客滿意度，在公部門服務改善過程中，以顧客的滿意度為主要的原動力……英國的內閣辦公室正在開發一套新的標準測量系統的可能性，這套新的標準測量系統能夠辨識並且追蹤顧客對於公共服務的滿意程度……這對徹底的改變將會是一股很強的力量——顯示出公部門所提供的服務領域中，哪些帶領著提供顧客良好的服務，以及哪些是需要改進的領域（Hutton, 2005）。

 ## 影響管理者的趨勢

新公共管理的累積效應已經產生了一連串影響管理者的趨勢。

競爭

就如同我們所看到的，社會上有種信念是社會服務提供者（例如公部門、商業組織以及志願性組織）之間的競爭，會帶來更節省、更有效率以及更有效果的服務。這些提供服務的組織管理者，必須將他們的服務定位在以市場為主以及有競爭力的架構上，而其他管理者則扮演需要服務的消費者。

委外契約

管理者的角色在工作關係上經常被視為介於購買者及提供者之間，而最真實的例子就是控制權其實是掌握在購買者的手上。經由確實推行委外契約合同，可以將購買者及提供者的角色明確做區分。契約上的履行，在於確保採購管理者擁有要求供應者的權力，提供契約上在品質、數量及價格的特定標準。供應商的管理者，則必須依照合約履行。

消費主義（consumerism）

管理者必須把注意力放在服務使用者的意見回饋上，並盡可能讓這些使用者瞭解他們所選擇的服務；而且管理者必須要瞭解工作

人員用什麼態度將這些服務傳遞給顧客。

績效指標（performance indicators）

管理者漸漸被強迫專注於評量標準，並且預先設立成果標準，以監督其社會服務績效，無論這些是否為契約中的一環，或是對政府及其他基金贊助者更廣泛的責信的一部分。

更多的工作

管理者為了達到較高的工作效率，必須在有限的人力資源下，給予更多的工作，這種訊息在英國很少被明確地顯示出來。同樣地，不論是在公部門或是私人企業，「在有限的人力資源之下，達到較高的工作效率」（more-for-less）是現在美國職場上新的精簡口號。

增加詳細的檢查

電腦資訊技術系統涵蓋著詳細的社會服務任務規範，並且當任務完成時電腦系統會主動檢查，如同Myron Weiner和Peter Petrella在第十章所討論的。管理者或許可以參與限制專業判斷的使用手冊、說明以及指導方針的監測，並嚴格規定服務的資格標準以建立標準化和重複化的系統，以及標準化的評估工具。此嚴格系統是為了盡量減少跟管理者接觸及詢問所花費的時間，管理者會事先在程式內設定一系列名單，來讓電腦程式優先處理。

守門員及配給

　　管理者所要發揮的功能愈來愈多，也需要負責更多的工作。因此，管理者希望其他工作人員能將自己視為守門員及資源的小型管理者，小心地控管並達到資源平均分配的服務。

「最佳價值」的政策影響

　　在英國，「最佳價值」（Best Value）在社會（或其他）服務領域中一直扮演著相當重要的管理角色。自2000年4月1日起，管理者已經被要求「用最有效果、最經濟、最有效率的方式」提供持續性的品質及成本改善（Local Government Act 1999, Annex A）（Mark Ezell在第十一章將會探討更多的財務議題）。以「最佳價值」為基礎提出的四大項原則，概括了新公共管理的主要方向，吸引了世界各地管理者的注意：

1.挑戰（為何及如何提供服務）。
2.比較（與其他人的績效做比較，包含在標竿作業中使用績效指標）。
3.諮詢（將當地納稅人、服務使用者以及商業社團設定為績效目標）。
4.競爭（以此為手段來達到高效率和有效能的服務）。
（Department of the Environment, Transport and the Regions, 1998）

 ## 國際環境

　　新公共管理的理念和實務源自於國際間廣泛的注意力，通常是有關於政治面的福利制度考量，尤其是來自政治理念上的壓力，為了改革重組國家的福利制度，以及因應全球經濟的競爭力需求。過去，許多國家為了確保國際競爭力，都將經濟和政治列為優先處理，而把社會服務列為其次。許多國家會為了維持獲利以及避免資金外流，並吸引來自跨國公司和國際金融資本帶來的新投資，常把經濟和政策列為優先考量。全球化經常是代表著非互相牴觸的、無法控制的、單一的現象，民主國家必須適應私營企業的相關要求。

　　就學術文獻來看，已進行的地理區域和各個國家，其新公共管理的改革範圍是驚人的。舉例來說，歐洲（Cousins, 2005）：北歐、歐洲大陸、澳洲、紐西蘭、加拿大、美國、拉丁美洲、東亞、中歐以及東歐（Esping-Andersen, 1998）；澳洲、加拿大、芬蘭、法國、德國、荷蘭、紐西蘭、瑞典、英國及美國（Pollitt & Bouckaert, 2000）。在以上各國新公共管理的研究範圍內，一些英語系國家表現出對新公共管理的興趣，這些起初受到「自由市場」（free market）政策影響的國家被認為會果決地朝向新公共管理的方向邁進。例如，Taylor及其他貢獻者也曾考慮到英國、澳洲、美國及紐西蘭，在1980年代自由市場對其社會的影響（Taylor, 1990），這四大國家通常都被拿來當作新公共管理標準的支持者。

全球化的變動

　　雖然，新公共管理的起源是這些英語系國家，但其影響力卻散

布全世界：

> 1980年代的激進公部門改革方案重整計畫，開始於英國、美
> 國、澳洲及紐西蘭，促進了已開發國家、開發中國家及轉型期
> 國家一股改革的浪潮（Minogue et al., 1998, p. xv）。

> 國際組織如世界銀行（World Bank）、國際貨幣基金
> 會（International Monetary Fund, IMF）、經濟合作發展組
> 織（Organization for Economic Cooperation and Development,
> OECD），在這股重整風潮中，一直扮演著重要的角色，代表管
> 理改變的需求，就如同全球理想化共識的崛起，圍繞在一個有效
> 率及有效能的全球化管理模式中（Deacon, Hulse & Stubbs, 1997;
> Common, 1998）。

> 經濟及政治系統廣泛分歧的某些國家，看來會被捲入這股重整
> 風波，包括迦納（Ghana）、烏干達（Uganda）、越南（Vietnam）
> （Minogue et al., 1998）、墨西哥（Mexico）、阿根廷（Argentina）、
> 印度（India）及塞內加爾（Senegal）（Ferguson, Lavalette &
> Whitmore, 2005）。無論如何，這些開發中國家就算盡最大努力去實
> 施，充其量也只是拼湊出來的新公共管理（Minogue, 1998; Polidano,
> Hulme & Minogue, 1998; Manning, 2001; McCourt & Minogue,
> 2001）。有些學者如Osborne與Gaebler（1992）早期對於邁向世界單
> 一模式的新公共管理的融合過程充滿了信心，認為這是不可避免的
> 全球性變遷，但對於經濟及政治系統廣泛分歧的開發中國家而言，
> 這個論述很快就被重新考慮（Dunleavy & Hood, 1994）。

多元化的政策及實務

大部分的作者不再把新公共管理視為一種一致性的想法、政策

及實務的主體，而是當作一種改變的廣泛過程，讓許多不同的國家用不同的理由，經由不同的路線追隨著：

> 因此，也就是說不管是否接受這些不同的新公共管理實務做法，對於同性質的私人企業以及公部門的管理風格，都應該有懷疑標準，這是種因全球化經濟和社會所造成的後果而形成的普遍趨勢（Chandler, 2000, p. 255）。

　　對於差異性指標，Pollitt指出在紐西蘭及英國，管理重整是因經濟危機而開始的；相反的，芬蘭政府則是在芬蘭經濟良好的情況下開始實施管理重整。而柯林頓在美國的國家績效評估（National Performance Review）中（此國家績效評估部分的靈感則是來自柯林頓的顧問Osborne和Gaebler），美國國家績效評估的管理重整則是發生在一個經濟持續繁榮的時期（請參閱Pollitt 2003, p. 36）。Ferlie和其同事（1996）也指出，新公共管理實務運作的多元化，並觀察到世界各地許多服務業管理者的角色與日俱增，但角色的性質會因當地歷史、文化和政治而有所不同，對於特定的政治意識形態並無關聯。舉例來說，雖然新公共管理時常被認為是偏右翼政黨所製造的產物，但在紐西蘭卻為工黨所接受。

　　Pollitt與Bouckaert（1995）特別注意新公共管理的品質議題，他們發現一種漸漸遠離行政方式並轉向管理的趨勢，但也顯示出多樣性的存在，這在七大歐洲國（英國、荷蘭、瑞典、法國、德國、奧地利及瑞士）有深入的研究報導。Flynn與Strehl（1996）發現管理趨勢正朝向非集中化的服務、績效目標及評量，消費主義及成本遞減，但不同的管理型態則顯露出政策及文化上的差異。

　　以上證據顯示出，雖然新公共管理代表著一個普遍的趨勢，而此趨勢在許多國家發揮了廣泛的影響力，但在改革上，「其中的解釋和執行⋯⋯已多到不均勻、雜亂無章、多樣和可逆轉的⋯⋯」

13

（Pollitt, 2003, p.38）。一些作者建議，為了瞭解這種雜亂的感覺，特別要留意當地情況和國家機構（請參閱Esping-Andersen, 1998, p.6; Flynn, 2000, pp. 36-38），無論如何：

> 新的英國首相……有點像是變色龍和一種自相矛盾的動物——可以為了不同的理由出現在不同的地方；在每個不同的情境下，會經由「編輯過後」、「轉譯表達」或是「量身打造」的方式來敘述事情，並同時承諾給管理者更多的自由空間，讓政治家有更多的控制權，以及讓公共服務的使用者有更多的選擇（Pollitt, 2003, p. 26）。

雖然，在特定國家新公共管理的發展是強調「路徑依賴」（path dependency）[2]，這些特定國家的政府治理制度和體制安排，明確地證明了在不同的國家環境中會有不同的結果（Harris & McDonald, 2000; McDonald, Harris & Wintersteen, 2003）。兩個國家的路徑依賴有許多重疊之處，此重疊之處比大部分已存在於英國和美國的路徑依賴還多。Esping-Andersen[3]於1990年出版《福利資本主義的三個世界》（*The Three Worlds of Welfare Capitalism*），

---

[2]路徑依賴是由美國經濟學家道格拉斯・諾思（Douglass C. North）所提出。制度變遷的原因有二：制度的收益遞增和網路外部性，經濟和社會中存在著顯著的交易成本。路徑依賴類似於物理學中的「慣性」，一旦進入某一路徑（無論是「好」的還是「壞」的）就可能對這種路徑產生依賴。人們過去做出的選擇決定了他們現在及未來可能的路徑。

[3]Esping-Andersen於1990年出版《福利資本主義的三個世界》（*The Three Worlds of Welfare Capitalism*），就依據「福利體制」（welfare regime）的概念進行跨國比較研究，並藉由福利去商品化（de-commodification）、福利的階層化（stratification）效果及市場與政府間的關係三個概念層面，歸納出自由的（the liberal）、組合主義的（the corporatist）或保守的，以及社會民主的（the social democratic）三種西方福利國家體制，並分別以美國、德國、瑞典為代表性國家。

便以擁有自由福利制度的美國和英國作為此書的案例呈現（Esping-Andersen, 1990）。Pollitt注意到，在這兩個國家的管理趨勢有種「顯著的一致性」（striking uniformity）（Pollitt, 1993, p. 21），和其他作者所看到的新公共管理有如一種盎格魯（英國人）－美國人現象（英美現象）（Flynn & Strehl, 1996, p. 6; Kirkpatrick et al., 2005, p. 13; Mishra, 1999）。這種重疊式的管理議程可以被看作是兩國之間更廣泛的密切關係的一部分，象徵著成功的政治配對：如美國的雷根總統與英國首相柴契爾夫人（也就是新的自由主義市場經濟以及新的政治右翼原創始人）、美國柯林頓總統與英國首相東尼布萊爾（雙方都是「第三條路」的支持者），以及美國布希總統與英國首相東尼布萊爾。

 ## 美國

在美國，人群服務是建立在其特定的福利制度之上，充分反映出特定個人傾向的價值，如個人主義（individualism）和自力更生（self-reliance）。早期的社會工作，即出現大型志願性組織與公共服務並存。美國版的新公共管理發展，在新公共管理這個制度之下，並沒有不穩定的情況發生。反之，這些新公共管理發展早已經出現在大型志願性組織與公共服務裡，並成為其主要核心方針。社會服務的結構起源於美國，它源自於一套規範性的價值觀，反映出一個國家的移民歷史以及所附和的神話故事，這個神話持續影響著他們的發展（Jansson, 2001）。前往美國的這些人，是為了尋找自我發展（self-advancement），或尋求庇護來避免政治體系的壓迫；他們認為必須獨立工作以獲取成功，並假設別人也會做同樣的事，因為獨立和自力更生是非常值得慶祝及堅持下去的。

　　相對於有些處於文化邊緣的公共社會服務，美國在生產管理的理念和實務運作上，一直扮演著領導的角色，並且將其生產管理理念和實務運作散播到世界各地（Grey & Antonacopoulou, 2004; Chandler, 2000）。這種領導角色在一本有關於組織和創新，其副標題為「大師、結構與美國夢」（Guru Schemes and American Dreams）的書中，有詳盡的論述（Knights & McCabe, 2003）。領導角色也延伸到社會服務部門，亦有一些書籍出版回應，例如《人群服務組織的全面品質管理》（*Total Quality Management in Human Service Organizations*）（Martin, 1993）。

　　曾經有人提出異議，說管理理念起源於一個「絕大多數公民會接受一種自由經濟（free economy）且有限度干預」價值觀念的國家中（請參閱Chandler, 2000, pp. 201-202; Taylor, 1990, p. 299），應該不會令人感到驚訝的，而且這類國家已成為最早發展新公共管理的新自由主義政治（neo-liberal politics）的「基地」（Clarke, 2004, p. 103）。在世界上許多地方，新公共管理的語言是美式英語，往往未能被翻譯成當地語言（Flynn & Strehl, 1996）。雖然現在美國在新公共管理發揮了領導者的角色，起因是之前美國國內的服務並不完整，（相對地）服務亦受到限制，當初的資金亦不足，在這種時空背景之下，促使美國成為現今新公共管理的領導者（Clarke, 2004）。此外，其所提供的服務是複雜的，夾雜著組織內無數的部門、各個層級和類型差異的組織，互相競爭資源（Fabricant & Burghardt, 1992, p. 116）。

　　Pollitt（1993）著作之一《管理主義以及公共服務》（*Managerialism and the Public Services*）的第四章裡，提及美國公共管理的發展演變史。他看到計畫、方案及預算制度的失靈（Johnson更延伸說明了1965年從國防部到其他聯邦政府）。他聲稱1960年代對貧窮作戰（War on Poverty）和大社會（Great Society）

的計畫[4]是失敗的，Pollitt認爲應該將這些預算編制在對的管理方法上才是眞的對症下藥（對抗貧窮的成功方案，如Head Start[5]這種國家級的政策方案則在抗議由政府提供服務的反對聲浪中被忽略了）。卡特總統（Jimmy Carter）在1976年的競選活動中，曾批評聯邦政府的浪費，並在當選後開始進行改革。而在1970年代中期的中東石油危機（OPEC crisis）之後，越戰所帶來的經濟蕭條以及因爲全球競爭崛起、世界各地的開發中國家經濟起飛，導致幾乎每一個西方工業化國家企業利潤及製造業產量的下降（請參閱Fabricant與Fisher, 2002, p. 65）。這些事情的發展，進一步也幫助了雷根於1980年總統競選過程中，採取與之前卡特總統同樣的方式，批判聯邦政府的浪費。當雷根總統執政後，成立了「葛瑞斯委員會」（Grace Commission）[6]（1982-1984），著重於改進管理以及降低成本的方法。經由此委員會，超過兩千多名的男性和女性商業人員被邀請到聯邦政府，來改善其管理。這個邀請動作帶來的明顯訊息是：最佳管理實務運作可以從私部門轉移到公部門。如同Pollitt（1993, p.181）所指，英國首相柴契爾夫人以及美國總統雷根都有相似的廣泛理念，並且希望引進更多的企業實戰經驗，讓這些實務經驗延伸到那些看似毫無效率的公共服務中。但英美兩國所面臨其中一個不同的情況，即管理方法在美國人心目中已占領著重要的位置，並早已被接受，在英國則並非如此。

　　早在1990年代，各地州政府及市政府都冒著面臨經濟衰退及與

---

[4]由美國總統Lyndon B. Johnson於1960年代所提出的政見，主要是要消除貧窮以及不公平的性別歧視，強調教育、醫療照顧、交通以及居住問題。

[5]"Head Start"是美國「衛生及人群服務局」（Department of Health and Human Services）所提及的國家方案，主要是提供全方位的教育、健保、營養、家長互動的相關服務給低收入戶的小孩及其家庭。

[6]葛瑞斯委員會是1982年由美國雷根總統提出，1984年開始實施，指出聯邦政府若改善管理與減少浪費，五年內可節省4,246億美元。

中央政府政策互相牴觸的風險……儘管有人對「千萬點光芒」（a thousand points of light）[7]產生質疑，社區資源仍亮起紅燈（Epstein, 1992, p. ix）。有人因此而提出一份建議，讓慈善事業以及利他主義（altruism）來取代公共資金。在1990年代中期，「與美國訂契約」（Contract with America）[8]，是國會內共和黨人員所發起的，通過進一步對社會服務的削減，讓許多志願性組織面臨「三重資金短缺的威脅——從各級政府到城市、州以及聯邦」（Fabricant & Fisher, 2002, p. 8）。這些遺留下的資金（並且遺留至今）大部分經由採購已將資金分配到服務型契約的合同裡（同上，p.81）。在1990年初期，Smith和Lipsky（1993）指出志願性組織如何因高度需求和資源減少而受到影響，他們並強調這不是志願性組織正在經歷一個簡單重新定義的績效標準，而是他們正被期待著「更少的人做更多的事」（請參閱Fabricant & Fisher, 2002, p. 5），接踵而來的是在責信的要求下費時工作量的增加（同上，p. 82）。

另外，Ginsberg（2001）提到「責信的革命」（revolution in accountability）是在描述人類服務的轉變，以結果導向的方案。不過，這一直是「長期的革命，就如同增加責信所帶來的壓力，這種壓力已存在數十年了」（Pine, Healy & Maluccio, 2002, p. 86）。管理身體健康以及精神健康服務的醫療保健方法，其影響力已經愈來愈強調服務的評估結果和時間的限制。近二十年來，美國的社會工作／人群服務管理文獻的結果與成果已成為重要的議題，也因

---

[7] 「千萬點光芒」為美國前任總統老布希在位時所發起的推廣義工制度計畫，呼籲全民投入公共服務，並表示光靠政府無法解決美國的所有問題。

[8] 「與美國訂契約」，是1994年共和黨的競選標語。其理念是關於政府改造、裁員三分之一的委員會員工、改善管理與減少浪費，並成立獨立的審計公司來控管國會的資源是否浪費及濫用。

此催生出新的方法，如邏輯模組（logic model）[9]（請參閱案例，
Hudson, 1988; Wahl, 1993; Mika, 1996; Kettner, Moroney & Martin,
1999; Alter & Egan, 1997; Mullen & Magnabosco, 1997）。

　　這種主要的趨勢影響了美國的社會服務管理，然而，這是一
而再、再而三會發生的眞言，有關於需要去限制「大政府」（big
government）以控制其開銷及嚴格控管政府的採購服務契約，這對
社會服務的管理者而言，則代表著一個艱難的環境。

 # 英國

　　雖然美國已經經歷了傾向新公共管理這種重大的連續性趨勢，
在英國，新公共管理的到來代表著與過去的徹底決裂。主要的原則
是以英國戰後的福利國家建設爲基礎，讓每個英國公民有集體責任
義務（collective obligations），經由國家機構爲彼此的福利而努力
（Marshall, 1963）。因此，其中延伸出來的緊張關係如：從市場
所產生的不平等待遇以及民主政策制度都是被國家所控管，其中包
括了社會福利的權利，例如對健康的權利、對教育的權利、對住宅
的權利、維持收入的權利以及和社會服務的權利。這種政權的其
一代表就是社會產生了「顧客—公民」（client-citizens）（Roche,
1987, p. 369），與「國家—照護工作者」之間的關係（Keane, 1988,
p. 4）。這高度仰賴作爲服務傳遞媒介的專業，導致英國公民會把
國家當作是新公共管理規定下的擔保人，認爲國家的公務人員應具
備有其專業性的知識提供服務以及有效率地從事行政管理工作，因

---

[9]邏輯模組是指一個概念架構，協助社會服務活動的執行者以邏輯分析的方式
呈現其活動資源並評估成效分析。

此，當中央政府的立法規定經由當地政府結構與當地政府的政策之下通過，一切皆取決於民主化的政治操控。

在英國，新公共管理的出現在中東石油危機以及「不滿的冬季」（Winter of Discontent）之後，正值英國首相柴契爾夫人政府時期，有關戰後的和解，以「強調一個實現革命性的改變（以及）拆除現有陋習的結構」（Kirkpatrick et al., 2005, p. 15）。當初所提出的改革其目的是為了反對利用社會民主的方式經由當地政府機構來提供社會服務的這種規定。因此，強化中央政府的功能（相對於地方政府）以及改變資金運作機制兩者是分不開的，即使有人反對接受現有的社會民主福利國家這種形式，而是希望促進新公共管理的形成，並建議社會服務最好盡量避免由國家來提供。在英國，地方政府的社會服務變成福利國家弊病的一種隱喻，而激進的立法程序導致了實施以市場為導向的策略，建立在使用委外契約上。對於志願性組織，地方政府成為加強輔導的角色，而不是社會福利的提供者。善用「管理」是一個政治性選擇，關係到管理階層是否具有獨特的財產和專業知識的價值。這種對專業知識的權利要求則會用來支配社會服務的方向。

1980年代初期，鑑於新公共管理的起源是從保守黨政府之前制訂的議程開始，當1997年新工黨上台後，便直接繼承了之前保守黨所遺留下來的社會服務政策，此政策在保守黨時期早已根深柢固，也就是現在我們所說的新公共管理。對此，新工黨則把自己定位為「第三條路」（Third Way），這不過是表示一種非政治化的定位。

當新工黨得到政權後，政府接管來自新右派的新公共管理的專業術語及實務方法，並繼續支持新公共管理的主要理念，例如為服務訂定明確的目標、有效地監控及善用市場或市場機制。然而，工黨政府為新公共管理還開發了一條自己獨特的道路，內容包括使用更先進的績效標準，更加重視合作夥伴關係（partnership）

（Glendenning et al., 2002），長期規劃並接續長程的目標與指標，更加強調運用管理來實現政策的目標，而不是讓目標本身自行終止消失。這些理論的使用是源自於商業實務，如「利益團體」（stakeholders）（Cutler & Waine, 2000; Newman, 2005）。

新工黨首選的論述即為「現代化」。此論述中，闡明對管理應保持一定的信念是個重要的層面，尤其現代化可以證明管理對「永續改善」（continual improvement）的需求（請參閱之前的「最佳價值」）。對於公部門及志願性組織，現代化管理也極為重要，這些組織可以管理得更像是私人機構或是營利部門。在追求持續的改進過程中，會牽涉到社會服務的嚴格控管及對政府產生新的願景，讓政府成為以社會利益為考量的監護者（但並非是直接執行者）（Freeden, 1999, p. 49）。社會服務也因此設立了標準化，並且將其服務績效公布出來，這種方式讓中央政府可以直接干涉成效不彰的公部門及志願性組織，因而造成這些組織面臨相當的威脅，尤其害怕中央政府將組織內任何失敗事件給公布出來。在這種由上而下的政策，其專業化績效相當努力地強調一種訊息，即是新工黨繼承了來自保守黨政府，而保守黨政府的專業人士是不可信任的。在這種制度之下，新工黨的新公共管理的核心要素可分為以下四大動力：

1. 它表示了社會大眾對於公共服務的可用性以及對品質的不安。
2. 新公共管理讓原本沒有條理的制度且咫尺可行。
3. 它試圖讓政治不涉及新公共管理的政策和做法。
4. 它驗證了服務供給應該是被嚴肅看待的。（Clarke, 2004, pp. 133-134）

和美國的新公共管理相比，英國的管理者很可能偏好委外契約，但也許委外契約的方式僅能達到某種有限的程度。然而，當英

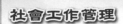

國的管理者發現自己已被納入一套績效管理評估裡時，會不斷地將機構的進展銘記在心，因其績效會被納入排名和星級評鑑等級（star ratings）而被公布出來（績效標準將在本書第三章有更深入的探討）。

 ## 結論

新公共管理在世界各地已經引發了許多不同的管理趨勢。美國和英國一直是新公共管理的前鋒，因此美英兩國的新公共管理雛型已經深入到每個國家的社會服務準備工作。大西洋兩岸的管理者對於新公共管理都有重大的影響力，他們被賦予更重大的責任，被期待須富有想像力、有目的的、有進取心的，以及成為會算計謀略的管理者，而不僅僅只是技術人員（Moore, 2002, pp. 20, 293）。他們被視為是提供改善社會服務的關鍵人物，而且可以直接負責提供或購買服務。在新公共管理裡面，發現了更複雜的管理角色，那就是管理者正面對著一連串的顧慮以及大眾的利益（White & Harris, 2001, 2004），而這些顧慮及利益可能會經歷到前後矛盾或是對立的狀態。在這本書的其餘章節，將探討這些需要考慮的因素以及大眾的利益，以此顯示問題所在，以及管理者如何在現今環境下克服這些問題的幾種可能方案。在下一章節，將開始探討並深入研究人群服務管理的領導者角色。

第二章

人群服務的新領導：參與管理促使員工參與和充權

Barbara A. Pine & Lynne M. Healy

❖ 領導理論
❖ 轉換型領導和參與
❖ 參與的實例
❖ 結論

社會工作／社會照護（social care）在過去二十五年到三十年之間發生了重大改變，正如本書在其他章節曾提到過的，現今的社會工作及社會照護的領導者，必須要有效率地創造並且管理許多不同的面向，包括不同背景的人力、管理已固定成型的內部組織關係以及策略聯盟（strategic alliances），以及資金流向，為能幹的志工提供強力的支援，現今確實可行的技術和操作系統，以及一個以道德為基礎，任務導向的組織；他們也必須很有創意地去督促和管理機構上發生的改變，組織的改善，以及環境的安全和組織的改革和風險。上述所有情況都發生在高度競爭但態度卻趨保守的大環境裡，包括資源相當有限，甚至緊縮的人群服務機構。

Vaill曾使用「身處長期激流中」（permanent whitewater）[1]的比喻，來形容現今組織的領導者經常面臨動盪且迅速變化的環境，機會往往混雜著危險。Vaill所定義的「身處長期激流中」是指一種持續無秩序又充滿意外、新穎、非結構性事件的過程，因著疏忽或誤解而付出極高代價，迫使領導者不得不學習 （Vaill, 1997, p. 72）。任何熟知及面臨這類事件的社會照護與社會工作服務的領導者，例如兒童及老人保護、醫療保健、精神醫療及弱勢者充權等社會服務，肯定能夠同意Vaill做此隱喻的適切性。

在英國，領導學已備受矚目，主要來自政府的現代化議程（modernization agenda）（Hartley & Allison, 2000; Rogers & Reynolds, 2003a）。目前在美國書店裡則設有領導學專區，同時激發個人領導風格及技能的研討會相當普遍。

---

[1]Vaill, Peter B.（維爾）曾出版《學習為生存之道》（*Learning as a Way of being Strategies for Survival in a World of Permanent White Water*）。Vaill表示，領導者其實極少面對平順的狀態，多半像是在急流中泛舟（whitewater rafting），常面對各種緊急事項，必須經常召開會議協商，運用他們的領導才能立刻解決問題。

從領導的角色來定義實現目標：「是一種影響他人達成組織目標的過程」（Yukl, 1989, p. 251）；「一種人際關係影響的企圖心，直接經由溝通的過程，達到對一些目標或許多目標的實現」（Fleishman, 1973, p. 3）；「個人能夠取得他人的協助與支持以完成共同任務的社會影響過程」（Chemers, 1997, p. 3）。也可從人際關係來定義領導：「領導者並不領導，反而比較常花時間在建立、維持並指導承諾、技巧，和關注其跟隨者與合作者」（Rubin, 2002, p. 14）；新式的領導方法意味著「一種『激發出人們最強的能力』的轉變」（Robson & Gomph, 1994, p. 27）；領導就像是「管弦樂編制法，將每個人當成一小分子編排成一個整體，用鼓勵溝通的方式形成合作性的問題解決團體」（Lewis et al., 2001）。

　　為了組織的成功，領導力也被認定為管理者必須扮演的角色。有些作者指出，管理和領導之間的不同，組織同時需要良好的管理與領導，但並非總是由同一人來扮演這個角色（Knauft, Berger & Gray, 1991）。其他作者則認為組織效率必須具備技術性能力，而組織效能則需要領導能力（Lewis et al., 2001）。Chemers（1997）提出二分法的假設，說明領導者的責任就是在維持組織內部的秩序和穩定，與外部適應能力和變化的需求之間取得平衡。最全面性的做法就是將領導的兩軸分成四個向度：內部對外部，控制對彈性，亦即Quinn（1984）所發明之競值架構，用來評估組織的效能與領導技巧（Edwards & Austin, 1991; Austin, 2002）。Austin 描述這四個向度良好運作的必備技巧，包括諮詢、促進、監督、協調、創新、經紀、創造以及指導，並建議領導者必須兼顧的組織整體及各部分（Austin, 2002）。最後，在近期的評論及社會服務管理（social service management）的教科書中，Austin與Kruzich（2004）指出三項主要類型的十一種重要管理角色：領導的角色，包含邊界設限者、創新者、組織者和團隊建立者；互動角色，包含

溝通者、提倡者、監督者及推動者。分析的角色則包含資源管理
者、評價者及政策執行者。

那麼社會照護／社會工作中，成功的領導人或管理者的必備
條件是什麼呢？本章我們將簡單討論過去一個世紀的領導理論及實
務經驗的演變；之後我們將著重在「第五代領導理論」（the fifth
generation of leadership theory），探討轉換型領導（transformational
leadership）之定義及相關特質。這個領導風格的重要觀點，就是所
謂的「超級領導者」（SuperLeader）（Sims & Lorenzi, 1992）、分
散式領導（distributed leadership）（Rogers & Reynolds, 2003a）、
多元化管理（pluralistic management）（Nixon & Spearmon, 1991）
以及參與管理（participatory management）（Van Vlissingen,
1993），會讓其他人參與手中的工作到何種程度。因此，我們將著
手討論參與管理如何成為引領現代人群服務職場中，增強專業社工
人員工作決策的主流議題。也就是透過參與以下重點活動，例如方
案評估、策略規劃、全面品質改善方案、問題解決團隊和任務小組
來執行參與管理。我們將列舉一些有關參與管理策略的案例，並且
討論即使在大型官僚體系之社會照護／社會工作機構之中，參與管
理的好處及成功領導的必要條件。

領導理論

特質理論（trait theory）

在過去這一世紀裡，領導理論歷經數個演變階段。二十
世紀初期的領導特質理論嘗試著要去評量所有事物的個別差異

（例如智力）。早期的特質理論將領導能力視爲特質與能力的證明（Chemers, 1997），可能包含身體與／或者人格特質或能力（Northouse, 2001）。Northouse（2001）1948到1991年所執行的五項領導特質整合研究，結果顯示領導特質的廣度，並提出了五項共同的特質：智力、自信、決心、誠信，以及社交能力。早期認爲領導特質是本身的天賦，之後則認爲這些特質可經由後天學習得來；再者，當前對於領導的理念，如稍後我們將要討論的轉換型領導，更著重在一個良好轉換型領導者之特質。

行爲理論（behavior theory）

之後的理論發展著眼於好的領導者會做些什麼，並試圖解釋領導行爲或領導風格。在此領域最著名的學者是Blake與Mouton（1964），他們針對領導行爲發展出兩個向度：其一是組織任務完成導向，另一個重點則是組織員工導向。Blake與Mouton以這兩個向度發展出領導者風格的「管理方格理論」（managerial grid theory）[2]。因此，例如一個達到9,9的領導者同時高度關注任務與人際向度，而一個僅達到1,1的領導者既不參與也漠不關心（Northouse, 2001）。風格理論（style theory）也表現出一種持續的領導行爲，一方面以領導爲重，以規則爲中心，並結合霸權及專制獨裁；另一方面則是以團隊爲重，以人爲本，可協商的，以及民主（Chemers, 1997）。它所傳達的理念，就是最佳風格。

---

[2]管理方格理論，主要說明兩種不同的管理方式：關心工作爲主、關心人員爲主，計有八十一種組合，其中基本的五種型態爲1,1型（無爲型）、1,9型（懷柔型、俱樂部型）、9,1型（業績中心型）、5,5型（平衡型、中庸型）、9,9型（理想型）。

情境理論（situational theory）

領導理論發展後期，試圖從情境來詮釋特徵（特質）與行為；領導不再是一種風格選擇的思維，認為係視情境而定的選擇。最著名的是Hersey與Blanchard（1983, 1988）的情境領導，他們主張不論指導或支持領導者的風格都應配合部屬的需求，一項四個向度所組成的方格，顯示了四種風格：高度支持，低度指導；高度指導，高度支持；低度支持，低度指導；以及高度指導，低度支持。當員工成長到一定的成熟度後，指導與支持的需求就會漸漸減少，成熟及負責任的工作人員，在領導者諮詢之下即可獨立負責自己的工作（Hersey & Blanchard, 1983）。情境領導方法運用一系列的培訓課程以及領導力的評估工具（Northouse, 2001; Casey Family Services, 2005）。

交易型領導理論（transactional leadership theory）

交易型領導認為，領導係領導者以及追隨者的一連串交換過程。領導者利用「釣著一根紅蘿蔔」的各種不同方式，來完成組織內部的任務目標。領導者設定目標並且激勵部屬努力工作，以實現任務目標。交易型領導理論可以解釋成交換互惠，這是最常見的領導行為模式（Sims & Lorenzi, 1992）。

轉換型領導理論（transformational leadership theory）

　　轉換型領導，也就是現在稱之為第五代領導理論，自從1980年代開始，就一直是備受關注的焦點。但它是從更早期的專業研究中開始出現的，這些研究專家如Kurt Lewin與Douglas MacGregor。後者是Antioch College學院的前院長，於1960年發表了一本他最出名且影響深遠的書——《企業的人性面》（*The Human Side of Enterprise*），他描述了一個領導者／被領導者之間關係的新觀點，提出著名的Y理論（theory Y）。Y理論係根據Maslow（1943）的人類需求層次理論，領導者認為相較於外部控制，員工更有能力承擔負責工作及自我控制，以達成組織的目標；只要提供適當的工作條件和機會，員工也有能力及創造力去解決問題（Weisbord, 1991）。繼MacGregor之後，Ouchi的Z理論（theory Z），是以人為中心的管理方式，領導者在積極參與的非正式架構下，視為楷模及催化者（Reisman, 1986）。Rensis Likert也提出參與管理方式的重要基礎，認為管理行為的模型包括四個系統，之後轉變成一套組織的診斷工具（Weisbord, 1991）。Likert的管理四個系統（system 4 management），和參與管理有相同意義，員工密切地參與方案計畫，運用矩陣方法（matrix approach）的跨部門小組來規劃組織工作，視管理系統為有幫助的，而不是讓人感覺到壓迫的（Murphy & Pardeck, 1986）。總之，從這些早期的理論學者／實務者的著作，我們容易思考轉換型領導。

　　Northouse（2001）將那些轉換型領導者定義為「在變遷中對被領導者予以充權（empower）並培育他們；轉換型領導者試圖增強個人意識，使他們為了他人而超越自身利益」（p. 142）。其他作者也將轉換型領導者定義為：「有目的和願景的參與」（Rogers

& Reynolds, 2003a, p. 70）。從這些定義明顯可見「轉換型領導」整合了特質理論、行為理論、情境理論和交易理論，與員工和其他利益團體（stakeholders）來實現組織的使命。而這些定義的核心是Sims與Lorenzi（1992）所指出充權「組織的新典範」（p. 304）。

　　Bass（1985, 1990）認為交易型領導與轉換型領導不同，並指出後者的四個特點，這些特點兼顧特質及行為兩者，包括個人魅力、激勵、智能激發與個別化關懷。個人魅力因素，意味著轉換型領導者是個強有力的榜樣，創造組織願景與使命感。她／他會獲得他人的尊重與信任，並對工作引以為傲，這個因素也被稱為理想化的影響。激勵因素，意味著領導人以簡單的方式向他人傳遞高度期望與組織之重要目標，激勵他們全心投入並成為團隊一部分而努力。第三個因素——智能激發，描述領導者鼓勵員工對於基本假設提出質疑，以創新和獨特的觀點來看待問題，並勇於積極創新尋求組織之解決方案。Mary（2005）近期研究發現，轉換型領導風格與正向領導結果有關。最後一個因素——個別化關懷，指涉領導者對待他人的方式，如私下給予關懷，並提供個人茁壯成長的支持性環境。轉換型領導的重點在於充權，使人們能夠在工作及工作之外找到他們的人生價值（Bass, 1990; Martin & Henderson, 2001b; Northouse, 2001; Manning, 2003）。因此，Martin與Henderson（2001b），引用Alimo-Metcalfe（1998）的文章，描述轉換型領導者都具有以下特質：

　　　　基本的個人性格，包括同理心、心胸開放的面對他人的批評與想法、一定程度的無私、對人充權時審慎承擔部分風險，以及熱誠、明確表達清楚的願景和表明決心勢必達成目標，並接納他人參與，讓他們擁有自己的願景。轉換型領導者被視為高度正直與有自信的人，與工作夥伴保持密切關係及可親近的，能

高技巧地處理組織內外部的政策，具有智慧和能力來思考大局
（p. 42）。

轉換型的領導風格與女權主義者的領導風格是一致的，被視為
促進溝通、權力分享（對權力賦予的觀念，而不是過度運用權力）
和決策，同時也重視過程和結果（Healy, Havens & Pine, 1995）。
轉換型領導與Sims和Lorenzi（1992）提出的超級領導（Super
Leadership）也非常類似，Sims和Lorenzi著重團隊建立的方法，試
圖增強被領導者，讓他們成為擁有主動積極與創造力的自己領導
者。Rogers與Reynolds（2003a）使用「分散式領導」（distributed
leadership）這個術語描述此一領導風格，經由各種不同的諮詢和實
際參與以激勵被領導者的領導力。

下一節將針對參與式領導方法加以定義說明，並提供現今社
會工作／社會照護管理運用之基本原理。我們也想強調一點，關於
所提到的領導，不僅僅是那些已經被認定的領導者：組織中的高層
主管；相反地，我們認為領導是一群不同的角色、屬性、價值觀念
和可能發生在組織各階層的行動，從執行董事到最前線的員工，都
可能是領導者，例如針對服務改善，負責規劃與掌管的組織任務團
隊。

轉換型領導和參與

有句諺語提及現今在公私部門裡，上位者將屬下的參與當作是
主流議題。最近在奇異公司前首席執行長Jack Welch的談話中曾提
到：「你的優點是可從工作夥伴中反映出來的。管理並非是你去執
行，管理可激勵他人去運作，比你自己去執行的效果還要更好。」

（Bauman, 2005, p. 3）在人群服務組織裡，有效率的領導者也會將員工視為最寶貴的資源（Cohen & Cohen, 2000）。也的確是如此，員工並不是設備或機器，而是社會機構中可以提供資源的重臣。

　　參與管理（participatory management）是承諾員工能參與組織重大決定的策略。參與的意義在於工作人員是承擔解決問題的角色、對相關的政策和行動做出決定、協助評估問題和改善方案，以及發展組織內部之間的關係（Pine, Warsh & Maluccio, 1998）。有許多種參與形式，包括小組會議與個案討論，可特別設立工作團隊和委員會以鼓勵並促進組織間在種種議題上的互動（Manning, 2003）。員工也可參與組織所設計並定期舉辦的各式訓練活動，如品管圈（quality circles）、工作生活品質及工作的重新規劃、工作場所分析及其他診斷活動（French & Bell, 1999）。

　　參與也是一種道德義務（Weisbord, 1991）。在人群服務領域裡尤其如此，原因如下：首先，與人工作有如Manning所指，屬於「道德取向型工作」（moral work）（2003, p. 23）。在這些組織中的社工人員的確會影響到案主的重要生活需求。社會工作人員依據專業倫理守則執行實務工作，維護個案並使其保有知情同意（informed consent）、保密、不受危害與社會公平正義的權利。再者，社工處遇（interventions）的核心功能是案主充權，如果社工人員未能如專業人員般被賦予權責，其功能將無法發揮（Hegar & Hunzeker, 1988; Shera, 1995）。社會工作的領導者必須以身作則，親自示範展現社工專業實務的價值（Mary, 2005）。因此，參與管理與社會工作價值的充權是相輔相成的，並且與案主自決（self-determination）和尊崇人性尊嚴的理念相符（Katan & Prager, 1986; Edwards & Gummer, 1988; Malka, 1989）。

　　此外，所有工作人員包括管理者到第一線的社工員，皆承擔相同的道德責任，為公眾利益犧牲與奉獻，以達成組織使命，達到

對社會道德的承諾（Manning, 2003）。當相關的利益團體參與機構的組織流程和結構設計時，機構也較易維持道德規範，理想與實務亦可達成一致性（Manning, 2003）。Lynne Healy與Barbara Pine在本書第四章提供了許多與道德結合的案例。最後，人群服務組織內的社會工作是複雜與不確定的，因此凸顯人性尊嚴、意義與社群的價值，對於使用參與管理與領導風格的機構則變得日益重要（Weisbord, 1991）。

參與的優點

根據Weisbord（1991）的論述，人們對於從事自己較難掌握的工作與工作場域時，生理與情緒上易有受創的感覺。相反地，透過參與，能加強員工的滿意度，並降低員工的倦怠感及流動率（turnover）。Vinokur-Kaplan、Jayaratne與Chess（1994）在研究員工子女福利時發現，社會工作人員認為若能感受到機構所賦予的工作職責富有挑戰性並有晉升的機會，這些員工較容易滿足，也不太可能去尋找其他的工作。以人群服務機構迅速變化的環境，是需要有彈性與改變的。正如Malcolm在本書其他章節指出的，人口的遷移以及多種樣貌的個案與工作人員增加，促使我們看重多元化的價值，並強調善用其差異性來改進工作場域的氛圍與服務。由於要求增加對人群服務的責信，注重以實證為基礎的實務工作所帶來的壓力，造成需要其他有識之士的參與，其中也包含了個案，以齊匯成「更大的創意資料庫」（larger portfolio of ideas）（Kanter, 1989, p. xii）來規劃和解決問題。如此參與也會增加一些可能性，如員工會接受並遵守目前手中正發展的政策或實務工作（Katan & Prager, 1986; Weisbord, 1991）。由於某些社會工作須面臨高度的壓力，而有些組織品質降低，此時透過參與可建立組織價值和目標的共

識，增加工作的成就感和滿意度，這兩者都是讓員工擁有高昂士氣的基本原則（Wodarski & Palmer, 1985; Healy et al., 1995; Manning, 2003）。

　　組織內與跨組織工作團隊以委員會鼓勵跨部門、跨組織界限的關係建立，促進社群建立及改善生產率（Katan & Prager, 1986）。最後，參與也提供各層級工作人員發展新知和技能的機會，例如增進對於特定方案、處遇或共同合作的瞭解；也有可能把學習重點放在程序上的技巧，包括談判、團隊建立、分享想法、衝突管理（Pine et al., 1998）。學習和改變使組織更能適應大環境，由此證實與Senge（1990）所著之《第五項修練》（*The Fifth Discipline*）（Lewis et al., 2001）書中所提及之學習型組織（learning organization）觀念是相符的。應用持續學習（continuous learning）已成為「1990年代組織的主要生存策略」（Cohen & Austin, 1997, p. 42）。

什麼是參與？

　　領導者可能會使用不同的參與策略（participatory strategy），這些策略可從其目標在於操控參與者到真正分享權力與決策。在Arnstein（1969）一篇常被引述並描述全民參與的文章當中，提出了八階段的「參與階梯」（ladder of participation）（見**圖2-1**）。在階梯的最底層，稱之為操縱（manipulation），員工在所參與的委員會裡，其功能只能執行早已做出的決定。階梯中的第三、第四和第五則為通知、諮詢和安撫。Arnstein將此三階梯稱為「象徵性參與」（participation tokenism），其內容由單向告知、徵詢意見但不一定會被採納、到安撫，即領導者接受參與者無關緊要的喜好，如此的策略或許可以營造出參與的幻覺，但往往造成挫敗與疏離。

8 公民主導 7 授權 6 夥伴關係	公民權力	
5 安撫 4 諮詢 3 通知	象徵性	
2 治療 1 操縱	非參與行為	

圖2-1　參與階梯理論

資料來源：改編自Arnstein（1969）。

　　眞正的參與型態出現在較高的參與階梯，透過夥伴關係（partnership）、授權（delegation）以及公民主導（citizen control）來達成。雖然在人群服務組織裡的領導者必須保留最終控制權，但可將決策授權，並有效運用夥伴關係模式。如果透過公開與坦誠，較低層次的參與也可以達到效果。領導者諮詢員工或個案的想法，明確地告知最終的決定權爲何，定期並誠實地向參與者報告所達成的決策，此舉通常可留住參與者的善意。

參與的限制

　　參與並不適用於所有情況，也不是每次奏效；科層組織結構可能會使參與者在某些機構中面臨到挑戰（Henderson & Seden, 2004; Seden, 2003）。代表（representation）與參與是不一樣的（Weisbord, 1991）。此外，並非所有管理者都具有必備的技能和知識來執行與員工相關的策略。培訓和諮詢以及其他方面的支援，可能都有需要。所有參與員工都需要管理者的信任與支持，他們的參與將對工作成效有所影響（Manning, 2003; Pine et al., 1998）。同時，在一開始時必須先澄清參與的限制以及管理者的後續責任

（Vandervelde, 1979）。

 ## 參與的實例

接下來是關於在人群服務組織內運用參與的實際案例，顯示出社工人員與志工一同參與方案設計與評估、改善機構計畫，以及在困難的方案與決策時所帶來的好處。

問題解決

參與管理並不建議只運用單一形式或方法。如以下案例所示，管理者可能難以理解參與的涵義，有些管理者認為的參與是僅靠幾位可信賴的顧問，然而有些管理者認同的參與是讓所有的員工都參與。

在一份「性別對領導風格的影響」的研究報告中提及了以下發生在美國某個州政府的情景，其部會首長及副首長的男女人數是相同的：

州長指示各部會需在一個月內提交一份削減3%預算的計畫。請各部會首長描述在其部門裡將如何進行此計畫，包括投入此計畫的職位、使用的結構與決策模式、所扮演的角色，以及最終的決策如何傳達給參與計畫過程的員工（Havens & Healy, 1991, p. 66）。

這種面談並非在解釋此情境為假設性的，而是此州政府最近需面對如此的預算刪減，因此，他們所描述的是真實行為。男性管理者有77%的人表示將以兩位或三位高層主管所組成的小團隊來協助

此計畫。女性管理者比較願意讓較大的團體來參與其決策過程，包括第一線的工作人員（73%）。另一個有趣的差異是有些領導者將參與過程當作是決策達成共識，而有些領導者認為他人的參與主要是資訊蒐集。因此，接近半數的女性領導者表示工作人員可參與最終決策，而所有的男性領導者表示會在自行決定之後再告知工作人員。

這個案例驗證了領導者可為了不同的目的來運用參與，範圍可以從告知到諮詢、夥伴關係，及透過不同參與程度的授權，如先前所討論Arnstein的參與階梯。

方案設計

隨著人群服務領域愈來愈強調責信的趨勢之下，社工在規劃服務處遇時，愈注重研究結果和方案評估。實證基礎實務（evidence-based practice）是現在常用來描述人群服務強調實務知識的一個名詞（O'Hare, 2005）。在設計方案時，社會工作人員會盡一切努力選擇及運用研究結果顯示有效的處遇。他們也須將方案書面化，將監督和評估方案的指導方針納入其中，如此的方案設計量化程序投入（inputs）的資源（如案主、工作人員、其他資源）、方案的產出（outputs），或是方案會是怎樣產生的（如臨床治療或父母效能訓練的時數），其所展現的成果亦能以可測量方案過程與成果目標的形式呈現（Pine et al., 2002）。**案例2-1**說明了直接服務案主的員工的重要角色，其功能應發揮於方案設計上，亦是組織結構與過程的絕佳案例，可確保方案評估的參與整合狀況。

一所大型非營利兒童福利機構與政府兒童保護機構共同合作執行某項方案已有一段時間；後者讓父母參與此方案，工作人員與父母緊密合作來解決政府兒童福利機構所關注的問題。公部門的工作人員不定時提供諮詢，特別是當非營利兒童福利機構的工作人員認為此問題家庭的狀況已經穩定且即將結案時；然而，參與此方案的非營利兒童福利機構工作人員時常感到挫折，因為他們認為政府機構轉介的個案極具挑戰性，且家屬的進展很緩慢甚或無法進步。當成功率非常低且付出極大的努力卻達不到成效時，非營利兒童福利機構的工作人員感到相當失望，導致與政府機構的合作關係時常處於緊張與受挫狀態。

聽取了工作人員的諸多不滿後，雙方機構的管理者組成一個委員會，成員包括方案的團隊領導者及直接服務者，同時也有政府轉介機構的代表。他們任命團隊領導者擔任委員會的主席，賦予主席及委員會評估目前方案，並針對已確認的問題及需求設計新的方案。一位來自非營利機構中央辦公室的顧問，亦被指定為委員會成員。經過一整個夏季的努力，經該委員會主席明智地邀請政府機構代表擔任共同領導者。此團隊規劃出新的模式方案，其特點是強調工作人員與政府機構之間緊密的夥伴合作關係，因為先前雙方較少聯繫影響了彼此的合作並感到挫折，亦導致無法有效解決案家的問題。委員會也重新界定個案資格，過去未曾接受政府機構服務的家庭才能參與方案。換句話說，被轉介的是那些比較年輕及問題較易被處理的家庭。這些家庭期望被協助，而非先前所抱持著最後希望的問題家庭。

此次委員會會議有許多互動，來自兩個不同機構的成員

因討論處理事情的優先順序及不同的服務價值觀，使得氣氛緊張。最後委員會制訂了一個所有成員皆滿意的模式，使得該計畫得以在秋季開辦。

值得一提的是，在此機構，督導、甚至是直接執行服務的工作人員都被鼓勵擔任領導者的角色。此外，員工參與組織的改善也被正式地認同，亦屬於組織結構的一部分，Cohen與Austin（1997）曾定義此為參與性組織（participatory organization）的重要特點。因此，將定期召開委員會，而管理的契機則是建立在所得到的結論，並依此發展計畫。

來自管理層面的回應是外聘評估小組以評估新的方案模式，一開始即評估方案運作的過程。以整體參與取向為主軸，此機構也成立一個研究諮詢委員會，與評估小組一同執行評估。由於工作人員習於參與決策，評估小組發現他們容易選擇用於成果評估的「臨床」及「常模」的工具。有兩個理由說明此情況的重要性，其一是工作人員可能會為了使用這些工具來研究而蒐集許多資料，其二是被選定的工具成為評估的一部分，且家庭的進展評估將會成為重點。

評估小組將此方案視為一分析單位，進行全面性的個案研究（case study）（Spath & Pine, 2004）。之後，隨著結果的發現，評估小組與方案工作人員一起研發可測量過程與成果目標的方案設計，作為監測方案進展和測量成果的工具。在此情況之下，評估人員還需擔任教學的角色，協助工作人員學習規劃有效的方案，以及完成一份完整方案設計的方法。

組織所建立的持續品質改善過程，包括了至少每年兩次的定期會議，邀請執行專業方案的所有工作人員與高層管理

者參與，以便評估方案及規劃改善方法。在此情況之下，方案的「工作團隊」會議將專注在評估小組所提出的建議來強化方案模組的執行。運用此方式可看到立即的改變。

方案重新評估和學習型組織

　　案例2-2應用了Cohen與Austin（1997）所提出的「協同行為研究」（collaborative action research）來評估機構的方案。這也說明了當進行大規模評估和重新架構方案時，建立團隊工作模式和機構的支持是必要的，特別是在大型、官僚體制的組織。最後是對於機構主要服務「有效領導」的實例，由第一線的督導所提供。

案例 2-2

　　一個大型的國家兒福機構正加倍努力讓一些被寄養中心安置的兒童能再度與其家人團聚。負責上述任務的一位官員獲知鄰近大學的學術團隊研發了某種評估模式，於是與其簽約，並希望能使用這個評估模式來進行上述家庭團聚計畫。為了此項「家庭團圓計畫」，首先，所有工作人員都被要求成為志工，並組成了一個全方位的志工工作團隊。團隊成員包括律師、法院工作人員、第一線員工、監督人員、養父母，以及其他相關人士。在負責官員及其他幾個上層管理者帶領下展開「開案」會議，會議中解釋承擔這項計畫的理由，並明確告知工作人員此項工作的目標，概述種種應該遵循的程序，最後還包括了一個全天的會議報告。

　　在這個月五天的會議當中，團隊審查了該機構家庭團聚

計畫的每個層面，並根據學者們所提出的二十五個最佳實務運作模式進行檢視，這些學者也在每次會議時扮演提供指導和解釋的角色（請參閱Pine et al., 1998），以及提供助理秘書所需的支援，協助規劃之後的會議籌備。

特別在大型又是官僚體系下的組織，「買通」每個層級的人心顯得極為重要。先由負責官員成立一個領導小組，成員包括中階管理者，而中階管理者會在五個月內定期碰面，以瞭解團隊在專案執行上的進度和成果。

經過團隊的努力，研擬出六十五項有關家庭團聚計畫改善政策的建議書、方案、培訓和其他資源。此團隊與該機構的高層管理者以及其他工作夥伴一同參與，由負責官員所舉行的一日會議，也立即執行這些建議改革事項。作為一個高層管理者提及此過程：「藉由這個方式，表達我們對員工信任的一個機會。如果我們相信這些人有辦法讓弱勢兒童安全的回到自己的家，那我們也應該信任他們在政策面上所提的建議」。（Pine et al., 1998, p. 26）

上述案例說明了一些參與方法的主要功能：第一是嚴謹的架構；第二是雙方領導者的整體努力和團隊計畫；第三是團隊內與其他各級組織之間有良好的溝通；第四，則是鼓勵人民多多參與，並重視他們的貢獻。一個團隊成員曾說過：「看起來像是一群特別親近的人聚集在一起，為了共同的目標而努力創造一個更好的體制以幫助家庭。我的投入有受到重視，對我而言是個鼓勵，我相信藉由這樣的努力可獲得很棒的結果。」（Pine et al., 1998, p. 26; Warsh, Pine & Maluccio, 1996）最後，對於所有加入這些計畫的工作夥伴，他們的貢獻都需要得到認可和獎勵（Kanter, 1989）。

經由協商所採取的果斷決策

　　如先前所提到的,「參與」涉及了表面象徵性的意義、諮詢或更進一步的授權。「參與」會涉及社會服務機構的各個領域,包括提供社會服務到政策管理(Kouzes & Mico, 1979)。在美國的非營利組織裡,志工董事會擁有極高權威的策略決定權。當董事會運作良好時,資訊流通順暢而完整,所有董事會成員都會參與重要議題,並在做出重要決策時,讓所有成員一起加入。因此,決策往往經由多數決而產生,但有時候也會採取共識模式(consensus models)。**案例2-3**說明了使用參與性策略及共識模式解決志工在董事會決策時的意見分歧。這個例子顯示了參與性策略的正面影響力,具有化解衝突和建設團隊的功效。

案例 2-3

　　1980年代末,發生在南非的種族隔離政策時期,在美國某城市的一所基督教女青年會(YWCA),曾考慮拒絕接受所有來自南非社服機構的捐助資金(該機構確實很幸運地擁有相當多的捐贈,當時價值數百萬美元)。兩名理事會成員曾提出放棄此項資金的方案,以為這是個容易的決定。畢竟,基督教女青年會的任務是遵循所謂的一貫作風:「運用任何一切必要手段,來消除任何發現有種族主義(racism)的地方。」「任何一切必要手段」包括拒絕因種族隔離政策而獲益的公司捐款和資金。兩位會員曾提出建議與一些背景資料,並建議董事會下次會議時進行投票表決。

　　這個議題在全是女性的董事會裡,引起了相當大的辯

論。有些成員對於此提議表現出強烈支持，也許有點強勢地表態此項提議對於機構是一項絕對必要措施。其他婦女，特別是那些來自金融業背景，對於此次提議帶來的財務面影響提出質疑，並認為該決定可能違反董事會信託的責信。然而，對於種族和種族主義的看法，則成為激烈衝突的主要原因。

特別對於那些來自社會服務機構的成員——常被指控傾向於商業利益，往往較關心財務最後底線勝過種族主義的議題。而非洲裔女性，當談到她們的感受時，比起這些白人會員，似乎更關心南非的種族歧視問題，而較不關心美國當地的種族歧視。隨著討論的進行，氣氛愈顯得緊繃。

執行長在這議題上並沒有表達自己的意見。然而，她建議向曾有過思考與研究此議題的基督教女青年會會員諮詢。經過長時間的辯論，董事會決定開始進行一連串的過程，如：董事會的再教育及諮詢，使所有成員在每項議題的資訊上都能被充分告知。特別有幫助的是與兩位基督教女青年會會員所進行的諮詢，其中一位採取多數決。此董事會因長期的內部人事問題而感到困擾，有些成員認為她們的意見沒能被接受或是不被尊重，導致多位董事離開董事會。而其他會員則決定需要充分時間來考慮各方面的意見，並傾向以「共識」的方式來做出最後決定。

經過六個月的審慎協議及建立團隊精神的教育訓練，當地基督教女青年會董事會經由「共識」達成一致的決定，放棄牽涉到種族歧視的南非公司股權。特別有意義的是，在早期過程中，董事會決定不參加表決是否放棄南非公司資產一事，儘管支持放棄決議的成員在早期占有多數票。經由參與

共識協商的方式，董事會成員之間的關係與執行長和董事會之間的關係變得更為緊密，特別是各階層的人員相互尊重，並決定為共同未來做好準備。

因此，在此過程中，執行長僅扮演協助的角色，即使她最初站在反對放棄南非資金的一方。正如先前的分析：「看到上述衝突所構成的威脅，她改變了她的角色，也就是在這過程中，她扮演了一位安靜的調解者角色。雖然以傳統管理面而言，這可能會被視為是管理不善或是成效不彰，但它代表著是更高層次的自信及對董事會的信心。接著執行長又回到剛才與工作人員的教育過程，並環繞在這個重要的政策議題上，以增強機構之間的凝聚力。對於這個議題的重要性，大家都同意經由協商「共識」的方式進行決議，對時效和促進董事會人際關係都是相當值得的（Healy et al., 1995, p. 144）。

上述的案例中，說明了很多積極參與的益處。如同第四章的作者Healy與Pine所建議，其他案例可能包括對於相關工作人員的代表進行道德審查，並審查該機構的道德政策和實務運作。

此道德審查可以遵循這兩位作者所引用〔科羅拉多州非營利組織協會（CANPO），1994; Reamer, 2001〕的兩種審查方式。工作人員也可以參與進行全面性的機構文化能力評量，以配合機構朝向多元化發展（Malcolm將在本書第六章討論），並將此視為評量指導的工具（Child Welfare League of America, 1993）。當然，在策略規劃上或是在接下來的研究調查上，整個過程中利益相關者的考量，

將是影響最後結果能否成功的關鍵[3]。

 ## 結論

　　本章強調了兩個主題，一為領導對於「人群服務」的重要性及「領導參與模式」在社工領域中所具有的廣大效益。參與是一個符合社會工作價值，也往往能改善服務成果的模式。然而，在現今的環境裡，的確也充斥著相當多的種種外力，可能會阻礙參與策略（participation strategy）的成功，因此在組織機構下難以推廣此策略。在全球化時期的管理模式，社會服務領域鼓勵私有化、約聘式就業（contract employment）和雇傭自願[4]（employment at will）。這些管理模式破壞了參與管理模式的承諾並降低員工參加意願，如同機構與員工彼此之間的忠誠度皆相對地減弱。約聘式員工只在活動舉行期間提供服務而支領薪資，因此不可能參與機構內的討論。在美國，雇傭自願是一種愈來愈明顯及增長的現象，這意味著根據就業合同規定，可以在任何時候終止勞動合約，不需任何理由。這種規定無疑是削弱了工作人員對該機構的承諾，甚至是參與行為。

　　目前的案例皆強調效率，在本書第一章John Harris也敘述了此項議題。參與策略並非僅在表面上強調效率，事實上此策略並不適合短期計畫（適合長期）。然而，在缺乏參與或無人承諾亦無人負責實施之下很難做出決策。因此，以中庸角度來強調要達成效率，

---

[3]「未來搜尋」（future search）是策略規劃方法其中之一方案，可以讓組織內利益團體在特殊規劃的會議裡能相聚在一起，並經由一名受過專門訓練的協調者幫助下，來進行評估該組織以及組織本身的背景，以便決定組織未來方向的制訂目標及計畫。

[4] 雇傭自願是重新確立勞工雙方在出具或不出具理由，預先通知或不通知對方的情況下，雙方擁有中止雇傭關係的權利。

「參與模式」往往會加強其計畫的實施和成功的服務成果。

　　最近由Coulshed與Mullender（2001）所著的一本書中，列出了一些「最佳」領導者所應具備的素質。這張清單強調優秀的領導者和經理們的工作，而對於工作相關的問題，則強調必須展現果決的一面，並重視參與技巧和策略，這反映了本章參與模式的概念重點。一個最佳的領導者，必須讓每個員工都能被充分告知，使團隊充分執行所指派的工作，還須具備良好的互動技巧、建立員工信心、鼓舞同事和員工，並立即解決衝突。這些技巧和行為都可以被各層級的組織，各層級表現出色的工作者學習和塑造。並且我們相信在社會照護／人群服務部門裡，良好的領導是必要的。優秀的領導者可以協調個體，讓他們能自我指導、重視團隊合作，他們對組織的貢獻遠超乎於個別的貢獻（Douglas, 2005）。這就好比泛舟，當身處於激流時，船上的每個人都知道要做什麼，有人負責一起划槳，同時也要有人會「操舟」或是「衝刺」，直到船筏安全，成功通過激流。

第三章

由積極取向到管理變革以改善社會工作績效

Julie Barnes

❖ 前言

❖ 當代英國人群服務的績效評估

❖ 失靈的本質

❖ 成功的特點

❖ 重整

❖ 英格蘭政府處理不良績效的方式

❖ 改善績效的新取向

❖ 問題解決中的問題

❖ 肯定式探詢

❖ 結論

 前言

　　從本書的第一章開始，作者John Harris探討了在英美兩國產生相同社會服務機構之相關議題，兩國的社會服務機構皆仰賴私人營利企業和政府提供資金，因此作者John Harris認為社會服務機構需要背負更大的責信（accountability）以取信民眾。其中兩個主要力量驅使了這些社會服務機構發展，其一是需求的增加，其二為資源的減少。不可避免的是，機構在此兩項面臨競爭的限制下試著運作，部分機構因此遭遇到一些困難，這些機構被認為無法符合John Harris在第一章所建議的建立一個新的績效評估目標來提升競爭力。當這些無法達到標準的機構反映其困難時，卻被政府解讀為失靈的組織（failing organization），現已成為了社會照顧的專業用語。

　　對於那些因被認定為「未能達到目標」，或是在某些方面執行技能時表現不如預期，而被冠上「失靈」（failing）稱號的機構，會變成一種自我驗證預言（self-fulfilling prophecy）的狀況。這些失靈的機構受到公開批判，其聲譽亦受到損害，在招聘人員和保留優秀工作人員時也遇到了困難，造成機構士氣更加低迷，組織所承受的壓力變得更大。

　　相關的社會服務機構和政府逐漸尋求可用之策略，希望可以將日漸向下的趨勢轉變成向上的趨勢，以提高績效表現。西元2003年，為了讓「失靈」的地方當局社會服務部門可以實現成功的變革以及改善績效，英國的衛生部審查一些既有文獻（Department of Health, 2003b）以尋求有效的變革因素。文獻顯示出當地社會服務機構是由英國當地政府所管理，提供法定的社會工作（statutory social work）以及社會照顧之服務。英國政府的審查人員會定期評

估這些政府服務機構，以檢視他們是否符合標準。如果相關部門不符合這些標準，則被認定是「失靈」的。

衛生部的審查範圍涵蓋領域廣泛，如學術界、公司企業、商業組織、政府，以及公部門的種種原始資料，探討如何有效改善績效不佳的組織以及達成可持續的變革。從公部門和私部門的原始資料開始搜尋並繪製出藍圖，審查當初這些研究案例失靈的緣由、成功的特點、當中的複雜性，以及當組織陷入危機時的一些共同徵兆。這些包括了公私部門所有類型的服務和組織裡的經驗。審查報告發現，如此廣大範圍的文獻包含了學術、商業文獻和熱門文學，都與組織發展、組織變革和組織重整有所關聯。這份有關組織發展、人力資源、變革管理、私部門的重整經驗、公部門的管理、系統化思考、組織學習，以及發展中受到新價值認可的方法等，可透過當中資源、方法及經驗善加運用，以正面的態度來管理變革（請參考Department of Health, 2003b）。

英國政府承認受到這份審查報告的影響，已經開始思考如何改善社會服務品質，本章將描述那份委託審查報告（Department of Health, 2003b）的一些重要訊息；亦集合了更多Barnes的思想，尤其是Barnes第一篇在學術性期刊 *Research, Policy and Planning* 上所發表的文章（Barnes, 2004）。最重要的是，本章著重於探討績效不佳的組織之「重整」，亦探討一些最新的理念，這些理念已引起英國政府的注意，並成為政府如何著手處理績效不佳組織的指導方針。

本章最後總結認為，創新可能是達成持續性改善最有效的方法。作者認為關於社會服務以及其他公部門的設立，有種方式可能是有用的，它被稱為肯定式探詢[1]（Appreciative Inquiry）

---

[1]肯定式探詢是一種組織變革方法。它藉由鼓勵人們去研究、討論並建立有效用的質詢方式，而不是試著去修正不管用的部分。

（Appreciative Inquiry, 2006）。肯定式探詢是針對組織改善計畫內眾多發展中策略的選項之一，這種肯定式探詢的處遇已吸引了愈來愈多英國政府政策決策者的興趣。

雖然本章的重點在於幫助英國改善提供服務的要素，但美國的社會工作管理者卻面臨政府單位詳細監督審查資金來源。舉例來說，聯邦政府定期評估公部門的成效，審查美國衛生及人群服務局（Department of Health and Human Services）的兒童福利。此外，私人社會服務機構亦面臨了來自出資者和評鑑機構的定期審查。在美國的社會工作管理者也有興趣追求這種專注優勢的方法以達到組織改善，諸如把此種方式包含在肯定式探詢裡，就如同本章的描述與說明。

 ## 當代英國人群服務的績效評估

在英國，國家全面性績效評估架構一開始是引進至地方社會服務機構，在運用了全面性績效評估架構之後，這些機構的整體表現跟以往比較，反映出更好的績效，並能更專注於績效評估之上。因此，審核委員會（Audit Commission）在2002年提出了全面性績效評估（Comprehensive Performance Assessment, CPA），在2005年將其架構書面化。審核委員會的解釋為：

> 全面性績效評估是用來評估地方議會如何提供服務給當地的民眾與社區，並降低整體的管理重擔。此全面性績效評估吸取了當地政府機關先前所設下的複雜標準之其中精華，再演變出一套可提供給所有機構淺顯易懂的評級標準。全面性績效評估的優勢在於著重從各種不同的角度以及層面來判斷績效，這樣才

能提供更完整的面向來瞭解哪些地方需要更集中式的改善。全面性績效評估從一開始就是為了響應經營與管理環境改變而演變出來的，為了提高大眾對社會工作的期望，以及當地政府本身的績效表現，我們將繼續把全面性績效評估變得更完善。在過去三年，地方議會的服務已經明顯改善，全面性績效評估亦被公認為是服務改善其中之一的促進因素。一直以來它也是一種槓桿手段，為了降低檢查以及控管以使地方政府績效更佳，還著重在支持其他單位（Audit Commission, 2005, p. 2）。

全面性績效評估適用於每一個地方政府，只要是跟社會工作和社會照護有關。全面性績效評估的運作方式如下：每年英格蘭每個地方政府的社會服務部門會由獨立的社會照護視導委員會（Commission for Social Care Inspection, CSCI）用「星級評鑑等級」（star-rated）來區分他們的績效。政府相關部門（如：衛生部）賦予此委員會更多的自治權來管理地方政府的社會服務部門。但在2008年時，CSCI委員會的功能及定位再次經歷改變，尤其是當成人與兒童的社會照顧服務被政府正式區隔之後。目前評估和績效報告的方式也被審查委員會重新審核中，雖然過程很可能和跟最後三年已在進行中的績效報告方式大致相同。

從審查報告中蒐集證據，由例行監測活動獲得數據，並從量化績效指標上得到相關證明，均是用來核對和評估以下兩項：其一為核對並評估過去一年所提供的服務品質，其二為評估在未來一年服務品質能力的提升。星級評鑑等級普遍被運用於英國各地的管理者，並在秋季時公布。這些星級評鑑等級強化了全面性績效評估的效果。

星級評鑑等級範圍從3（優秀）到0（無法接受）。得到三星等級（優秀）評鑑的部門會受益於用「最低標準」（lighter touch）

的方式檢查與監測，並被審查委員會認定是「最佳」的楷模表率。而那些得到零等星級（無法接受）的部門則會受到社會照護視導委員會特別措施的照顧及監測，包括加強監督和檢查，以及更頻繁的受檢驗；如果再表現不好，最有可能發生也是受到最大關注的即是要求這些零等星級部門與外部的績效行動小組（Performance Action Teams）一起進行改善工作，讓績效行動小組與地方政府當局一同提高他們的績效。被評鑑為零等星級會被視為是個嚴重事件，而且會對服務使用者、員工的士氣、員工的慰留和招募，以及對議會、議員和官員與整體聲譽產生潛在深遠的影響。

2002年11月在一封寫給地方當局的信中，社會服務稽查委員會（Social Services Inspectorate, SSI）的總督察表示，星級評鑑等級是一個更廣泛的業績評估產品，包括從檢查報告中所蒐集到的證據、由例行監測活動所獲得數據，以及量化績效指標上所得到相關證明，可形成一幅有效率的績效藍圖，把星級評鑑等級當成一個準則，隨著時間的推移，包括國家社會福利的優先順序和策略目標、成本和效率、服務提供和成果的有效性，及對使用者和照護者的服務品質都能公平獲得服務（Chief Inspector Letter and Guidance, 2002）。

星級評鑑等級的獎勵和公告已提出其利害關係，例如提高公眾的能見度，與政府有新的聯繫，高績效的靈活性和自由度，並通過實施失靈的懲罰。這也反映了英國過去八年來，公共服務受到愈來愈強的集權統治與管理監控，公共服務更加重視責信，當地方政府的改善計畫沒有達到目標時，中央政府會適時藉由法定程序來干預或介入。

 失靈的本質

從公部門和私部門所得到的訊息來源中點出了失靈的理由，其中包含有關失靈的本質及機構的成功所具備的特點，還有如何從失靈或失敗轉為成功其間的複雜性，以及改善危機中的組織他們的共同特點。商場經驗無法直接輸入到公部門，是因為商場及公部門的基礎本質有相當大的差異，例如營利企業具有組織性並可被管理、營利企業與中央政府之間的關係、地方的政治操控、利益競爭，均與公部門有非常不同的目標和價值基礎。因此，如果將私部門或企業界所得到的成功特點及失靈本質套用在公部門，則需要小心謹慎的解讀以及運用。

以英美的公部門比較，美國的公部門有較多的經驗可以吸取，反而較少從英國公部門吸取。但也有例外，例如兒童死亡案件。在美國有些州例如康乃迪克州，當一個孩子在公部門兒童福利機構照顧下身亡時，美國州立兒童促進會（State Child Advocate's Office）會召集工作小組提供一份完整的研究報告，並對案件進行研究，將此兒童死亡報告存檔並記錄下來，強調導致悲劇的疏忽和失敗之處。這些報告會作為機構改善計畫的基礎。類似的兒童死亡調查案件若發生在英國，則由英國政府負責進行孩童死亡原因的調查報告，同時提出實務性的改善建議給中央及地方政府。但其中有個關於中央與地方政府之間的合作案例，其合作方式已受到影響並有所改變，這是名為Victoria Climbié的女孩被領養她的姑姑所謀殺的案件。雖然有許多不同部門會定時來探視Victoria，但不同政府部門間行政及執行上的困難，導致無法即時掌握她的狀況（Cmnd 5730, 2003）。

雖然在某些特定案例中很容易證明失靈政府的存在，但英國政府面臨的主要問題是如何以社會服務整體績效評估去定義失靈，特別是加入了價值觀及判斷力時，許多規則總是很難定義。其中主要的議題是嘗試著去定義英國衛生部所謂「失靈」的社會服務。大眾所認知的「失靈的組織」對英國衛生部而言是個沉重的負擔，尤其那些對社會建構（social construction）有興趣的人或組織，總是在這種特殊情況下，在組織內被貼上幫倒忙的「標籤」（Department of Health, 2003b）。

儘管如此，英國衛生局已經找到「失靈」的定義，那就是未能提供安全、一致性和可靠的服務，亦未能達到法定的職責，並且無法有效地管理資源並提供給那些需求者。在種種情況下，當服務使用者再度遇上失靈的組織，則會受到政府當局高度的重視並優先處理（請參閱Department of Health, 2003b）。

在績效評估的架構下，何謂失靈？

在失靈事件發生並被確認之後，英國制訂了一套程序來抑止類似事件發生。如果當地政府議會所提供的社會服務是失靈的，這個失靈的社會服務案例就會被放置在特別措施（special measures）裡，這意味著當地政府議會被要求填寫一份具體的表格來描述其中失靈的原因。這種方式說明了英國為了尋求改善已有具體的行動與計畫。因此，在多數情況之下，人們意識到失靈與特定服務或績效層面確有其關聯，而非整體性的失靈；其中過度的干預，常被視為是影響這些特定服務或績效層面失靈的原因。

還有一個失靈的主要原因則被認為是機構內缺乏領導統御力和管理能力。英國審核委員會（2002a）引用了一本名為《變革的力量》（*A Force for Change*）的書，指出「一個嚴重和持續失靈的服

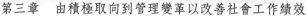

務往往肇因於資深顧問及高層管理者領導的失敗」。失敗的領導能
力包括缺乏對服務的承諾、缺乏野心、缺乏對績效不佳的認知、未
能做決定、對決定有所堅持，以及無法下達困難的決定，並對績效
的責信沒有明確的界限。

　　英國審核委員會相信，失敗的領導能力會導致不良的制度以及
文化，其中包括了不良的策略規劃、未能設定或監控目標，以及不
足的財政、人事和資訊系統。另外，失敗的領導面向是將注意力放
在服務提供者，而非服務使用者，並在組織內散播一種不支持改善
的文化。整體而言，上述因素共同導致了嚴重和持續失職的服務，
譬如讓兒童陷入危險之中，以及個案並未能分配給應該負責的人或
部門（Audit Commission, 2002a, p. 17）。

　　在公部門裡，這些失靈的後果與私部門有很大的不同。在私營
企業裡，失靈常與經濟措施相互連結，如市場占有率、財政狀況、
收入損失或利潤損失，最終則是公司能否繼續生存。基於私營企
業的本質，它的「下滑」經驗與公部門的經驗是不同的。Skelcher
（2003, p. 5）指出，地方政府「受到外在環境變化的影響，但很少
面臨像組織生存的這類問題，這是因為地方政府的法律規定和資源
基礎發揮了緩衝作用」。

回應失靈

　　社會服務對零等星級評等的反應有很大的不同，有從輕鬆的心
態（對於那些承認需要改進的人而言）到震驚、疑惑和對他人暴怒
（Barnes & Gurney, 2004）。如何好好處理這些反應，將會影響到
該組織未來的邁進。Owen（2000）把這些反應比作是人在喪親悲
傷階段的心理過程。失靈是被認可的，是可被接受的，並且在工作
中都會經歷到的。組織若否認或拒絕接受該審查結果，將會採取最

長的時間來「恢復」組織正常運作。

「失靈」組織的不同看法和對績效評估的回應將會影響組織重整的成功機會。Edwards等人（無日期）提到，在零等星級的公立醫院信託管理者常常對政府給予不佳的評價感到震驚，雖然對於外部的利益團體而言，其零等星級評價已被視為理所當然。這項研究的作者們推測，造成零等星級的原因有可能是因為績效管理系統沒有適時作為一個有效的預警系統，或者是相關系統失靈時卻沒能即時採取行動，導致回應速度不夠快；或者可能是因為系統缺乏有效的靈活調度來支持管理績效；或是缺乏相關知識來判定如何啟動預警系統，以致未實現的目標被這些結構性因素所牽絆，並且成為常態事件（請參閱Meyer & Zucker, 1989）。

根據Gardner（1965）的文獻來看，Bibeault（1982）報告指出：「最疲弱的組織在面對自己的缺陷時產生了功能性視障。它們不再感受到痛苦，不是因為不能解決問題，而是它們看不到自己的問題所在。」尤其是持續性的不良績效只要沒有變成一種危機，則認為不良的績效問題似乎是可以容忍的（請參閱Bibeault 1982, p. 74）。

Bibeault（1982）驗證了「真理的時刻」（moment of truth）的重要性。當組織終於承認了問題所在，也就是「它們為何而做以及它們將如何去做」，這些將決定組織是否會存活下來。及早認知問題所在是非常重要的，對接受改革而言也是必要的──「當任何一間公司停止接受改革是必要的觀念時，那麼公司就會開始老化，最後演變成危機」（p. 76）。

同樣地，地方政府的看法以及今後未來的任務將會影響團隊復原的思維與做法。第一時間的行動會對其復原的速度及性質有直接的影響力。Flynn觀察到「對於醜聞和事件發生的回應，通常是經由嚴謹的規則、程序和審慎的調查，並謹慎斟酌減少第一線的工作

人員對外回應」（2002, p. 272）。在種種評估標準之後，過度強化組織內的中央控制可能造成反效果，扼殺創新能力和創造力，而這些創造力都有助於組織扭轉逆境。Barker和Mone觀察到「績效的降低可能會增加組織的僵化、減少組織創新改變的可能性」（1998, p. 128），進而弱化組織的改善能力。

 ## 成功的特點

　　與失靈組織相比，一個成功組織的特點是給予承諾和賦予權力給各階級工作人員；假如一個組織的中央控管過於嚴格，工作人員會沒有機會展現自己對組織的貢獻。雖然成功也與強而有力的領導息息相關，但在許多文獻上都載明了明確的目標和策略方針兩者間的平衡是必要的。一般來說，成功組織的特點是擁有強而有力並具有遠見的領導力，且與易於明瞭的策略相互連結。此策略是先設定明確的目標、可預見的目標和實務性做法，讓各階層的工作人員一起工作並且受到組織的重視（Department of Health, 2003b; Barnes & Gurney, 2004）。

　　Wheatley與Kellner-Rogers也描述了成功的特徵，也就是面對突發狀況的一種應變能力：

　　　組織學習如何一起工作，彼此信任，而且能向外擴張變得更有
　　　包容性，訓練出可以處理任何事情的能力。成功的組織也能夠
　　　創造出一種可以將工作和思想融會貫通的能力，使他們能夠
　　　對突發狀況以及壓力的種種迅速且明智地做出回應（1998, p.
　　　19）。

　　正如Barbara Pine與Lynne Healy在第二章所指出的，這些成功

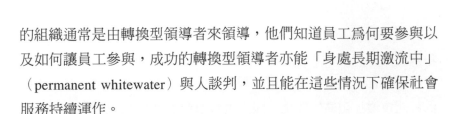

的組織通常是由轉換型領導者來領導，他們知道員工為何要參與以及如何讓員工參與，成功的轉換型領導者亦能「身處長期激流中」（permanent whitewater）與人談判，並且能在這些情況下確保社會服務持續運作。

高績效工作實務

許多評論家已發表過高績效工作實務所需的基本要素（請參閱Boyett & Boyett, 1998, pp. 133-138）。Ashton與Sung描述高績效的工作實務就如同展現「工作場域學習的重要是增進工作績效和工作生活品質的途徑」。這些高績效的工作實務方式如：工作崗位輪調、以績效為主的給薪制度和能自我主導的工作團隊、360度的全面性評估以及個人職場的發展規劃。以上這些並非是新的實務方式，但不同的是「在某種程度上，這些實務運作早已合併，並延伸創造出一個不僅可以提供激發人格發展潛能的工作環境，且可提高組織生產力的工作環境」，此點論述在Ashton與Sung文獻裡再次被指出（2002, pp. 1-2）。

過去十年，各國家運用高績效工作實務與組織績效連結的證據一直在穩定累積中。本書第二章提供了一些創新實務來說明讓員工與其他利益團體共同參與以改善服務水準的案例。對此，在Guest（1999）、Wood、de Menezes和Lasaosa（2001）的研究文獻裡指出「組織內執行高績效工作實務可以讓員工對組織有更高的承諾、更強的動力，並善用他們的知識策略來達到永續的改善，從而提高生產力並達成其他組織內部的成果」（Ashton & Sung, 2002, p. 121）。

學習型組織

　　有關於學習型組織的文獻包羅萬象，這些文獻反映出今日對於成功的管理變革與創新需求的當前利益以及企業重整的當前利益（請參閱Pedlar et al., 1998; Senge, 1990; Garvin, 1993; Barrett, 1995; Cummings & Worley, 1997; Ashton & Sung, 2002）。當前管理的主流已認知到變革是不可避免的，而且組織需要對發展員工的專業知識和技能展現出開放的心態。對組織而言，當員工面臨困難時，才能靈活運用知識與技能並敏捷地回應外部需求，這意味著組織內的運作實務方法、系統和結構、文化和環境，以及組織權力的分配和使用上都是組織需面臨的基礎挑戰。一個成功的公共組織機構將以客戶為主，並強調人的重要性而不是程序上的吹毛求疵；讓員工認同組織的任務，任務說明皆是明確的、可見的並可實現的，並讓員工參與管理方法，這些指標都對成功的公共組織有相當大的貢獻。

公部門的成功

　　這些導向成功的指標與英國地方政府首度發表的全面性績效評估（CPAs），其目的和結果都是一樣的。2002年審核委員會（2002b）報告中曾指出，擁有高標準績效的地方政府議會本身能夠充分發揮其能力（如：人事處理、內部資源和外部資源的分配、系統維護等）來符合英國政府對公部門高水準的雄心和遠見。擁有高標準績效的地方政府可明確地強化處理事情的優先順序，並強調管理績效與建立夥伴關係。在2001至2002的年度報告裡，審核委員會以及社會服務稽查委員會的聯合審查小組（Joint Review Team）總結出使社會服務議會（social service councils）成為有效率，並能展

表3-1　聯合審查小組認定的成功關鍵因素

領導力	策略	參與／充權
願景和抱負	明確注重優先順序	所有權的問題
領導者的願景	強大及持續性的績效管理	對使用者參與的承諾
基本權利優先	以最佳價值為導向	文化上的變革
良好的政治領導力	為變革找尋資源	員工參與
領導風格		溝通
企業支持		發展強而有力的夥伴關係

資料來源：改編自聯合審查小組（2002）。

現良好績效組織的十六項成功關鍵因素（見**表3-1**），這些因素可區分為三種領域：領導力、策略以及參與／充權（empowerment）。

重整

　　一開始要先確認什麼是讓組織成功的因素。若要避免失靈組織的產生，應先瞭解如何讓失靈組織重整成功。這個重整議題逐漸受到重視，並在一些文獻的實例方法論中，以積極的態度協助並提升變革的實現。互助合作的實務運作已被視為在所有方法中是最具有影響力的（Fletcher, 1999; Natiello, 2001）。Fletcher指出：

　　組織的未來必須從階層體制之下的中央預測和控管抽離，並朝向以團隊為基礎的架構及獎勵制度前進。在這樣的架構下，無礙地可將資訊做跨部門的分享及公開。這樣的組織需要一位新員工，此員工將會是一位永續學習者與指導者，願意教導他人並承擔問題及責任，樂意與他人合作，共同解決問題（1999, p. 2）。

　　一份關於重整的文獻中指出，私部門和公部門都強調組織的穩

定和危機處理的需求。Balgobin與Pandit（2001）提議，對於那些需要長期、持續性改善和高績效表現的組織而言，立即做出回應可能需要不同的策略和技巧，而且在每個階段都可能需要不同管理團隊的支持。現今仍有許多關於任命臨時管理者來搶救組織危機並帶領經濟復原的爭論。或者，任用已知如何運用資源的領導者長期並持續的在服務領域裡管理和工作，其中的平衡點至今仍在許多重整文獻上辯論著。在近期衛生部將有關績效行動小組（Performance Action Teams）的成效納入文獻內（Barnes & Gurney, 2004），參與者引述其中一個成功的關鍵要素就是領導者的決心跟毅力。

在有關重整策略的文獻中裡強調了某些特定因素（請參閱 epartment of Health, 2003b; Barnes & Gurney, 2004），包括政治家和高級官員的領導特質；具備可在眾人而前制訂並執行策略的才能；讓員工、服務使用者和其他利益團體參與整個組織的改造，並能溝通無礙。重要的是，優先順序的制訂必須連結目標與所期待的成果，由財政部門與民眾提供相關資源，並適度被執行與監督。因此，學習型組織和那些推崇高績效工作實務的組織，通常都視為是最有可能成為高效率以及能永續改善的組織。

Flynn呼籲公部門的員工找尋屬於自己可執行的解決方案以及較為實用的方法：

改善公部門的管理發展需要人們從經驗中學習。如果公部門從來沒有任何正面積極的做法，則無須啟動新的創新或是提議，還不如將舊提議換上新名稱（2002, p. 276）。

 ## 英格蘭政府處理不良績效的方式

　　審核委員會的聯合審查小組於2000年發表了一篇〈人民需要人民〉（People Need People）的文章，其中強調了四項重點以確保對人事管理以及服務使用者的服務改善：

1.成為一個學習型組織以提供有效率的成果。
2.規劃一個更長遠的計畫以吸引合適的工作者。
3.善用資格執照及培訓課程以留住優秀的人才。
4.執行良好的一致性實務運作以推動品質。（2000, p. 1）

　　此外，審查小組在聯合年度審查報告（Joint Review Annual Report, 2002）中指出，社會服務的管理者「看待改變社會服務的組織文化比改變組織結構更為重要，或許是他們一直以來較重視及關心組織裡的人，而非關心組織裡的系統和流程」（p. 28）。他們強調先溝通主要事件，其次才是次要事件，這種注重優先次序的做法主要是為了讓員工及其人際關係有所共識；領導者以身作則，採用自我評價，做到透明化、待人誠實，並願意接受改變（Joint Review Team 2002, p. 28）。審核委員會的聯合審查小組也已證實三種處遇（intervention）可以帶來相關的改革：一是克服否定，次為採取行動，最後則是從失敗中保有一個退出策略（exit strategy）（Audit Commission, 2002b）。

 ## 改善績效的新取向

日前有許多迅速崛起的新思維是將複雜的組織視爲整體系統，而不再只重視單一孤立的問題敘述。部分作者（Chapman, 2002; Dawson, 2003）批評用傳統、直線型及機械式的方法來管理變革已令人無法認同，亦無法回應目前所面臨的「黑暗的改革過程」（Dawson, 2003, p. 1），「黑暗的改革過程存在著自相矛盾、模稜兩可的以及雜亂無章的特質」（Dawson, 2003, p. 167）。沒有任何解決方案是簡單及放諸四海皆準的，它無法將事情的來龍去脈完整呈現，因此，可以帶來相關改革的處遇（interventions）必須反映此種狀況。

爲了在複雜系統下提高績效，Chapman（2002）主張採取一系列的行動來評估其結果，並從中學習以得知什麼樣的策略會帶來最好的效果。這種進化的學習方法需要創新（多元化的行動），並對以往的行動成果能有效率地給予回應。Chapman對於此種工作方式的結論如下：

1.處遇將會被導入學習過程中，而不是只運用於特定的成果或目標。

2.重點將放在改善一般制度系統的效率，並由個案或系統的使用者來判斷系統的成效，而不是依賴數據化的績效指標來做判斷。

3.在設計政策、制訂政策以及執行政策的過程中，將更注重改善，而不是組織或系統的控制。透過最少的說明、明確的方向、不能超出的界限，以及資源和權限的分配，這些種種將

衍生出創新和複雜行為的模式。

4.讓外部機構與利益團體都可參與政策的制訂，讓人覺得該組
織是基於傾聽大眾和願意與大眾聲音合作研究，而不是一味
地告知政策和給予指示。

5.執行策略將包括創新策略執行、評估策略執行、學習和意見
表達等。（2002, p. 71）

Chapman（2002）也驗證了政策執行並非之前所謂的直線性，
而是環狀型的過程，其中涉及了持續學習、適應力和改善能力，隨
著政策執行的改變或者是不改變來決定執行的過程。一個關於執行
複雜過程的案例，將在本書的第十二章由Wendy Rose、Jane Aldgate
以及Julie Barnes所撰寫。

系統取向將公共服務視作複雜的適應系統──整體的且可應
付複雜性。這個方法與之前使用機械式、直線型的處理方法有所
不同，如Pslek與Greenhalgh（2001）曾經利用圖表來說明其中的差
別，他們比較了投擲一塊石頭與投擲一隻活生生的鳥的實驗結果。
機械性的直線型模組對於石頭在哪裡著地有非常精準的瞭解，但卻
無從預測一隻鳥的飛行軌道。

Plsek與Greenhalgh的比喻可進一步擴大到鳥的翅膀，把鳥與石
頭捆綁起來，然後拋出，因石頭的加持，使其飛行軌道變得比較可
預測（幾乎是可預測），但在這樣的過程中，鳥類一開始的飛行能
力，在此則完全被摧毀。作者暗喻這就是現今政策制訂者或多或少
正嘗試在做的事，當政策制訂者使用一種科學管理方法（例如機械
式的管理方法），試圖控制複雜系統下的行為，進而為此行為制訂
政策。如果一開始就把鳥的飼料箱放在目的地，然後考慮到鳥可能
飛行的路徑以及行為模式，這種方式或許更有可能會成功。

Wheatley與Kellner-Rogers也加入了辯論，並提出複雜系統發生

故障時所產生的議題。他們聲稱：

> 當複雜系統發生故障時，是無法單獨解決的。這需要互相合
> 作、參與、公開和包容。這些新的問題迫使我們化解過去階層
> 體制下的實務運作、邊界、隱密性以及相互競爭。在一個系統
> 危機下，我們如果愈依戀著過去的做法，就愈深陷危機中，並
> 離解決危機的方案愈遠（1998, p. 17）。

Wheatley與Kellner-Rogers建議在複雜系統發生故障時，最好是
參與整個系統的處理，並詢問「還有誰應該要參與？」那麼就有足
夠的訊息可被創造，並經由現有與新的途徑傳達給每個人。他們強
調應致力於發展良好的關係與信任，並視為是最重要的資產。互相
合作需要受到支持，相互競爭則應該避免或甚至銷毀。開誠布公及
著重在新的持續性系統是最為重要的（請參閱Wheatley & Kellner-
Rogers, 1998, p. 18）。

 ## 問題解決中的問題

有愈來愈多文獻和實務方法被視為是反效果的解決問題方法，
或被視為「劣勢思考」（deficit-based thinking），尤其是在整體觀
念的診斷分析、治療和復原力都被視為是反效果的。Cooperrider
和其同事（2001）與Weisbord（1987）就屬這一類思維的作者。例
如，Cooperrider和其同事寫到：「過度關心於什麼是無法運作？為
何會出問題？是誰沒有做好他／她應有的工作？這種過度關心會導
致組織成員士氣低落，降低學習速度，破壞彼此的關係，並降低了
向前的動力。」（2001, p. 20）而Weisbord描述醫學模式（問題的診
斷以及經由一種恢復型策略來治療問題）來證明人們對於工作場域

的改善愈來愈不知足。Weisbord指出「在任何情況下，如果我能向一顆水晶球提出一個問題，那個問題將不會是『哪裡出錯了？什麼可以解決這個問題？』反而會問水晶球『在這種狀況下，什麼會是有可能的？以及有誰會在乎？』」（1987, p. 257）

Weisbord表示，新的方法就是需要不停的持續工作來解決問題，包括放棄把問題交給專家來處理，而是需要一個可以解決所有問題技術的新工作團隊，並能立即執行全部的問題。相反地，新的方法意味著以朝向創造未來的方向努力，每個人互相協助與學習，融為一體，尋找一個有價值、有目的的目標，並執行自身能力可做得到的事（1987, p. 279）。如果將問題的焦點放在無法避免的阻礙上，而不是把注意力放在該系統的優勢，那麼將會鼓勵一種責備辱罵的文化，並創造出一個只注重外表「看似好看」卻不實用的系統。

Barrett（1995）再次強調問題解決的影響力，並指出：「雖然分析式問題解決的運用促使我們今日享有許多先進的事物，但這種方法的學習是有所局限的。因為我們時常用腦海中所創造出來的本位意識來解決問題。」（2002, p. 38）Cooperrider和其同事（2001）相信許多人習慣注重問題本身，而不是去思考其他解決問題的可能性，因此反而降低組織的能力；因為組織文化強調為何導致失敗，而不是如何達到成功。Cooperrider和其同事繼續陳述一個關於以變革來解決問題的情境：

1. **速度緩慢痛苦地進行著**：「要求人們回顧昨天的問題導因」（2001, pp. 22-23）。

2. **很少帶來新願景**：「很明顯地我們可描述某種東西本身就是一個問題，因為我們已經（或許是暗示地）假設一個理想化願景」（2001, p. 23），而且會想辦法縮短差距。

3.**讓人產生防衛感**：強調「這不是我的問題，而是你的問題」
（2001, p. 23）。

4.**可以加強階層體制階級**：其中「還不怎麼理想的」個人必須
要去學習接受組織的標準，並在專家的監督下，鼓勵他們進
入「治療課程」（2001, p. 24）。

5.**組織內灌輸一種絕望的感覺**：導致士氣低落和士氣癱瘓。

6.**組織內激起無止境的「失敗性」對話，從而建立並強化失敗訊
息**：「看待世界有如一個問題，就如同此問題也跟組織生活
一樣共存著」。

以問題焦點取向（problem-focused approach）改善服務有諸多
的限制，須採取以組織發展處遇的新取向來改善服務並解決問題。
組織發展則已被定義爲「教人如何解決問題、如何利用機會、學
習如何隨著時間進展做得愈來愈好的一種過程」（French & Bell,
1999, p. xiii）。

 ## 肯定式探詢

另一種以更積極的思維來強調問題的方法是肯定式探詢
（Appreciative Inquiry, AI Commons, 2006）。肯定式探詢可從優
勢觀點取向（strengths-based approach）涵括至行動研究（action
research）。此方法是由Cooperrider所發展出來的，它建立在假設組
織「是可以擁抱的奇蹟，而不是有待解決的麻煩」（French & Bell,
1999, p. 208）。雖然組織發展和參與策略是一項難以成功的挑戰，
卻也成功的讓大型機構以及科層機構和管理者所接受。但即使這
些機構及管理者不常接受專業訓練，也可成功地運用肯定式探詢

（Cohen & Austin, 1997; Pine et al., 1998）。

　　肯定式探詢是從社會建構論（social construction theory）[2]、行動研究（action research）與優勢觀點（strengths-based）取向延伸至組織發展。在這種環境下，公部門及私部門的工作者持續增加，藉由開放方式促進彼此的思想交流和個人發展，並願意以不同層面來運用肯定式探詢的理論方法。原則上，只要堅持其原則，執行肯定式探詢不是只有一種方法。

　　肯定式探詢一開始就假設該組織現在或過去某件事是在運作良好的情況下發生，並以此方法邀請利益團體一起來回顧並探索其組織的風光年代。使用肯定式探詢的組織，與利益團體一起工作，可將所瞭解的重要事項或是特殊時刻轉換成圖片或影像，來表達所期待的組織未來，將此願景分享予每個人，並互相協助以致落實達成。使用此法的倡導者相信，建立公認的優勢可創造出熱情和決心，並讓組織變革成為必然。這種肯定式探詢方法鼓勵了人們，讓組織和組織下工作的員工有不同的思考方式，並認知到標籤績效的影響力，以及認知到組織用什麼樣的態度來運用處遇以提高績效。重要的是，肯定式探詢認同組織內工作的複雜性，並將其複雜性列為須思考顧慮的一環，帶領著組織向前邁進。

---

[2]社會建構論由英國愛丁堡大學科學社會學家Barnes（1974、1977）、David Bloo（1976）提出，主張社會文化因素會影響科學家的活動，而且科學知識本身也被社會文化所決定；科學知識是由利益、權力、意識型態等種種社會因素所建構而成；是科學家與社會群體的實踐、生活與互動中的磋商，使社會文化形成共識（consensus）；科學知識不是由自然決定，而是由社會決定。

肯定式探詢的型態為何？

　　肯定式探詢根據一些基本原則，以五個不同的階段進行（請參閱Watkins & Mohr, 2001）。在這個架構下，可適用於整個組織、夥伴關係、各部門、團隊或團體的任何情況，使用方法則依據所調查的規模和範圍而有所不同。有些是大家聚集在一個房間內，為期一至五天，一同經歷整個過程；反之，在大規模的情況下，處理過程則須經由整個組織委派員工做深度有價值的訪談，經過數週後，再聚集這些人以進行下一階段。然而，其探詢是有結構性的，所有參與者將通過以下幾個階段（摘自Cooperrider et al., 2001）。

定義

　　在組織內部與人協商並決定要瞭解／調查什麼。可以設定調查重點，並確定參與者的受訪問題。

發掘／探索和理解

　　讓接受探訪的參與者負責進行調查，分享有關該組織風光時期的故事，並共同策劃讓組織再次獲得成功的願景。

夢想／想像力

　　運用調查主題歸納並創造願景，假設成功元素確實存在於現在或未來，那麼組織看起來會是如何？就參與者的知識和該組織長久的經歷，這種幻想式願景在參與者心目中是根深柢固的，也是最有可能會發生的，並且是有能力的參與者曾經有過的經驗。

設計／製作

發展有關現今組織圖像的新構思及實務步驟，找出下一步可能會發生的必要因素（例如人、結構、資源）。

傳達

依前幾個階段所學，將這些想法付諸於行動。

在美國的公部門和私部門已有愈來愈多的組織使用肯定式探詢，最近在英國已成功促使工作人員參與，並從其工作優勢和過去成功案例中，設計並創造出正面積極的改變（請參閱French & Bell, 1999; Department of Health, 2003b）。

以下說明了在美國運用肯定式探詢的案例：

想像一個「失靈」的社會服務組織。組織內員工士氣低落、疲憊不堪、鬥志低迷。工作人員開始離職，那些留下來的員工感到不受到重視，且感到與同事、服務使用者、組織之間疏離並被孤立。外界要求改善服務品質的壓力，讓組織有種受威脅和分裂感。現在我們就來想像一下，一年後走進這個組織，並發現該組織的變化。

「當我走進這棟建築物，感覺到事情已發生了變化。空氣變得輕鬆了，工作人員用歡喜的聲音招呼著我，每個人以及孩子們臉上都帶著微笑和誠意，歡樂和團結也都恢復往常。離職和失靈已經轉變成了溝通、學習、承諾、負責任、合作、成就和喜悅。」（Miller et al., 2004, p. 369）

這就是發生在丹佛East Parish的Headstart方案（為學齡前兒童服務）的情景。在資金援助被美國政府駁回後，社區發展協會

（Community Development Institute, CDI）提供了臨時的「復原」
管理系統。幾個月後實施定期培訓和策略規劃技巧，但其「成果只
有少許或是未獲得任何改善」。在此情況下，方案負責人轉採肯定
式探詢的方式。九個月後，他們看到了驚人的正面成果和服務的新
希望，讓員工可以重新參與並對其工作感到熱情。他們相信肯定
式探詢幫助了這些工作人員，並讓服務有了新的轉機（Miller et al.,
2004）。

將肯定式探詢應用在英國的社會服務

　　Radford描述肯定式探詢的使用，有如同時運用變革理論與探
索、瞭解、促進創新的方法論。肯定式探詢涉及了「詢問問題的藝
術和實踐，其強化了系統探索和發展潛力的能力。因此這跟忽視問
題無關，而是運用不同的角度來接近問題」（Radford, 2004）。在
這些原則裡，Barbara Pine與Lynne Healy在本書第二章詳細描述一個
工作團隊曾參與一系列廣泛的家庭團聚改善計畫的案例，敘述他們
如何應用肯定式探詢來印證團聚計畫的改善。

　　對於英國的地方政府而言，肯定式探詢的社會服務意味著什麼
呢？肯定式探詢建立在一個看似簡單的想法，著重組織成長方向，
組織會依循著他們所詢問的問題以及所注意的焦點方向成長。調查
過去或現有的優勢（為了學習和改革的目的而蒐集資料），會發現
組織本身就擁有一個強大的處遇方式來改善組織，並讓該組織開始
重整及朝向新的方向。想像在社會服務團隊的員工及政府所討論的
並非是問題或與赤字相關的議題，反而是有關其成就的情景和最引
以為傲之事。**案例3-1、3-2**是兩個可能會發生的案例。

案例 3-1

　　一社會服務團隊可能會撥出一些時間來調查其社會服務績效，在調查的過程中涉及到每個成員。須先確定調查的重點（例如溝通、分配和審查工作，及一般的團隊績效），成員間對於訪談所使用的具體措辭須達成共識。他們談論團隊有服務期間所保持的最佳狀態，並列出所重視的價值，以及期望在團隊裡獲得更多的協助。一開始會簡略說明如何訪談及錄音。再者，訪談會在一特定的會議中進行，或是在商定的期限內找個適當時機進行臨時訪談。

　　訪談後的結果會帶回到整個團隊會議中。成員一起努力來瞭解團隊在最佳狀態時的特點以及善用其所學，想像如果這些成功特點皆存在時，團隊應該會是什麼樣子？或是，舉例來說，團隊將會發生什麼情況？成員們該如何表現？他們該做些什麼？以及他們將如何合作等等。共同努力來創造團隊成功的景象，經由想像力，進入設計藍圖階段，尋找什麼需要改變以實現目標，其中包括個人對於具體行動的承諾。這種過程是有週期性的，能讓成員因特殊需求隨時回到任何階段並再次運作。

　　另一個假設性案例顯示肯定式探詢更大程度的影響力。

案例 3-2

　　一個「改善中」的地方政府可以安排一系列的探詢過程，讓工作人員可以進行面談／分享員工在該組織（或組織內特定一部分）最佳狀態時的經驗。這可以讓每個人或是組織內其一代表人士來執行，包括議員（地方議會所選出的代

表）和服務使用者。同樣地，也可隨著特定事件再次面談來達成分享目的，此特定事件可能是正崛起中的主要問題或過去經驗中所學到的教訓。這整個過程富有參與感，具有創造性，著重於確認與提升最佳績效。這種做法立即影響到績效及處理方式。舉例來說，組織變革包括以下內容：

1. 不允許有「失靈」的言語出現。重視和讚美員工及組織優勢。

2. 處遇是互通的；催化者包括了服務使用者、市議員和工作人員，在整個系統下互相合作，因為這些人可以實現組織復原。

3. 參與者對於組織需要變革建立共識。以實際狀況制訂具體行動，讓每個人參與並致力於該組織的復原。

4. 對變革的幹勁與熱情，以及將變革邁向實際做法的承諾都是可以被激發與創造出來的。讓變革在計畫中進行，並在此種情況下達到持續狀態。

　　Mohr（2001）在許多不同情況下應用肯定式探詢，以及在美國大小團體中運用許多不同的探詢主題。他列出了以下「似乎是目前肯定式探詢被認為最有效」的情境，這些情境亦可融入組織學習和變革的過程」（p. 4）。

　　以下幾點為這些情境的摘要：

1. 該組織必須誠實認知到目前存在的任何困難。這種做法並不否認負面情緒或負面問題，但鼓勵參與者不要老是停留在負面情緒或問題上。

2.組織文化是對外開放、提供支持以及全面性參與，因此願意
聆聽參與者想說的話，並且與參與者共事。

3.變革被視為是一個持續的過程，而不是一次性事件。

4.領導者應相信組織的能力，並相信正面積極的做法是有效的。

5.該組織應提供架構和資源以支持並執行肯定式探詢。

 結論

　　本章已經強調了一系列有關服務和績效改善的議題，並介紹正
面積極且具創造性的方式來管理變革。本章有些重要的訊息，包括
如何察覺、討論並承認組織失靈的事實。成功變革有許多樣貌，從
具體的改善到廣泛的組織生活型態都是成功變革的樣貌，因此沒有
一個世界通用的訣竅可以馬上達到改善——因為瞭解整個組織的環
境背景就是訣竅所在。對於複雜的系統，變革的直線型模式並不恰
當，瑣碎的嘗試更可能導致失敗。有效的重整策略關鍵要素是：

1.預警。

2.迅速行動以穩定危機局勢。

3.富有遠見的領導。

4.整個系統取向。

5.參與、加入以及學習。

　　介於機械式的解決方案與那些主張學習與更多參與的方法之間
存在著緊張關係。機械式解決方法強調可隔離問題的診斷及治療，
但通常無法即時診斷整個系統的複雜性，也因此往往無效率。解決
方式是將焦點放在解決問題以改善組織，注重改革的優勢和正面積
極尋求改變被認為是最有效率的新趨勢。

目前英國的公部門全面關注於風險管理和績效指標的達成，不可避免地會將重點放在差距、問題和赤字上。本章討論了當前的思想主流，認為英國公部門的做法是背道而馳，把人們關注的差距、問題和赤字放置在改善規劃的中心，但真正的挑戰應該是去尋找、確認以及鞏固優勢，有太多的利害關係讓大家忽略了傳統方法充其量不過是緩慢且最差的方法，也未能有效地創造持續性的變革。英國需要採取一種漸進發展的方式來達到組織變革，而本章已經提供了肯定式探詢的方法，以正面積極的方式給員工、利益團體、服務使用者和整個組織參與服務的機會。他們也許只需要這些四面楚歌的機構給予他們一個改善的機會。（原文作者希望在此對 *"Journal of Research Policy and Planning"* 表達感謝之意，允許原文作者將其2004年刊登的文章納入此章節中，同時也對英國衛生部表達其謝意）

第四章

社會工作與社會照護管理者之倫理議題

Lynn M. Healy & Barbara A. Pine

❖ 前言

❖ 管理者的倫理之責

❖ 組織與倫理責任

❖ 組織內的管理行為與倫理氛圍

❖ 與管理者對立的倫理申訴

❖ 倫理管理的原則

❖ 專業與倫理

❖ 社工與照護領域裡協助倫理管理之方法

❖ 簡單之案例說明：是這樣嗎？

❖ 結論

 前言

　　社會工作或社會照護管理者對於倫理的需求是相當重要的。這些管理者必須瞭解專業與組織上的倫理義務，做出符合道德規範的選擇，建構氛圍並藉由他人推動具有倫理的實務場所，並確保專業倫理守則與機構的宗旨、方案與工作環境是一致的，以保護組織不因倫理的疏失而牴觸法律。Dawson與Butler描述執行「道德行動」（morally active）如同第一線的管理者「面臨只能有一種選擇的狀況，每日在面對人類有待解決的重要需求時，在有限的資源之下，則須列出優先順序，因此健康與社會照護管理者須具備倫理架構」（2003, p. 237）。

　　依據Levy（1982, p. 144）的描述，「行政管理者被賦予監控社會組織所顯現的價值與倫理，並成爲組織內部與外部的象徵性人物。」他們必須遵守被定義爲「以正式與非正式的限制，將行政管理者的行爲合法化」的行政倫理（Reamer, 2000, p. 70）。

　　管理倫理的重要性顯而易見，一些管理者無法遵循倫理，許多組織的管理醜聞已動搖了誠實管理的信心，類似的劇情在政府部門，甚至在以人群服務爲主的非營利組織裡交錯上演著。眾所皆知的案例包括安隆公司（Enron company）的破產事件、美國聯合勸募（United Way）與其他組織，顯現出管理者皆曾誤用其資金、誤解營利與非營利組織的財務狀況、視研究爲無用之物，甚至製造有害產品、威脅並開除告密者及貪污賄賂。因此，組織領導者必須透過倫理實踐以贏得公眾與其案主們的信任。

　　雖然許多醜聞已被揭露，但企業與社工領域對管理倫理的興趣卻日益增強。此趨勢與許多因素相關，不只是在於社會服務醜聞的

公開，還有其他的因素，如以下所述：

1. 科技的變化創造新的倫理挑戰，例如維生系統、試管嬰兒以及其他醫療發展。惱人的案例有1975年的昆蘭女士（Karen Quinlan）（Ascension Health, 2004），以及最近2003年（Liptak, 2003）在佛羅里達的泰莉・夏沃（Terri Schiavo）案件，這兩起案例皆牽扯到死亡權利與病人在植物人狀態下以人工維生系統維持生命的權利而引起群眾的注意。

2. 新的社會與健康問題，例如愛滋病所引發之個人隱私權與公共健康安全的複雜議題。

3. 公部門與非營利組織資源日趨不足的狀況，使得服務公平輸送之議題受到高度重視。

4. 許多國家增訂社會工作專業法規，透過證照制度、註冊或是評鑑制度建構責信機制，這些皆包含倫理的規範。

5. 法庭所判決之專業職責，例如眾所皆知的Tarasoff案件，心理治療師未能盡其義務警告潛在的暴力受害者，會增加因不良倫理決策所造成之財務與組織風險。（Weil & Sanchez, 1983）

　　英國也有類似的情況，包括醫療科技的進展、新的健康與社會照護議題、及社會期待，已經引發新的道德兩難議題。資源的缺乏、法規的增訂以及好辯的文化激起管理者意識到角色在倫理方面扮演的重要性。例如病人已採取行動抗議未能提供特殊藥物（如：乳癌用藥）或治療（如：不孕症）的國民保健服務信託機構（National Health Service Trusts），因其他類似的信託機構已經可以提供治療。這些接受服務的消費者認為「郵遞區號樂透」（post-code lottery）[1]是不道德的，此意見也在法庭中得到支持。管理者必須為

---

[1] 郵遞區號樂透：指地方政府預算與決策以郵遞區號劃分，導致不同地區提供不同程度的服務，居住地區若獲得較佳服務，就像中了樂透一般幸運。

他們的決策負責。

　　或許為了回應以上的因素，社會工作專業對於倫理議題已提升至國家與國際之間的層級，此舉反映在新的倫理守則的制定，以及有更多專業文獻以倫理行為為其主題。為了這些理由，對社會工作／社會照護管理者而言，關心倫理守則、渴望社會工作專業的品質保證，愈來愈顯重要。但是實務上，倫理守則的發展重視個人及家庭的直接服務工作。當身居管理角色的實務工作者，期待社工倫理守則引導其解決倫理兩難情況時，常會感到挫折或困惑。

　　本章將檢視倫理的管理責任範圍。在之後章節內容中將呈現人群服務管理者所面臨的一些關鍵性倫理問題。運用管理倫理、社工倫理的文獻資料以及倫理守則，可擴展社會工作／社會照護管理領域裡的倫理決策並能確認可協助倫理管理實務的機制。

管理者的倫理之責

　　雖然社工專業已經很重視直接服務的倫理行為，但社會服務與社會照護管理者也面臨了特別困難的倫理挑戰。管理者對於廣大的利益團體具有多重並難以取捨的義務。身為組織的領導者，他們也有多項倫理義務，特別是與公共服務有關（例如：公共財的責信）或是專業認同的一部分。管理者具有權力，因此有責任藉由辨識權利、公平與公正的方式行使權力，避免傷害。如同Ife所言，管理者職位權力愈重要則愈代表著「不平等的權力，至少帶有潛在壓迫工作和否定人權的可能性」（2001, p. 179）。故管理倫理的一個重要概念即是背負著更重大的責任（Congress, 1997）。然而，在社福機構中，管理角色與權威的本質是複雜且零散的，實務環境充滿不確定的，且經常嚴重威脅到財務狀況。

在最基本的層次上，管理者應保證實務工作符合倫理行為。身為領導者，其管理行為具有擴散效應，當管理者執行實務工作時，他們會塑造出正直並合乎倫理的行為。管理者在機構中扮演建立倫理行為的中心角色（Brody, 1993; Seden, 2003）。他們有機會運用領導能力，定期檢視並改善與組織倫理相關的政策及程序。除了政策之外，管理者必須建構符合倫理實務的條件，包括移除執行倫理行為的阻礙（例如：無理的施壓），並在機構內創造提倡倫理道德的意見表達與論述之條件。

另外，一個易被忽視的倫理責任是確認組織走向合乎道德的調整之中；亦即在組織的政策和實務工作與其宗旨、目標之間取得一致性。因此機構內提倡婦女擴展彈性工作條件的同時，也必須為員工制訂彈性的工作政策；組織內倡導身心障礙者權益的同時，也必須讓工作場所成為無障礙環境。

再者，當實現上述的倫理責任時，在許多情況下會產生緊張的氣氛與挑戰，包括：

1.與組織的目標與功能互有關聯的情況，例如：組織所「信奉」與「規定」的價值之間的一致性（Martin & Henderson, 2001a, p. 66）。

2.與員工互有關聯的情況——員工關係。

3.與組織資源的分配與管理互有關聯的情況（方案決策與財務管理工作）。

4.與服務提供者互有關聯的情況——案主關係。

5.與其他合作或競爭機構互有關聯的情況。

6.與機構和社區關係互有關聯的情況。

 # 組織與倫理責任

　　社會工作與社會照護管理者在組織中發揮其功能。學者對於在倫理行為範疇中管理者與組織的義務存有分歧的意見。Joseph探討將組織決策稱為「社會決策」（social decision）的文獻資料指出，社會決策非屬於個人，且是立基於理性之上。社會決策受理性效率的規則所掌控（使用），然而個人的行為則受制於倫理責任（1983, p. 52）。她批判Ladd視組織生存於法律所規範的義務之外，且「無道德權利與責任」（p. 53）。依據此論述，組織決策必須以理性與效益論（utilitarianism）為前提。與此對比的觀點則為「組織如同個人或集合體，是個道德機構，對其行動負起倫理上的責任」，以及「人群服務組織為其行動負責，此責任源於組織對其目標與對民眾的承諾」（Joseph, 1983, p. 53）。這兩種看法或許有所關聯，管理者必須去面對仍留有解釋空間的理性觀點，因為管理者可塑造組織結構與文化，而組織結構與文化也可塑造管理者（Handy, 1995）。

　　有更多的組織發展目前也面臨了倫理的挑戰。組織與大社會環境裡的成本控制、社會服務營利機構增加，以及「在組織場域裡與團隊及學科整合相關的倫理議題」愈來愈受到重視（Joseph, 1983, p. 56）。學者Joseph發現前兩項趨勢與社會工作倫理守則產生價值衝突。第三項則被提出與其他專業的潛在價值衝突，因為並非所有的倫理守則都會被認可。Martin與Henderson（2001a）更進一步指出，在各專業領域內與彼此間去發掘與瞭解不同組織間價值的相異處之重要性。「認為具有相同價值者可能會產生困難，因為這暗示做事方法要符合所認同的價值」（p. 57）。他們指出（如同其他作者）在機構內部價值受社會價值、組織價值、團體或團隊價值與個

人價值之間的互動所影響。

　　經常被詆毀的科層組織（bureaucracy）也被認為與倫理管理對立而遭受批評。Manning（2003）指出，科層體制的某些面向：程序化（routinizaiton）、規則化（fixed rules）、保密（secrecy）、道德麻木（moral anesthesia）、決策（decision-making）結構與規格化（specialization），這些可能會影響倫理領導（ethical leadership）。應該要注意的是，科層規則在某種程度上是為了減少徇私與不公，而這些會在較少以規則為基礎的組織結構裡被掌控。因此，認定科層體制的本質與倫理實務相對立是不公平的（Lipsky, 1980; Hasenfeld, 1983）。

組織內的管理行為與倫理氛圍

　　倫理管理實務的重要性不可能被誇大，因為管理行為（managerial behaviors）會在社會服務或社會照護組織裡對倫理功能產生正負面的影響。如同Dawson與Butler（2003）的主張：管理實質上就是倫理企業。**表4-1**顯示管理者擁有許多機會表現正向的倫理態度，可以從他們自身的實務工作開始，延伸至他們對於政策與程序的責任。相對地，管理者負面行為的範圍，可以從違反倫理到對倫理不感興趣。這些都可能讓員工之間產生一種普遍性容忍不道德實務工作（unethical practices）的氛圍，或是讓那些嘗試解決倫理兩難（ethical dilemmas）的工作人員感到挫折與失望，而執行僵化的倫理規範也會使參與實務的工作者心生恐懼。

表4-1 管理行為與組織氛圍

導向正面倫理氛圍（positive ethical climate）的行為	
行為	範例
管理者塑造倫理行為	支持其他機構在其社區為精神病患設置團體家屋的提議，如此一來可能會降低社區房地產的價值。
管理者支持倫理議題的討論機制	成立倫理委員會；帶領倫理審查。
管理者調查疑似違反倫理的行為	迅速並公正地調查倫理違規行為。
機構政策、程序、宗旨與倫理實務的一般原則一致	拒絕與機構宗旨衝突之企業捐助（如菸商、武器公司）。
導致負面倫理氛圍（negative ethical climate）的行為	
行為	範例
命令員工做不道德的事情	命令工作人員記錄不實的受虐程度或是案主接受處遇的次數。
故意容忍違反倫理的行為	忽視志工組長盜用兒童方案經費的證據。
表現出對倫理議題的不感興趣	不理會工作人員對於倫理兩難的問題。
過度僵化的倫理規範	書面化禁止工作人員收受案主的任何東西之政策，即使是一杯咖啡也禁止。這與機構服務的族群團體價值有所衝突。

 與管理者對立的倫理申訴

當許多領域中的倫理消失，或倫理問題讓人感到氣餒的同時，社會工作管理者對立的倫理申訴經驗是較少見到的。Strom-Gottfried（2003）審查了自1986至1997年送往美國社會工作人員協會（National Association of Social Workers）的894件倫理申訴案件，其中有294件（32.9%）是針對營利機構的社工人員；47%是針對機構裡的員工，包括179件（20%）針對營利機構、76件（8.5%）針對公立機構；另外有165件是紀錄中未特別指出的機構員工。超過40%的申訴由案主提出，11.4%由案主家屬提出。

位居第二的申訴案件來源是員工與被督導者投訴督導與管理者，占了19.5%；另外10.4%的案件來自於同事之間的指控。然而Strom-Gottfried指出「員工針對其督導或管理者的申訴案件，其內容涉及違法行為的比例部分占最少數」（2003, p. 88）。相對於案主所提出的申訴案有35%涉及違法，只有16%被認定是倫理違規。許多申訴失敗的倫理案件，不是不在倫理違規嚴格規定之內，就可能是不良的行政措施或不正當的個人行為所造成的。因此，比率較低的研究結果並不表示管理者比第一線照護者更少違反倫理。

 ## 倫理管理的原則

在此章節我們將提出倫理兩難的定義，並討論與倫理決策（ethical decision-making）相關之理論。接著我們會詳細論述社會工作／社會照護管理者的倫理義務以及責任的源由。

什麼是倫理兩難？

首要的觀念是管理者所做的許多困難決策並非都是倫理兩難。確實，不是所有的倫理決策是難題。倫理兩難是一個對抗倫理原則的決定，而且所謂的「正確的」選擇並非顯而易見。兩難經常要從兩種或多重負面的可能性之中做出選擇，並理出倫理守則的優先順序。Cooper與Reamer曾經說過「基本上，這些情境有意無意地牽扯到我們所信仰的倫理與原則，因此這是倫理的問題。」（2000, p. 73）管理者時常面對的兩難只不過是在執行上的兩難——從完成任務的許多方式之中做出選擇——但這些缺乏具有意義的倫理面向。當有一個清楚並正確的選擇而另一個為錯誤的選擇時，那些涉及倫

理的選擇不屬於兩難議題。面對是否有盜用經費的選擇時，無疑地盜用經費是錯誤的，因此，此種情境屬於管理倫理而非兩難。重要的是不要誇大倫理兩難的範圍。如同Reamer所言：「一些倫理議題是很直接的，然而其他的議題則會令人心生畏懼。」（2000, p. 83）

倫理理論

雖然廣泛地討論倫理理論會超出本章的範圍，但重要的是需留意學者所提出的倫理哲理與架構（Banks, 2001; Bauman, 1993; Beauchamp & Childress, 2001）。倫理理論提供了井然有序的思考模式與分析可能性的方法，然而，倫理理論並非經常提供決策的直接方向（Reamer, 2000）。主要理論的界線位於倫理的義務論（deontological approach）與目的論（teleological approach）之間。義務理論是絕對的，不論內涵與結果如何，所採取的行動總是對的或是錯的。目的論則是相對的，拒絕僵化的倫理規則，所採取的行動依其內涵與結果來做判定（Loewenberg, Dolgoff & Harrington, 2000）。決策可以由不同的理由所判定，包括最大多數人的最大利益以及被壓迫者的最大利益。在Rawls的《正義論》（*A Theory of Justice*）一書中闡述了一種人們不是因為自己的過失而遭受不公平的不平等理論（引自Reamer, 2000）。因此，那些意外與生俱來就弱勢的人，比起無心「過失」的優勢者更有權得到特別的關注。特別讓管理者產生興趣的是區分行為與規則的效益論（Reamer, 2000）。行為效益主義（act utilitarianism）認為在個人或環境中，善（goodness）的結果決定一個正確的行為（p. 79）。然而，規則效益主義（rule utilitarianism）認為結果來自於適用所有情境的一般性通則。以組織背景而言，我們可能期待直接服務的社會工作者

傾向於行為效益主義，規則效益主義則較適用於管理者。在稍後的章節會以案例說明此區別，個案撤換照護服務員是因為無法適應不同種族的服務員，以此來滿足案主接受服務的需求（行為效益主義）；若全部個案皆採用此一政策則會造成機構的種族歧視，若將此情況變成規則會是個完全無法接受的狀況。像此個案的行為在英國絕對是違法的，將會激發種族爭議。如本書第七章Barris Malcolm的論述，在英國訂有嚴格的法律，避免因種族、性別、宗教或性向而造成的歧視。

方法與目標，而非方法對抗目標

目的論最常被指為是情境倫理（situational ethics）。以情境論來看倫理，管理者可能會修正倫理上不確定的方法以達成有價值的目標。在其他專業領域已完成的研究指出，如果可以使病人得到治療，許多美國醫生可以接受將錯誤的診斷記載至保險申報單。另外，在一個專業計畫者的倫理研究中發現，33%的專業計畫者會訂定策略，例如為了弱勢團體而洩漏私人文件是可被接受的。然而，如果是為了商業目的之組織而為，只有16%會認為相同的行為符合倫理，這顯示了以一個清楚的目標（ends）去評斷方法（means）的思考方式（Howe & Kaufman, 1979）。

然而社工與照護管理者或許會發覺自己很能順應Rawls的正義論原則。特別待遇是可以被接受的，當受惠的是那些不是因自己的過失而無法得到公平機會的人，這與以違背倫理策略來引導向善的目標是不同的。下面案例將說明此現象：一名兒童福利社會工作員揭發她在督導要求下誇大案主的受虐程度，並聲稱目睹了未曾見過的事情。當這位社工拒絕此項要求，督導將此案向上呈報給更高階的管理者，高階管理者也同樣命令社工員將不實資料記載在紀錄

上。在此，我們可以假設管理者是爲了個案有好的結果而下的決定
——兒童保護。爲了確保法庭核發保護令，他們認爲將父母的疏忽
描述得更嚴重一點是必要的。顯然，不管目標是多麼高尚，命令員
工說謊是不道德的，且是個令人難以接受的策略。具有道德的管理
者應在手段與目標裡皆能爲倫理而奮鬥。

社會工作與社會照護管理倫理守則的根源

管理者可利用多種資訊以形成倫理守則，包括管理科學、
公共服務倫理以及專業領域。在討論倫理對領導者的重要性時，
Northhouse指出，具有倫理的領導者會「尊重他人、服務他人、表
現正義，顯示誠實，並且建立社群」（2000, p. 258）。

管理與公共服務

在英國，由Lord Nolan（1996）領導的公共生活標準議會委
員會（Parliamentary Committee on Standards in Public Life）強調
公部門的價值需求，並確認了領導者在公共部門的原則。值得一
提的是，召集此委員會是爲了關照那些資深公務員的個人利益取
代公共利益的案件。委員會確定了以下的倫理公共服務原則：無
私、正直、客觀、責信、開放、誠實與領導能力（參見Martin &
Henderson, 2001a, pp. 60-61）。

責信的價值常與效率（efficiency）的倫理連結在一起，責信
被詮釋爲重視公部門或非營利資源的守門者，並以最低成本達成結
果。的確，對於公部門的管理者而言，效率所帶來的壓力是很沉重
的，比如在一定期間內提供服務與預算的刪減。一位在公部門社福
機構服務的管理者警覺到自己曾爲了因應新的法規而解除許多家庭

的社福資格的效率感到自豪。雖然忠誠的社工員反映了效率倫理，但有時會壓過個人所重視的專業目標。如Coulshed與Mullender所言：

> 在社會工作與社會照護領域中，管理者懷著願景，將顧客照護（customer care）與員工照護（staff care）的議題變成眾所矚目的焦點；也將願景從關注管理狹隘的平衡預算與確定程序，提升至反映所有利害關係者的品質標準，包括了服務使用者與其家人，對他們而言，最有成果的照顧並不一定就是寫在這些紙上最井然有序的東西（2001, p. 88）。

 ## 專業與倫理

專業倫理守則的適用性可從兩個方向來達成。首先，社會工作倫理守則是否適用於擔任管理職位的社會工作員？或者，我們也可以如此地詢問，社會工作倫理守則是否有助於管理者解決倫理兩難議題？有一關於公部門管理者重視倫理兩難議題卻鮮少影響到專業倫理守則的研究，令研究者感到驚訝的是，當試圖解決倫理兩難議題時，管理者為法律、醫學、工程與心理的專業人員時，則「很少提及專業與倫理守則與其專業行為的關係」會影響到他們的行動（Gortner, 1991, p. 43）。這些專業人員認為他們自己是管理者，並描述他們的專業倫理守則無法協助其管理情境。有趣的是，在管理者被要求表現其專業能力的例子裡（例如：作為一個律師而非管理者），他們則回復到參考其專業守則。此研究引發的問題是，關於社會工作倫理守則作為管理倫理的指導原則的適用性。這些將在接下來的章節予以說明，雖然我們的前提是以個人的專業形成其管理

角色的基礎，不管他們在管理實務上的限制爲何，倫理守則（codes of ethics）是指導倫理實務的基本工具。

社工與照護領域裡協助倫理管理之方法

有許多方法能夠協助社工與照護領域加強倫理管理，這些是倫理守則、價值階級（value hierarchies）、倫理委員會（ethics committees）與倫理審查（ethics audits）。

社會工作倫理守則

美國社會工作人員協會（National Association of Social Workers, NASW）與英國社會工作人員協會（British Association of Social Workers, BASW）之倫理守則皆認同社會工作的基本價值。這兩個守則所提出的價值爲：個人的尊嚴與價值（human dignity and worth）、社會正義（social justice）、服務（service）、正直（integrity）與稱職（competence）。美國社會工作人員協會增加了第六項價值：人群關係之重要性（importance of human relationships）。這些價值成爲社會工作／社會照護管理的架構，但只停留在最普通的等級。

社會工作倫理守則已發展其細項與複雜性，具代表性的社會工作倫理守則已被詳細地說明，如案主自決（self-determination）、知情同意（informed consent）、保密（confidentiality）以及無歧視（nondiscrimination）。我們無法在此一一詳細討論，然而，爲了維護傳統價值，管理者的多重角色與倫理義務則能以保密原則爲例來說明。在實務上，管理者負有尊重保密原則之責，藉由尊重員工

與案主的隱私，且當會談與紀錄文件無法被保護時需主動告知。管理者必須發展與運用重要的外加責任，監督機構保護保密原則之政策；並且管理者需確保機構的實務與政策以支持社工員維護保密原則與知情告知，例如訂定並提供有效的同意書、教育訓練中提及保密原則可能產生的例外狀況，以及創造一個尊重與保護案主資訊的環境。其他價值如禁止涉及詐欺與不實、承諾不歧視，在管理的適用性上或許會更清楚。

　　同時，我們要留意違反個案與員工、志工關係的所有規定。美國社工倫理守則（NASW Code of Ethics）特別強調並禁止雙重或多重關係。僵化地詮釋與應用這些管理者與員工關係的守則可能會造成過度科層與機械化的組織。然而對管理者而言，重要的是敏銳感覺到潛在的利益衝突與「有害的」雙重關係（例如性騷擾或是私下的商業交易），他們也必須確保有個可使員工與志工成長、發展與貢獻，並具有彈性及參與感的環境。

　　管理者必須要謹慎地管理潛在的利益衝突，從人事到契約與買賣，相當重要的是，所有的專業行為應避免偏袒並保持公正。在美國肯塔基州有一案例說明了公部門社福機構管理者的嚴格標準。上訴法庭裁定公部門社會服務部的執行長違反了州政府的倫理規定。此執行長為了買聖誕節禮物送給被收養兒童，而向簽約廠商募款。然而下級法庭判決其行為並不違反倫理，因為此舉並非出於執行長個人的利益。上訴法庭認為「不論其動機為何，倫理守則要阻止顯而易見與確實的利益衝突」（Wolfe, 2001）。執行長擁有同意或拒絕簽約的權力，可能會使廠商受到壓力而捐款。

　　除了倫理考量之外，管理者必須注意會造成其角色與責任混淆的雙重關係（dual relationships）。在非營利機構管理上很常見的情境是董事會成員與執行長在角色與責任上的混淆。**案例4-1**呈現了此種狀況。

一所剛開始運作的小型非營利機構在困難的募款環境中努力求得生存，此機構並未依循創辦人欲解決未受政府關注的社區需求而發展。創辦人找了他的朋友與支持者來幫忙，當機構註冊為非營利機構後，他又邀請其中一些人擔任董事會成員，他們並沒有特別的任期。很多剛開始運作的小型機構的確也是如此，沒有白紙黑字地寫下有關董事會、選舉等功能。董事會成員有時親自參與機構的方案，例如協助經費的撰寫。董事會主席愈來愈投入方案，且幾乎每天都到機構辦公。他開始批評與否決執行長對於樓層管理的細節與員工督導的決定，之後他告知執行長，因為新大樓還有空間，也認為這是他所擁有的小型企業，故計畫將辦公室搬遷至機構大樓。

雖然**案例4-1**並沒有嚴重地違反倫理，但董事會成員與執行長的關係已經很明顯地糾纏在一起，並且傷害了行政與董事會的功能。因此，這是一種對組織有害的雙重關係。

分配正義（distributive justice）是一種特別重要的行政倫理責任。鑑於直接服務工作者經常以達成最佳結果為目標來協助個案或家庭，管理者必須體認到會有許多人爭取組織的資源。美國社會工作倫理守則指出，管理者必須尋求適當資源，並且執行公平的分配過程：

1. 社會工作行政人員必須在機構內外倡導合適的資源以符合案主需求。

2. 社會工作人員應該倡導公開與公平的資源分配過程。當無法符合所有案主的需求時，分配過程應採取不歧視原則，並

根據適當與持續可運用之原則來予以分配。（NASW, 1996, para 3.07）

雖然英國社會工作倫理守則（BASW Code of Ethics）較少具體說明管理倫理，但也要求管理者「提升公平的政策與實務，並爲了滿足案主的需求倡導資源」（BASW, 2002, para 4.4.1c）。美國社會工作倫理守則說明了誠實管理機構資源的原則：「社會工作人員應該用心管理所服務組織之資源，撥款時明智地保護基金、絕不盜用基金，以及不爲了非計畫中之目的使用基金」（NASW, 1996, para 3.09g）。

稍早我們在這一章確認了管理倫理責任的核心——英國社工倫理守則所強調的——創造環境。在管理者的特別原則中，首要責任爲：

1.能被雇主的價值與原則所接納，以及在工作時符合倫理守則的要求。
2.減少所有控制禁止或打壓員工遵守守則的因素。（BASW, 2002, para 4.4.1）

同樣地，美國社會工作人員協會認爲「社會工作行政人員應採取合理的步驟，以確保所負責之工作環境與倫理守則是一致的，並鼓勵工作環境遵循倫理守則」（NASW, 1996, para 3:07d）。

美國與英國的倫理守則皆確認了倫理責任等同於執行公平的人事安排與政策，並特別重視減少任何形式上的歧視。事實上，美國社工倫理守則說明「只能在公平運作人事制度的組織……社會工作人員應該接受其職責」（NASW, 1996, para 3.09f）。對擁有職權與權力影響組織政策與執行這些政策的行政人員／管理者而言，此部分還有其他的涵義。因此，3.09(f)對社工管理者而言，可被重新

詮釋爲管理者必須確保組織的人事政策是公平的，以及這些政策與執行政策之方式是摒除所有歧視因素此兩項守則皆包含了特定的規定，即是管理者需確認社工人員有適當的專業督導。

對於英國社會工作管理者而言，值得更進一步考慮的議題是有多少倫理守則可運用在操作上的決策。目前已有四個照顧委員會（Care Councils）訂定與社會工作管理者相關之引導社工人員守則，就像是專業守則，例如英國社工人員守則。另外，在美國與英國跨領域工作之管理者必須要考慮到其他專業實務守則，例如護士或是教師。這些衍生出來的指導方針使得管理者的工作更加複雜。因此，基於價值的倫理原則或「道德活動」取向則顯得特別重要，以避免成爲防禦式的過程取向，使得管理者能謹慎地反映在公平與公正的決策上。Dawson與Butler（2003, p. 256）認爲，管理者需要倫理修養（ethically literate）「爲其所身處之社會環境所付出之行動負責」。

簡而言之，社會工作與社會照護管理者應發覺社會工作守則包括管理運用的原則，特別在於管理責任與倫理社會工作的一般原則，如保密、自決與知情同意的範疇之內，這也如同倫理守則之知能形塑了管理者對其社工人員行爲之期待（Perlmutter, Bailey & Netting, 2001）。然而，並非適用於案主的所有服務都可被轉換爲管理功能。事實上，將管理者與員工、管理者，與政策制訂者或是其他介於管理者與利益團體之間的關係當作是社工人員與案主關係是很危險的。

社會工作價值階級與倫理原則之順序

正如倫理兩難之定義，倫理情境最困難的則是那些與倫理守則衝突的情境。無法善用所有的守則時，則須爲倫理原則制訂優先

順序以決定原則的先後。這樣的一個順序,由Loewenberg(2000)等人所提出,稱之為倫理守則篩選(Ethical Principles Screen)。此篩選機制的最優先順序是保護生命(Protection of Life)原則,緊接著為公平(Equality)、自主(Autonomy)、最少傷害(Least Harm)、生活品質(Quality of Life)、保密(Confidentiality)與誠實(Truthfulness)╱完全揭露(Full Disclosure)(p. 69)。早期的版本曾納入員工應遵守的規定與法規,並加在第七項倫理順序原則之後,但最新版本已刪除此項。管理者會發覺這樣的倫理順序是有助益的。然而應注意的是,這些是來自於一群倫理學者對倫理原則的相對重要性所提出之意見。有趣的是如前所述,他們在不同的版本多少會改變這些倫理守則的順序。機構中有助於此的活動是讓員工或倫理委員會(ethics committee,以下會說明)成員討論倫理守則篩選以及他們本身如何衡量這些守則。

倫理委員會

在社福機構中成立倫理委員會可以協助員工解決倫理兩難的問題(Reamer, 1987)。特別有用的是來自組織內不同層級的員工所組成的委員會,一起討論組織與實務工作者所面臨的倫理問題。當社工人員與管理者遭遇到兩難議題且難以解決時,例如涉及到原則衝突,即可尋求委員會提供協助。

倫理委員會在美國健康照護組織是很常見的,一部分是因為昆蘭女士案例(本章開始所提出的案例)所引發的效應。新澤西州高等法院裁定昆蘭女士的父親有權決定移除呼吸器,同時也建議醫院成立倫理委員會來討論此決定(Ascension Health, 2004)。雖然這樣的委員會如今已很普遍,但他們的權限卻不是絕對的。事實上,「現在大部分的專家同意倫理委員會對任何權威是有所限制的,而

且必須適時地尊重可能是屬於病人、代理人與照顧者的決策權」
（Ascension Health, 2004）。

　　無論如何，社工人員與行政人員會發覺在與倫理委員會商討
的過程中是有所助益的，例如提供老人居家照護服務機構裡，維持
著倫理委員會的運作，員工能夠在委員會中自在地討論特殊案例，
並瞭解到雙方可以得出結論，而非固執於僵化的規則。有些案例是
比較簡單的，如協助社工人員決定是否可以接受案主不太貴重的禮
物。有些人則可能面臨更具挑戰性的情況，例如自我忽略的老人不
管自己能力的退化而要獨自留在家中，此牽涉到自主、生命保護，
與最少傷害的守則衝突（Brown & Seden, 2003; M. Gavin，個人通
訊，2004年10月）。倫理委員會最常出現在醫院組織裡，是個經常
討論生命結束與生命維持議題的地方。

倫理審查

　　近來最常使用的方法是倫理審查，為一種對組織之倫理實施
與政策所做的全盤性審視。完整的審查從檢驗「組織對其宗旨的
忠誠，對待員工、志工、捐贈者與案主的方式」（Allen, 1995, p.
51），到審視與評論董事會的關係、市場、財務管理、人事管理與
「組織建立信任、尊重、專業、社區意識與其他主要之重要價值
的能力」（Allen, 1995, p. 51）。其中一個審查方式是由科羅拉多
非營利組織協會（Colorado Association of Non-Profit Organizations,
CANPO）所發展而來，可運用於任何的非營利組織（Colorado
Association of Non-Profit Organization, 1994）；另一個審查方式是
針對社會工作而修改，由Reamer（2001）根據美國社會工作人員協
會所提出來的。兩者皆包含了指導審查與建議的檢核表，以確保審
查結果符合機構改變之需求。

 ## 簡單之案例說明：是這樣嗎？

案例4-2呈現了前幾頁文中所討論的多項守則，雖然是個看似相當簡單的案例，但若要從居於有利地位的管理者來看，則呈現出倫理決策的複雜度。

案例 4-2

　　案主自決、案主優先或是無歧視（non-discrimination）：某社區機構提供老人照護服務，社工人員正安排友善訪問員到居民家中。此方案完全是志願性質，老人若有需要，可向機構登記。社區成員被招募為志願訪問員。服務過程會配搭老人與志工，雙方皆須填寫資料、詳述喜好與其他個人資料。之後，機構根據資料搭配志工給案主，並安排第一次會面。一位九十二歲的女性長者最近與志工第一次見面，隔天她打電話給社工人員表示想要放棄此服務。當社工人員問起理由，長者表示她與黑人在一起感到很不自在，因家中從未有黑人出現，因此，不想接受此服務（改編自Leslie McDonough所提供之案例）。

　　社工人員該如何處理？可選擇嘗試協調與處理此女性長者的偏見；安排白人志工成為她的友善訪問員以替代原先安排的黑人女性；尊重此女性長者的權利，讓她選擇誰可以去她家；或者是拒絕採納帶有種族色彩的機構服務並讓此個案退出方案。

　　當照護工作者難以解決問題時，對於行政決策而言，此情

況會變得更加複雜。事實上，此文討論許多相關的議題。社工人員可能會聚焦在九十二歲案主的需求，以及社會工作倫理守則要點中特別指出的案主優先。然而，對管理者而言，則會注重慣例（precedent）、公正（fairness）與無歧視（non-discrimination），以及社會正義（social justice）之議題。管理者必須考慮到決策會影響員工、社區、現在與未來的志工，也要考慮到這些決策同樣地也會影響到案主。管理者可能會認為雖然案主有案主自決的權利，但案主無權決定機構對無歧視承諾的妥協。為此決定所設定的慣例說明了直接照護者可能運用行為效益主義，管理者可能考量的是規則效益主義。其他可能增加此情境（或其他）複雜程度的因素是案主的年齡（九十二歲是值得考慮的因素嗎？）；此服務是否為志願參與亦是強制性的？（如果是強制性服務，案主自決的表達是否會更引人注目──或許有充分理由尊重案主掌控其生活的小小努力？）；服務提供者是否為有給薪之員工或志工？（以其職業生涯、自尊、專業社群等而言，種族對服務提供者是否有著負面的影響？）如同Northouse所觀察，「正義要求領導者將公正擺在決策的中心，包括一項同時兼顧對個人和對社區公眾利益公正的挑戰性任務」（2001, p. 274）。

如果此個案運用倫理守則篩選（Loewenberg et al., 2000）機制，我們可以看到數個守則牽涉在其中：公正（equality）／不公正（inequality），自主（autonomy）與自由（freedom），最少傷害（least harm），以及生活品質（quality of life）。如果管理者決定符合案主的需求，誠實（truthfulness）的重要性很有可能需要被考慮，但是在紀錄上卻要以其他理由來說明為何更換訪問員。這則牽涉到決策的公開與透明化議題。行政人員會被要求公開地執行倫理決策。以此案例而言，哪些決策管理者願意公開？如果管理者認為要保密，對此案例的決策是否會有不同？祕密的決策能否被公正地

評斷？此案例也涉及到先前提及的道德校正議題。管理者需負起責任，確認機構宗旨和目標與其所運作的原則和實務是一致的：在此案例中若要達成共識，將會是個挑戰。

透過管理者與社工人員在倫理委員會公開與真誠的討論，將會對此案有所幫助。表面上來看，此案例相當簡單，然而它卻顯現出倫理決策的複雜性與社會工作倫理守則最佳化的種種挑戰。

結論

總而言之，處於社會環境中之機構管理者，對於思考未來有關倫理守則與倫理決策有許多重要的注意事項與範疇。社會工作管理者必須謹記倫理守則的闡釋並非一成不變，而是要反映出社會變遷及可被接受與可能發生的新觀點。全球化的影響使得此情況變得更複雜。在過去幾個世紀裡，美國、英國與其他地方的社會工作專業組織曾經增修倫理守則，使其具體化，並擴展至某些須被重視的領域。然而倫理與價值並非只是規則而已。

隨著社會工作倫理守則發展的複雜性，必須考慮到以規則為基礎的倫理可能使專業人員變為技術人員。Banks警告有關取向「規則手冊」的危險性，批判倫理守則是「過度規範並限制專業判斷角色」（Banks, 2004, p. 123）。她提出這些守則可能讓專業人員認為如果遵循「規則」，則會產生一切安好的錯誤安全感。再者，他們可能不被允許發展以專業照護為主所重視的「倫理反思與判斷的能力」（p. 123）。在人群服務中責信增強的驅動下，帶動了對於特定個案成效與實務紀錄的重視，這可歸功於詳盡的倫理守則之發展。強調責信的影響是複雜的。以某一層面而言，責信與著重成效之實務工作，是為了保護個案免於接受到不良的服務。就另一方面

而言，實務工作著重於可測量的成果可能基於重視效率與功利主義之驅使。因此，在確保照護爲中心的實務工作裡，專業價值與倫理依然扮演著相當重要的角色。

重要的是社會工作／社會照護管理者理解倫理管理不是只有讓醜聞或法律案件消失，最終目的是公正及案主之利益、社福機構管理所著重的宗旨能促進人類福祉。撰寫公共服務的倫理與領導時，Luke（1991）強調管理決策的政策成果是構成倫理行爲的重要因素。在一次描述從「行爲倫理到政策倫理」的轉變中，Luke提到：

> 由選舉產生與被指派的政策領導者必須思考政策抉擇中的倫理意涵。關心生活品質與社會福祉，使得政策領導者必須注意到政策決策所造成的長期影響與所顯現的外在形式。因此，公共行政之倫理不只牽涉到避免不實的行爲，或是管理者個人正直的行爲，也牽涉到身處於互有關聯之全球社會的領導者在決定政策時，指導其行爲的新倫理原則（1991, p. 166）。

Luke的想法將社會工作與社會照護管理倫理帶至重要的新領域。雖然管理者能對其財務負起全責、公平對待員工、避免利益衝突，但專業人員不會滿意一個不會犯錯但毫無遠見的管理者。在充分瞭解倫理後，我們必須重視管理服務的影響：我們的生活會因這些服務而改善嗎？社會因此變得更美好嗎？Manning贊同並指「經由賦予了社會責任的領導能力，道德必然可促成大眾利益」（2003, p. 257），最終會比受限於以規則爲基礎的倫理守則來得更重要。然而有效的政策成果不應被用來爲個人行爲所表現的輕率態度辯護。

總之，社福機構與其領導者是密不可分的。許多社會工作人員／社會照護管理者努力在一個不公平的社會中尋求倫理與公平可依循的管理方法。那些對倫理懷有前瞻性的管理者可能會發覺倫理

管理會建構並強化社群不論是在機構內或在更大的環境中（Allen,
1995; Northouse, 2000）。藉由持續重視倫理守則而不是規則，鼓勵
員工與代表彼此談論困難的倫理問題，管理者將可為社會工作管理
實務創造一個與其宗旨更相容的環境。

第五章

跨越機構界限之管理：以改變為目標的學習議程

Vivien Martin

❖ 前言

❖ 福利服務需求者的期待

❖ 英國人群服務的背景

❖ 公共服務現代化

❖ 整合預算以改善機構之間的合作：一些關鍵議程

❖ 克服專業認同

❖ 改善人力資源

❖ 何者可協助組織合作？

❖ 克服阻礙的機制：共有的原則與章程

❖ 領導學習議程以支持整合工作

❖ 使用轉化學習引導改變

❖ 學習改變

❖ 服務使用者與學習議程

❖ 現代化議程的實施

 前言

　　本章描述發展跨機構服務時所需面臨的挑戰，探究英國英格蘭地區發展的跨組織服務內容；扼要地描述政府對於福利服務的現代化議程，以及管理者與服務提供者即將因應的挑戰，這些議程包括了民眾參與計畫與評估服務、發展夥伴關係（partnership）、分享理念與策略和最重要的整合預算。現存有許多障礙需要改變，包括工作場所適當性之相關議題和那些可推動改變的因素，如改善組織的協商與溝通。這些阻礙與促成改變的因素也與美國社會工作管理者有所關聯，美國政府與私人贊助者為了正視複雜的社會問題而倡導合作精神（Mizrahi & Rosenthal, 2001）。

　　改變的主要媒介稱之為「轉化學習」（transformative learning）。此種學習方式運用了Mezirow（1991）所發展的理論，他認為個人可經由轉化學習理論中批判性反映（critical reflection）的過程而達到轉化目的。對每個階層的管理者而言，帶領學習議程（learning agenda）扮演著相當重要的角色。唯有透過學習議程才有可能讓服務使用者與輸送服務者雙方一起做出改變。

 福利服務需求者的期待

　　福利服務的需求者要求並期待服務能符合其所需。基本上照護應是由不間斷的，從服務開始到結束。以往在英國，服務經常是組織聚集起來以理順服務的供應和傳遞，而非替需要多項服務的使用者創造一個流暢的管道。因此，人們常會發覺自己經常要透過許

多不同的組織、與不同的人員會談，一而再地解釋需求與提供個人資訊。服務使用者曾向研究者與政府反映他們需要具時效性與效率的服務以改善其生活品質，要求重整服務方式使他們易於使用服務（Department of Health, 2001a）。

 ## 英國人群服務的背景

在英國的四個區域裡，人群服務跨越了健康與社會照護領域，一般是透過組織將服務輸送出去，在當地的健康與社會照護經濟之下，每個組織運作有一定程度的相互依賴。

透過不同的公立、私立、志願機構，健康與社會照護服務被輸送至英國的每個角落。在美國也是如此，提供服務的組織大小、能力、經費安排，所負起公共責信皆不相同。然而在英國，許多此類的機構附屬在地方政府之下運作，其中有不少機構在地方政府的管轄權限之外，包括國家健康服務部門所提供之服務與為數不少的志願性組織。因此，對每個提供服務的區域其資源的配置會根據機構的責任劃分、基金制度、實務運作而所有不同。

有幾個因素影響服務的發展。許多大型機構是因服務自然而然地聚集而成立的，例如社會服務部門或是醫院。許多個別機構通常以其專長領域而自行成立，主要目的在為案主提供更佳的服務。

有時機構會以不同的方式與服務使用者建構一個介面（interface），而此介面不慎地製造出提供高品質聯合服務（joined up services）的障礙。例如有些專業人員與其專業團體的連結多過於僱用他們的機構，此舉可能會形成工作上的阻礙，這些界線也會造成服務輸送困難。即使機構已設法減低阻礙，管理者發覺對於促使實務工作者瞭解彼此的角色與能力仍須努力（Charlesworth,

2003b; Ward, 2003）。

 公共服務現代化

當代政策已經嘗試著將重點從阻礙的問題轉移到整合以往各別的服務，使其成為跨越組織界線的無縫服務（seamless services），於是聯合（joining up）公共服務在英國所有區域中，成為政策驅使服務現代化的一部分。英格蘭支持人群服務改變的報告始於1998年，人群服務現代化（modernizing human services）的目標是要「創造服務給所需的人們，不是為了服務提供者的方便而訂定」（Cm 4169, 1998, Modernising Social Services, p. 38）。

在公共服務角色的範疇裡，社會工作與健康服務的改變只占了廣泛政治辯論的一部分。各政黨的政治人物皆宣稱公共服務現代化主要目的是要減少社會之不公以改善個人健康與福祉，並將社會視為一體（Department for Environment, Transport and the Regions, 1998）。此目的可從被動式服務（reactive services）轉向預防式取向（preventative approach）的服務來印證。預防式取向的服務即是在尋求改善人們生活的同時，也回應立即的問題（Department of Health, Department of the Environment, 1997）。

由於宣導服務不足，充斥著加強整合的要求，特別是出現兒童虐待事件或備受指責的個案時，例如本書第三章所提及之Victoria Climbié兒虐事件（請見Cmnd 5730, 2003）。在這些案例中，調查突顯了案況已超過任何一個組織或專業可以處理的能力。在Climbié案件調查發生之後，英國發布了整合工作的新指導原則，但整合的成功與否有賴於機構或個人在實務工作上有效運作的程度（Working Together to Safeguard Children, HM Government,

2006a）。

在心理衛生領域裡，藉由關閉老舊的精神療養院所，以政策的改變嘗試創造更佳的生活品質、增加社區照護。雖然增加社區照護之理念是值得肯定的，但是執行這些改變仍有問題存在，特別是出院病患的後續照護經費短缺問題，與社區還未準備好接受這些病患。

另一個影響改變的因素是消費者意識的抬頭，對於應有的公共服務品質之期待增加。為了回應這些期待，政策制訂者規定機構須公告服務輸送的許可證明。現今人群服務機構被要求須廣泛諮詢民眾意見，以及廣納地方人士參與地方服務發展。隨著參與決策的人數增加，提高了消費者更多選擇的期待，資源的需求也跟著水漲船高。

嘗試著控制成本的同時，則須考慮服務供給管理的不同取向。「英國政府白皮書：社會服務現代化」（Modernising Social Service Cm 4169 1998）已提出了這些議題。白皮書中詳盡說明社會照護服務的失敗之處並提出服務標準化。「社會服務現代化」強調改善兒童保護服務的同時，工作標準、夥伴關係、服務輸送與效率也須一併改善。最優先要考量的是制訂標準，現在的要求是管理者要達到合乎標準的規定。蘇格蘭也公布了類似的白皮書（Scottish Office, 1999）。

關於健康服務，英國的國民保健服務計畫（The National Health Service Plan）已經詳列了英國政府投資與改革的計畫，英格蘭與威爾斯地區的國家保健服務將會增加工作人員（Department of Health, 2000a）。在提供健康與照護服務的地方社區裡，工作人員的工作方式與以往不同，政府賦予他們更多的決策權。可以確知的是地方層級的結構與文化改變是必然的，以承擔其責任並促進資源發展。衛生策略管理局（Strategic Health Authorities）已取代了先前的地區

組織，並與人力發展聯盟（Workforce Development Confederations）緊密合作以負責人力規劃。取代家庭醫師結構的新基層護理信託基金（Primary Care Trusts）首次將社會服務納入其管理。健康與社會照護更加緊密地共事，亦受到社區與健康照護之地區區長支持。

　　為了推動這些改變，1999年的健康法（Health Act, England & Wales）及2001年的健康與社會照護法（Health and Social Care Act）排除了法規上的限制，連結了英格蘭與威爾斯地區的健康及公共照護服務。這些改變包括支持授權予合作機構、合併服務以提供單一窗口之照護，以促使照護信託提供整合性照護，並統整健康與社會照護機構之預算。基層護理信託基金（Primary Care Trusts）的發展把位居於第一線、接觸那些需要服務的民眾的工作緊密結合起來。透過服務的發展，包括緊急應變團隊、密集復建服務、康復服務、老人與整合居家照護團隊之單一窗口服務，基金主要運用於品質與照護效率的改善。整合工作模式的介入將心理衛生與老人服務更緊密結合。所成立的健康改善計畫（Health Improvement Programmes）則處理主要的健康議題，包括物質濫用、青少女懷孕、癌症照顧（見Modernising Social Services, National Priorities Guidance, Department of Health, 1998b）。

整合預算以改善機構之間的合作：一些關鍵議程

　　先前政策的改變是在90年代末期由新工黨提出，整合資源以提供無縫服務的困難經常出現，原因在於法規的要求與主要公部門的法律體制不同。當組織在不同的法規與法律限制下運作時，籌措經費常阻礙了合作。1999年的健康法已經克服了這些限制，此法允許整合國民保健服務與社會服務之預算，同意由國民健康服務到社會

服務與志願服務組織，或是由社會服務到國民健康服務的兩個面向通過一次性與經常性的基金預算。這些新的協議引起了不少議題。

基金（funds）的移轉

從控制的角度來看，理論上組織之間基金的移轉是相當明確易懂的。然而如Mark Ezell於本書第十一章所言，實際上基金的移轉存有許多複雜的狀況，特別是當基金來自不同的資源時。在英格蘭法定地區內，衛生部已在2000年提出官方對於基金移轉特定程序的指導原則。一旦政府同意移轉的目的，基金就可以轉移。根據衛生部的指導原則，轉移基金時，則啓動稽核紀錄。接收基金的組織可以使用其組織掌控一般預算的過程來處理基金（見Department of Health, 2000c）。

目標與可測量的成果

然而整體性預算（pooled budgets）仍有其他困難，有些困難源於無法同意最初的目標。預算是爲了衡量未來活動計畫的一種監控機制，這類計畫經常要求目標是可預見的成果，而非總是以財務來衡量。

爲整體性預算建立共同目標時會出現一些特定的難題。舉例來說，即使由國民保健服務與地方政府社會服務部門，這兩個政府資助的組織聯合提供服務時，也可能引起許多問題。國民保健服務照護傳統上是免付費的。對於有需求的兒童而言，無須負擔社會服務的費用，特別是處於特定傷害風險的兒童，但是成人的社會服務則須經過資產調查（means test）。即使是一些兒童服務，如日間托育與喘息照護也需負擔部分費用。當照護的提供跨越了這些傳統界

限，問題則隨之而來，例如當人們無力照顧自己時，如何決定由誰
來負擔個別的照護費用。

潛在不對等之夥伴關係

夥伴關係也可能存在著某一機構主導另一機構的財務與策略。
例如某一機構可能扮演領導角色並傾向於自己所關注的議題與興
趣。如果此一領導機構替所有制度設定模式，此舉經常會被視為是
接收而非形成新組織。舊有的工作模式也是這些領導機構的危機，
會使得將不同服務結合成夥伴關係的潛在利益消失殆盡。

制訂服務收費的問題

建立服務收費制度時常會遭遇一些困難，這些困難來自許多因
素，包括收費標準不一、按人頭計費、工作量的計算方式與實務工
作的正式契約；領導夥伴機構使用不同的績效指標，以不同的測量
標準評價（或是評價自己）成功的結果。

 ## 克服專業認同

除了預算的議題之外，仍有其他需要克服的障礙。有時專業
本身造成了跨越專業界限合作時的障礙。傳統上健康與社會照護專
業在提供照顧上採取不同的取向，有時不易認同非自身專業服務的
貢獻。它們常對服務的提供存有不同的價值與焦點，除非達成某些
共識與瞭解，否則很難一起合作培養夥伴關係。組織內不同文化所
造成的衝突可能會妨礙共識的達成，例如英格蘭社會服務總稽查

（Chief Inspector of Social Services）的年度報告中曾指出改變速度緩慢，因爲一直苦於無法晉用與留用適當員工以及很難改變現有的服務模式（Department of Health, 2000-2001）。

 ## 改善人力資源

　　自1996年起，英國的社會稽查委員會（Social Services Inspectorate, SSI）與審核委員會（Audit Commission）執行聯合審查，其焦點放在地方政府如何提供服務予人民，包括如何使用資源去提供「最佳價值」（Best Value）。社會稽查委員會與審核委員會聯合審查的年度報告中提到，其中造成合作阻礙的一個關鍵是缺乏熟練的工作人員（Social Services Inspectorate and Audit Commission, 2001-2002）。

　　報告中評論機構每日的實務工作需要有所改變，也提及了改善核心服務並未受到全盤的注意。在高度政治的環境下，大多數資深管理者反而將時間花在與員工的談判上。管理者被要求與其他機構一起密切地制訂、計畫、發展新的服務結構，而這些活動須專注在分享訊息、聯合決策以及有效率的績效管理細節上（Social Services Inspectorate and Audit Commission, 2001-2002）。

　　類似的考量出現在有關兒童服務的人力資源方面，強調建立更佳的整合性服務以改善兒童服務成果之重要性，必須要求強化機構之間與多重機構的合作，發展新的人力資源角色（Children's Workforce Strategy, HM Government, 2005）。

何者可協助組織合作？

　　有時需要改變的阻礙似乎多過於正向的途徑，但是促使一起工作的指標仍存在著。

　　在充滿競爭的世界中，組織可能為了互利而選擇合作。這可能會發生在結盟時提供了認同產品或成果此一潛在策略的情況下，而非認同創造成果的發展過程；然而這些過程是組織的「核心能力」（core competences），是可提供價值的能力。例如某一組織可能擁有促成運用高品質新科技的核心能力，另一組織可能擁有提供服務給大批民眾或廣大地區的核心能力。核心能力經常給組織帶來機會以思考互利的策略聯盟。此類聯盟不易維持，除非每個參與的組織都認同其他參與者的加入對於達成共同目標是有意義的，或者藉由某些方式加入重要元素或是增加其能力，在健康與社會照護的領域，組織似乎可透過夥伴關係而得到更多的好處，夥伴關係可讓服務結合，使服務使用者途徑有其連續性，合作也使服務更易取得。

　　有共同目標的組織經常可以發覺一起合作的理由。當雙方最終的共同目標是要降低社會的不公與改善民眾的健康與福祉，如發生在公共服務時，似乎有理由形成夥伴關係，特別是無論在什麼情況下合作也都會提供改善服務的機會。然而，實際上組織的主要目標較常放在特定服務的本質與成果上，對某些組織來說，在特定地區獲得認同可能更加重要。有些協助達到合作、克服阻礙的機制已經發展，在Mizrahi與Rosenthal（2001）對七十位聯合領導者的研究中發現，領導者對目標的承諾是成功達到夥伴關係的首要因素。

 # 克服阻礙的機制：共有的原則與章程

英國政府走向整合工作的部分目標是建構章程予服務供給者與使用者。1999年英國政府爲了發展聯合服務供給標準，制訂英格蘭長期照護的國家章程（Better Care, Higher Standards, Department of Health and Department for the Environment, Transport and the Regions, 1999）。此章程囊括公部門服務的九項準則，服務供給者必須：

1. 制訂服務準則。
2. 公開並提供完整的訊息。
3. 諮詢與參與。
4. 鼓勵使用與宣導選擇權。
5. 公平對待。
6. 矯正錯誤。
7. 有效使用資源。
8. 創新與改進。
9. 與其他服務供給者合作。（pp. 2-3）

這些準則明確地要求服務供給者一同合作，並且有效地使用資源。此國家章程也以地方章程爲基礎闡述其價值，包括以下幾點：

1. 謙恭、誠實地對待人們並顧及尊嚴。
2. 幫助人們達成與維持獨立最大化（maximum possible independence）。
3. 與服務使用者和照護者維持夥伴關係以提供他們所需的服務。

4.服務使用者與照護者參與決策並給予他們足夠的訊息以供其選擇。

5.協助服務使用者與照護者透過倡導與其他可代表案主的組織發聲。

6.根據基本需求公平地對待民眾，不因年齡、性別、種族、宗教、身心障礙或性別取向而有所歧視

7.確保民眾能對所提供之服務標準提出意見，同時不會因為提出的意見而成為受害者。（p. 3）

　　地方的績效標準已經為這些準則賦予了價值。如果組織能夠採納這些共同的價值，並且運用在設計與發展照護服務上，則此架構可協助組織去克服那些互為衝突的考量。在美國，組織之間的夥伴關係快速成長，有關機構間合作的文獻與評估其合作成功的工具也同樣地在增加中。當這些夥伴組織欲尋求更有效率的合作時，這些工具可以成為其學習議程。Borden與Perkins（1999）所發展的合作檢核表（Collaboration Checklist）曾指出了十二項影響合作過程的因素。

 ## 領導學習議程以支持整合工作

　　如同上述所呈現運用新的工作方式所得到的學習經驗（參見Cleaver et al., 2004），其中一個主要推動組織改變的要素是建立學習的文化。此項文化要素為學習的需求，且被所有層級的員工所公認的。假如人們想要有不同的思考與工作方式，則必須學習不同的做事方法。政府的政策已認同職涯上學習的需求（Department of Health, 2001b）。這種朝向終身學習的方式，亦受到改善工作環境

計畫、訓練與教育現代化、服務現代化及加強員工技術，以促進不同的方式工作之人力資源方案（Human Resource Programme）的青睞（Department of Health, 2002）。為了達到這些改變，Martin認為領導能力極為重要：

> 領導者與他人共事以預見改變如何創造進步，他們建構了發展改變與可以被大眾所接受的計畫，以及激化達成改變行動的氛圍。健康與照護服務的所有層級，皆需要與他人共事而達到進步的領導者。領導者需要每天做一點小改變以確保所提供的服務能持續地符合社區需求。當引進服務的新趨勢或方向時，領導者也可能需要做出重大的改變（2003, p. 5）。

前述Mizrahi與Rosenthal（2001）的研究中提到，成功的夥伴關係之第一要素是目標共享，領導能力則居於次要。本書第二章已討論了領導能力的重要性，建議領導者需要設定主動積極的複合議程（Austin, 2002）。在實現學習議程時，領導者肩負了許多角色與任務。首先，發展共享與受矚目的組織願景時，領導者在澄清組織目標與促進策略並達成預期的改變上，有其關鍵性角色（Rogers & Reynolds, 2003a），此共享的願景必須包括服務使用者以及參與設計與發展的服務者（Connelly & Seden, 2003）。

第二，管理改變需要優秀的領導技巧。進步需要改變，若無人能領導人事並提供方向、帶領並陪伴員工以及創造滿足的感覺，則不會產生改變（Healy et al., 1995）。領導者透過協商找到跨越障礙的方式，發展組織能力以尋求改變，並與服務使用者及其他機構建立夥伴關係（Rogers & Reynolds, 2003b; Pine et al., 1998）。

最後，資深領導者需與中間管理者合作，確認他們採取主動，以有效能及有效率的行動來達成組織目標。如同Julie Barnes在本書第三章所提及的績效管理（performance management）的所有層面

皆很重要，包括人力資源，以確保組織所擁有的資源運用於組織核心工作，並賦予那些提供資金以支援服務的組織與接受資金協助的組織「最佳價值」。

 # 使用轉化學習引導改變

　　本書第二章Barbara Pine與Lynne Healy提及改變的長期激流（the permanent whitewater of change）是社會工作與社會照護組織的主要特色（Vaill, 1997）。如Vaill所言，關注的重點在於員工與服務使用者在服務發展中能夠參與快速與複雜改變的程度。改變涉及了人們與其本身的活力、熱情、價值、能力，以及有著不同的思考與做事方法。轉換型領導需要能帶來改變（見第二章），而且學習是改變過程的核心。當人們學習時，他們會改變自己並發揮其潛能，運用新的知能於生活及工作之上，因此學習成為個人與組織改變的中心。

　　任何學習都可以轉化人心，但關於深層人格特質的學習，對於那些領導和參與轉化改變的人們則有其意涵。對個人而言，學習經常是個具有意義的經驗。如果長久以來所持的信念受到挑戰，個人可能感受到自己變得脆弱敏感或是失去信心。這類深層的學習會導致基本觀念的改變，稱之為轉化學習（請參閱Mezirow, 1991）。

　　大部分人會接受必須透過生活來學習與發展，而且所經歷的事件經常會引發這些學習與發展。除此之外，這些事件也經常令人感到迷惘，或是引發情緒反應像是生氣、恐懼或是挫折。有時人們會覺得將要失去對自己很重要的東西，或是在新的狀況下面臨困難的挑戰。當想法與價值受到質疑時，人們必須重新審思優先考量的事情為何，並重新排列其價值觀。這個過程對於涉及從單一到整合工

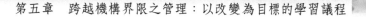

作的任何改變是不可或缺的。當組織著手進行轉化改變並期待員工在已改變的情況中參與個人學習歷程，組織有時會面臨相當艱鉅的挑戰。

　　一項需要克服的障礙是員工的參考點（reference points）與其心態。當員工面對不同的觀點，而這些觀點卻是來自於工作組織領導者所身處的世界的不同看法時，員工會發現之前所持有的觀點是備受挑戰的。這可以引導一種深層學習的經驗，員工可以重新審視先前他們認為是個人「參考架構」（frame of reference）的假設與信仰。如果學習是有效的，人們會瞭解到自己的一些基本價值是過時的，或在日常生活與工作中是不適當的，而今必須在跨機構的環境裡試著去處理。

　　這類的學習過程可歸類在瞭解成人如何學習的內涵之上。例如Mezirow建議成人學習者帶來情境的改變，是一種從大面向審視生活的能力：

> 以文化所允許的程度，我們試著將成人沿著成熟的斜坡移動，這裡牽涉到個人製造與瞭解意義所使用之參考架構一連串的重建。我們的移動是透過成功的轉化，除去個人或在地的觀點，以更多的面向分析事件（引用於Jarvis, 1987, p. 18）。

　　轉化學習改變的不僅在於個人的工作方式，它也可以改變人們的生活方式。當工作場所出現了重大改變，而員工處於非預期且無法獲得他人支持的個人發展，在改變中經歷轉化學習時，可能在生活其他層面也受到傷害。領導者與管理者可藉由敏銳地察覺員工為了使用不同的工作方式，而準備全心投入學習可能受到的傷害，來處理此項危機。如果管理者提出清晰的重點與機會來討論什麼是必須學習的，員工則能接收到管理者的協助而減少傷害。當新的程序與實務有設計和發展的必要時，如果領導者與管理者意識到自己與

其他所有員工也有很多需要學習之處，如此的方法也會有所幫助。

 ## 學習改變

在目前聯合工作（joined up work）的政策議程中，有機會去審視不同領域對於多重專業與跨領域實務發展研究之貢獻。

改變在保健服務與社會工作服務裡已成為一種持續的工作，大部分的組織有進行中的改變方案以管理改變。這些方案經常會安排正式的評估以保存所獲取的學習。在方案管理中，學習通常被認為是工作生活裡的一部分（見Martin, 2002），並且也是發展支持員工的一種機制。以較廣泛的每日工作而言，藉著確認安排時間給團體成員去反映與審視實務工作，並且給予個人時間學習，可以受到支持與鼓勵。

除非在人群服務中一起工作（working together）的人們願意一起學習（learn together），否則無法達到改善服務的目的。有許多方式可以支持並鼓勵個人學習，但潛在的學習障礙包括自我察覺與個人的抱負，此兩者非常容易受到個人工作及與工作相關回饋的影響。學習是服務改善的中心，為了使員工參與學習，員工必須感到被受重視和支持。為確保學習經驗是正向且能使服務得到改善，管理者扮演了主要的角色。

學習可以引導個人許多不同面向的改變，影響個人的能力、思考的方式、察覺知識的本質以及不同的觀點。學習可能是人們思考與行為改變的證據，這發生在個人身上，也發生在複雜的多重專業與跨領域的健康與社會照護服務中。

人群服務現代化特別重視背負著不同傳統的人們一起工作的方式，這也可看出各專業工作有著不同的起始點。舉例來說，當社工

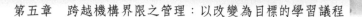

人員與其他人一起工作，如老人或是失能者，爲達到正向的目標，他們會認爲參與跨組織工作爲一項普通的活動。愈來愈受到認同的是，需要受助的兒童經常需要不同的服務以期達到理想的發展，例如被安置的兒童（Aldgate, 2006）。然而，每個專業之間總存在著緊張氣氛以保有自身的專業，而整合趨勢是集結不同專業知識以提升兒童或成人的福祉。在蘇格蘭政府有關 "Getting it Right for Every Child" 的敘述中所提及的跨機構工作是一項基本政策，它設置了一個統整的分享系統，並分層別列所有兒童的評估、計畫和紀錄（Scottish Executive, 2005）。

在如此的改變背景之下，教育漸漸扮演了一個被認可的角色，特別是在跨專業教育的發展，已經試著強調這些改變中的期待：

> 跨專業教育已經發展了數年……當工作關係不穩定時，它可以恢復其均衡。毋庸置疑的權威曾經享受專業的挑戰、科層體制扁平化與界限模糊，隨著新的專業產生了影響力，消費者擁有權力並期待更多公開的訊息告知（Barr, 2002, pp. 13-14）。

遺憾的是，在教育機構裡所發展的跨專業趨勢與人群服務，常與學生在工作場域經歷的眞實情境之間存在著鴻溝。工作經驗通常是在高度壓力之下輸送服務，而且沒有時間與精力去熟悉與瞭解工作方式。如果跨專業教育可以促成工作場域中的跨專業合作，有必要爲那些踏入專業的工作者開發機會，使他們在管理環境中獲得工作經驗，並能爲服務使用者展現跨專業合作的優勢（Shardlow et al., 2004）。

健康與照護服務工作大多屬於實務性質，並透過人群接觸來運作，由此帶來了一些學習上的議題。我們所有的行動均來自於心智模式、概念與理論，不論是有意識地選擇或是無意識地接受。有時這些概念被稱爲「實務與學科的領域」（fields of practice and study）。個人如何思考改變與在工作中的行事會使得引導實務的信念與價值受到挑戰。專業人員持有的信念與價值是由其專業本身與服務要求塑造的基礎教育所形成，但信念與價值經常是透過高等教育並具有實務經驗的專業督導來傳遞，這些都出現在「實務領域」（fields of practice）當中。學生從「學科領域」（fields of study）中學習連結概念到在「實務領域」裡學習活動。如同人群服務包含了理論與實務的運用，這兩種學習方式都是相當重要的。

我們都必須面臨的一個困難是沒有持續不變的事情，往往理論與實務兩者不斷地在改變，光學習領域學科是不夠的，因為實務領域會持續不斷的變化與演進。當新的概念與發現替代舊的理論，理論就過時了。當新的程序與步驟取代舊的，實務工作會跟著改變以回應影響人們行為的知識發展，個人也必須改變並發展實務工作以適應新的技術與步驟。

Bohm質疑所謂知識是永恆的、是絕對的想法，提出沒有什麼事能永久眾所皆知的。身為物理學家，他以原子為例，最初原子被認為是不可分裂的，之後物理學家發現原子是由電子、質子、中子與空隙所組成——在此之後也有更進一步的發現（1994, p. 102）。

知識被公認有臨時的本質，如「有關現階段的知識……」，或是「我們曾認為……」這樣的辭彙，通常使用在個人瞭解到事情已發生巨大改變，不再像以前那樣。有兩個絕佳例子可說明發生於人群服務中對於多樣勞動力的態度改變（見第六章）與技術的發展（見第十章）。對許多人來說，這些思考與知識的轉變似乎相當驚人，我們所相信的知識，其穩固的基礎似乎正在喪失當中。當有這麼多的科技、學科與專業、文化傳統、生活經驗成為集體知識的根基時，認為知識只是短暫的想法似乎很危險。然而，不可否認的，當考量新的發現、新的想法與發展所帶來的影響，知識必須被認定為暫時的，但也是累積的。

　　知識隨時會有變化，一旦被接受，個人的知識也可能會過時。五年前傳達行動的知識今日已經不能成為決策的良好基礎。在健康與社會照護領域裡，依靠傳統知識工作的專業人員、臨床工作者與其他工作人員漸漸警覺到專業發展持續的必要性。關於英國社會工作師的繼續認證，目前專業發展的必要性則建立在取得執照後的規定。如果健康與社會照護服務反映了實務工作各個層面對知識變化的瞭解，持續學習則顯得很重要。來自不同專業的人群服務工作者必須持續地個別學習或一同學習，否則將無法繼續提供高品質的服務。

服務使用者與學習議程

　　公共服務現代化主要關注的事項之一，在於從服務需求者的層面，提出服務供給與輸送皆能與服務相連結，讓需求者體驗到服務是無縫隙的。但是除非每個主導的服務提供者都瞭解為何與如何連結服務，以符合服務使用者的經驗與期待，否則這些是無法達成的。

　　服務輸送須透過人際關係，因此提供者與服務使用者的學習經驗必須是服務發展的一部分。如同病人或是社工個案，透過服務經驗使我們更瞭解自己，也瞭解我們在社會上所提供的健康與社會福利服務方式。一些病人與個案會帶著自己對問題的研究來尋求專業人員的幫助，有時他們比專業人員或臨床工作者更瞭解自己的特殊狀況，不可否認的是，這些自我輔導是經由網路的推波助瀾所造成的。對許多員工來說，接受「專業」的病人或向個案學習是工作生涯的一種新方向，對那些不習慣知識或專業受到挑戰的員工而言可能會感到不舒服，Janet Seden 與 Trish Ross 在第九章也有相同的描述。

健康與照護服務的提供者愈來愈被要求去諮詢服務使用者，以及讓民眾爲了個人及地方參與服務的修正。這樣的要求可以經由許多方式達成，Janet Seden與Trish Ross將在第九章探討這些方式。

 ## 現代化議程的實施

現代化的哲理是藉由健康與照護服務品質的改善，試著結合解放（emancipate）與社會正義的實務。現代化帶來隱性的兩難：品質改善的理論大多是根據以市場爲主導的社會資本主義消費者所假設的論述，如此的社會有強大的力量創造與維持需求；相對的，人群服務的現代化尋求提升社會公正，以及讓服務使用者參與設計與發展地方服務。除非民眾被教育到能充分瞭解並抵抗由市場運作帶來的強大壓力，民眾積極參與所形塑出來的公共服務，才能增加反映消費者意識的品質概念。

基於多數人的最大幸福選擇，與伴隨著購買力差異的個人選擇之間總是存在著緊張關係。服務因資源受限，不可避免地會反映在什麼是物超所值的哲理與價值上，像是「最佳價值」企圖跨越這兩個極端選擇，成爲英國增強公民影響自身生活品質的權力與參與力。有關英國的社會工作與社會照護，地方政府的要求是：「找出地方居民的服務需求以及他們認爲政府做得如何」（Cm.4169, 1998, p. 34）。隱含於諮詢發展的信念是來自於專業人員能從服務對象中獲得更多的學習。重新建構則關係到連結服務區域，並爲服務使用者與不同的組織創造更方便、更流暢的服務通路。少了員工改變對工作的想法與彼此合作方式，這一切都不可能發生；少了員工與服務使用者參與最終目的爲改善管理與創造最大成效的服務輸送之聯合學習議程，也不可能影響改變。

第六章
社會服務機構之多元化管理

Barris Malcolm

❖ 前言
❖ 定義多元化
❖ 昔日多元化管理的方式
❖ 多元化管理的面向
❖ 多元化能力
❖ 結論

 前言

　　英國與美國是世界上擁有最多種族與民族的國家，人口呈現出各種膚色的種族、民族、宗教信仰以及政治意識型態。過去數十年來，透過全球性思維與觀點以及對於現代生活各領域的貢獻，人與文化的多元化（diversity）確實豐富了英國與美國的社會。如同多數現代、自由民主與多元化的社會，英國與美國透過建立公民權與對自由的保證以適應社會的多元化。然而，達到社會正義、和諧與公平仍然是一種挑戰，即使這兩個國家持續地努力適應與管理其多元化，通過消除歧視的法案，並特別在工作環境中提供社會關係新的參考數值。

　　美國的人口即將達到3億並成為更多元的社會（Bureau of the Census, 2000）。過去二十年間前所未有的移民與難民潮移居美國，使得外國人口達到總人口數的12%，此為1970年的兩倍（Healy, 2004; US Census Bureau, 2006），移民人口主要聚集於加州、德州、紐約州、佛羅里達州、伊利諾州、新澤西州等六州，目前另有十州的移民人口數亦快速成長。多數新住民為拉丁美洲裔與亞洲人（Crapps et al., 2003）。這些新住民加入美國境內歷史悠久的少數民族人口，使得美國人口概況為黑人12.2%，拉丁人14.2%，亞洲與其他混合人種、美國印地安人與其他少數族群4.2%（US Census Bureau, 2006）。最近拉丁／西班牙人數已經超越黑人，成為最大的少數族群。目前有67.3%的人口為白人／非西班牙人。至2050年，美國的有色人種將超越白人（Center for Mental Health Services, 1998; US Census Bureau, 2006）。

　　英國的人口數將近六千萬，少數族群為人口數的7.9%，約

四百六十萬人，大部分居住在都市地區，將近半數的人居住於大倫
敦地區。人數最衆多的少數族群爲印度人，其次爲巴基斯坦人以及
從加勒比海移民來的黑人（British Studies, 2003）。二十一世紀初
抵達英國無人陪伴尋求庇護的兒童、成人難民及尋求庇護者與救助
這些移民者的機制，已成爲政治爭論的議題，同時社會工作人員
亦積極參與評估與協助的過程。在移民政策中，社工人員的角色已
呈現出新的實務兩難困境，以及質疑其角色適當性所出現的問題
與倫理議題（Humphries, 2004）。此外，人們從日趨多元的世界移
居而來，意味著對於文化的敏感度與能力顯得特別重要（O' Hagan,
2001; Leigh, 2002）。

　　英美兩國的種族多元化促使人群服務機構在方案設計、服務
輸送以及建制機構政策與實務時，需要確保服務能夠滿足使用者
與提供者雙方的需求〔Committee on Racial Equality（CRE）, 2001;
Healy, 2000〕。本章的重點在於英美兩國人群服務組織有效地採取
多元化取向來管理員工與服務使用者。隨著社會環境的變遷，人群
服務管理者必須擁有更多知識以領導與管理，並服務不同背景與文
化的人群（Schein, 1992; Ginsberg & Keys, 1994; Healy, 2001）。

　　工作場所之多元化管理是複雜的，帶給致力於社會工作專業、
具有社會正義理想的人群服務／社會照護管理者許多的挑戰與機
會。Taylor（1993）曾指出，有效的多元管理可促成三項組織目標：

1.道德、倫理與社會責任相關的目標。
2.符合法律義務的目標。
3.與績效相關的目標。

　　因此，這些管理者的文化形塑（culture-shaping）角色是非
常重要的職務（Keys & Ginsberg, 1988; Cahn & Richardson, 1993;
Weinbach, 2003）。

首先，本章將定義何謂「多元化」，之後將檢視以往管理多元化的方法。其次，將其適用的現有理論架構和類型的方法來說明工作環境中的管理多元化並提出建議，使管理者具有執行多元能力的目標或是具備機構內的能力、技巧與資源，為不同背景的人群提供有效的服務（Lum, 2003）。最後，把目標放在促使人群服務組織的社會工作／社會照護管理者牢記領導能力可用於確認、糾正並消除組織內跨文化知能與專業能力標準之間所存在的鴻溝與缺失。

 定義多元化

傳統上多元化指的是「個人或團體之間呈現獨一無二、特殊暨多樣性的類別」（Webster's Dictionary, 1996）。依據社會工作教育協會（Council on Social Work Education, CSWE）公布之2001年教育政策與評鑑標準（Educational Policy and Accreditation Standards, EPAS）以及英國社工人員資格標準（TOPPS, 1999），多元性指的是人們在民族、種族、性別、年齡、婚姻狀況、國籍、文化、家庭結構、宗教、性取向、身心障礙、愛滋病（HIV）病況的不同（Council on Social Work Education, 2001）。NASW社會工作實務中的文化能力準則（The National Association of Social Workers Standards for Cultural Competence in Social Work Practice）也給予多元性更廣泛的定義（超越民族與種族），包括了「不同性別、社會階層、宗教、心靈信仰、性取向、年齡、身體與心智能力的人們的社會文化經驗」（National Association of Social Workers, 2001）。這些描述所隱含的差異顯現出多元化並不是中立的。多元化在過去、現在以及未來是許多社會與政治爭辯的焦點。多元化與資源、住宅的取得及分配有強烈的牽連，特別是在就業與接受福利服務時

（Dominelli, 1998）。

　　爲了少數族群與常受壓迫團體的利益，多元化管理須完全信任社會工作／社會照護管理者，因爲他們的工作即是確保平等的權利與機會，並依據法律與專業責任義務，站在支持多元化的立場去影響組織的政策與文化。包容和持續支持多元化與多元文化需要熟練的領導者以及對資源的投入，特別是在樂觀與合作的態度逐漸被冷漠與敵意的行爲所取代時（United Nations, 1998）。在美國有許多大學對於權益平等促進行動（affirmative action）存有強烈的反彈（Gibbs, 1999; Gibelman, 2000）。即使在現今多元、民主、多元文化的社會裡，之前接納容忍社會與文化多元的地方，對某些文化與宗教自由的反感愈趨嚴重；許多國家的公共論述也變得更負面且偏執，支持極端的意識型態、恐外症（xenophobia）、反移民情緒、反猶太主義與恐同症（homophobia）愈來愈嚴重（Human Rights Watch, 1997, 1999; Tang, 2003）。

　　多元化管理可說是困難的，須從舊有的模式轉變至新的，當中可能出現不確定、不安或是反對聲浪。多元化的評論家認爲除了自由和平等原則之外，沒有令人信服的理由可以給予少數族群任何特殊權利或機會做辯護，或那樣形式的多元化對於政治安排並無實質上的意義。法界學家也指出，保護任何特定文化或少數族群社區的歷史、法律、社會或經濟權的道德風險（moral hazard），往往涉及到多數族群社區的權利（Shachar, 2001）。正如Kymlicka與其他學者（1998）所言：這存在著一個難題，因爲在社會中，如英國和美國，對於個人自治的承諾是既深且廣，並跨越了種族、語言和宗教，這也會削弱了民族文化社區裡的個人自治。因此一些法界學者認爲少數族群的權利是補充性的，而非減少個人的自由與平等。其他法界學家則持反對意見，認爲特別保留少數族群的權利可能導致那些必須保護政治的競爭、不滿和指責的社會整合與連結遭致破裂

（DeCoste, 2001）。

再者，並非所有的美國人都認同憲法裡所意涵的平等政治道德，或是認同之後的民權法（Seligman, 1973）。英國人可能也有同樣的想法，在英格蘭地區最近成功贏得選舉的英國國家黨與他人對此黨的評論愈受關注可作為見證。如美國最近的調查顯示，之前人們支持優惠少數族群已愈來愈不受到歡迎，呼籲廢除優惠非裔美國人和婦女就業法規的聲浪高漲，且這些法律往往在法庭上受到質疑。

諷刺的是，即使世界更趨向全球化，分離與民族主義更顯得嚴重。在九一一攻擊事件之後，伊斯蘭教國家是否屬於歐洲已愈來愈具爭議（Power & Dickey, 2003）。這些事件和隨後兩次戰爭的重要結果是在伊拉克和阿富汗更重視並致力於提升自我意識、尊重與文化敏感性，以及更加支持多元文化，例如，對穆斯林與世界其他地方重建友好關係感到滿意（Baines, 2002）。這些發展創造了社會工作專業的新需求，以及癒合支離破碎的生活、重建社區、改變人群的能力，使文化戰爭來自於文化對談的內容而非強權政治（Adams, 1996; Fisher & Karger, 1997; Thompson, 2002）。顯然地，在目前的地理政治環境，多元化管理需要強烈與深入影響人類行為的社會環境理論為基礎。

 昔日多元化管理的方式

有關多元化的文獻已成為迅速發展的產業（Arredondo, 1996; Barry, 2001）。許多作者著墨於人群服務組織裡的多元化管理，文章重點著重在多元化、性別及種族差異的法規命令。1990年代，美國許多人群服務組織中多元化與文化敏感訓練是「熱門」（buzz）

的名詞。政府與政府資助之組織，包括接受政府資助之非營利機構須每年提供訓練課程，當做是資助條件的一部分。實施文化審查（culture audits）以檢視機構對員工人數的統計、對於歧視的抱怨以及機構如何回應這些抱怨、與文化敏感訓練課程（Beckett & Dungee-Anderson, 1996）。在美國，這些政府資助的要求產生了許多多元化與文化敏感顧問諮詢公司。

團體訓練課程嘗試著增進參與者的文化覺察（cultural awareness），通常為半天或一天的密集訓練課程，包括了個人文化信仰、尊重差異、避免禁忌與令人反感的言語或動作。典型的文化敏感訓練會運用多種方式，包括實務演練、團體討論、參與者的文化、種族或是族群團體的紀錄與報告。一些諮詢者會使用手冊或工具，邀請參與者談論與／或寫下與偏見有關的個人遭遇、經驗、人際關係或觀察。在這些場合當中，一些參與者（如：男性、白人、異性戀者、年輕人等）可能會被當作（或是他們自己認為）演練時團體的目標對象。另一方面，少數族群參與者常被視為（或是他們自己認為）受害者，提供世俗的真實面作為教學與學習經驗教材（Bryant, 2001; Shachar, 2001; Prevatt-Goldstein, 2002; Thomas, 2005）。

在某些組織裡文化敏感與多元化訓練會以其他方式呈現，像是特殊多元日（special diversity day），活動以演講、辯論會或是團體討論方式進行，他們邀請族群團體穿著其民族服裝、分享文化手工藝品、準備與分享特別的民族風味料理。然而，必須注意的是，當組織中其他團體沒能被邀請參與慶祝文化活動時可能發生的狀況。再者，多元化管理所面臨的挑戰是需要更深入與廣泛的理解，以下章節將討論這些文化活動。

 ## 多元化管理的面向

　　Perlmutter等學者（2001）論述工作場域中三項多元化之理論取向：法律取向，強調法律知識與遵守法律；人類學取向，重點在於文化覺察；最後是社會心理取向，著重多元化，就如同個人、團體、組織價值、知識與技巧的不同。如果真要實現多元文化主義，社會工作與社會照護管理者必須擁有橫跨此三項取向之知識與技巧，組織的改變以重視多元化為目標，亦須重視結構與社會的改變。Cox（1994, p. 229）界定了多元文化組織的特性：

1. 促進與重視文化差異。
2. 整合非正式網絡。
3. 不帶偏見的實務與政策。
4. 因組織多元化，故少有內部團體衝突。

　　Perlmutter等學者（2001）引用Equity Institute（1990）的論述，討論組織內多元化所涵蓋的四個層次類型，有助於管理者與員工評估機構內多元文化的程度與結構的多元性，這四個層次類型敘述如下：

　　層次一為平等就業組織（equal employment organization），管理者在這樣的組織投入最少的努力於資源招募、聘用與升遷少數族群與婦女。平等就業組織將多元化作為一種象徵，主要是為了滿足聯邦、州政府、地方政府和相關利益人士的要求。

　　層次二是權益平等促進行動組織（affirmative action organization），此類組織會積極地招募、聘用與升遷少數族群與婦女。權益平等促進行動組織的管理者不允許任何種族歧視、性別歧

視及其他形式如書面政策、媒體、行動上的歧視。在這樣的組織中，同化是促成進步的途徑，一些少數族群與婦女可能會被同意快速升遷，如此一來，可使組織被視為進步與多元化的典範，並改善組織形象，但是他們仍被許多位高權重的工作拒絕。在權益平等促進行動組織裡，無法被同化的少數族群與婦女易被漠視或立刻被替換。

　　層次三是自我革新組織（self-renewing organization），此類組織系統性地評估其文化，並運用所得之訊息塑造新策略以增強員工的多元化能力。自我革新組織的管理者投入一定的時間與資源去創造和維持工作環境的敏感度與容忍度，並支持來自不同背景的員工。

　　層次四屬最高層級，即為多元或多元文化組織（pluralist or multicultural organization），此類組織是開放、積極、支持並具有多元化能力。管理者在此類組織中以聘用、升遷員工來實踐多元化，禁止工作場合有任何形式的歧視，並與具有相同思維之組織結盟。

　　現在將討論三個多元化的面向或取向：法律、人類學、社會心理，以及它們與社會照護與社會工作管理者的相關性。

多元化的法律面向

　　在美國擁有十五位或以上員工之公私立機構必須遵守反歧視之法律與條款。這些法律最主要是要規範就業機會平等，以及避免在工作場域內遭到不平等之對待。主要的法規為1963年的同酬法（Equal Pay Act of 1963）、1964年的民權法第六章（Civil Rights Act of 1964, Title VI）以及其他附加修正案，包括第七章、1972年的平等就業機會法〔Equal Employment Opportunity（EEO）

Act of 1972〕。其他相關的法規包括優惠待遇法案（Affirmative Action）（行政命令第11246與11375條）、1972年的教育修正案第九章（Title IX of Education Amendments of 1972）、懷孕歧視法案（Pregnancy Discrimination Act）與1973年就業法的年齡歧視（Age Discrimination in Employment Act of 1973）、1973年的職業復健法案（Vocational Rehabilitation Act of 1973）、1990年的美國身心障礙法〔Americans with Disabilities Act（ADA）of 1990〕、1991年的民權法（Civil Rights Act of 1991）以及家庭醫療假法〔Family and Medical Leave Act（FML）of 1993〕。

英國的種族關係法（Race Relation Act, 1976）與2000年的修正案也提出全國性的平等機會與反歧視綱要，由種族平等委員會監督。管理者必須考慮到人權法案（Human Rights Act, 1998）。管理者必須瞭解所有相關的就業法規，包括性別歧視法（Sex Discrimination Act, 1976）、就業平等（性別取向法案）（Sexual Orientation Regulations, 2003）、種族關係法（2000年修正法）、就業法規（平等：宗教或信仰）（Employment Regulations, 2003）、身心障礙權利委員會法案（Disability Rights Commission Act, 1999）、身心障礙歧視法〔Disability Discrimination Acts（DDA）, 1995; 2005〕。基本上在英國工作場域上任何關於種族、身心障礙、性別取向或是信仰的歧視皆不合法，機會平等委員會如種族平等委員會針對個人申訴的程序依照法規程序視察。如此嚴格的控管影響了社會照護機構每日的運作，本書第五章已說明了這些狀況。

多元化的法律面向著重於瞭解與遵守這些與其他相關的就業法律。對管理者而言，組織所關注的是認同這些要求與遵守法律。就業歧視指的是基於以下三種因素對員工或準員工做出不利的決策：首先為決策是基於個人成員與特定團體，而非根據個人的工作績效能力；第二是決策是基於某一團體比促進拒絕平等待遇的其他團體

更居於劣勢；第三為決策是有害或否定員工的利益，使得員工失去
工作、更高的職位或更好的薪資。

　　美國的民權法案出現在非洲裔美國人與婦女團體的倡導與動
亂之後。特別與此相關的法案為民權法第七章，強調平等途徑與機
會，並闡述員工、就業機構或是工會不可因種族、膚色、宗教、性
別、國籍、就業條件或特權歧視員工（Buchholz, 1992）。第七章也
規定在聘用、解雇、敘薪、額外福利、歸類、轉介、指派或升遷員
工時不得予以歧視 （Buchholz, 1992）。平等機會的概念與自由企
業、競爭、法律依據制度一致，人群服務管理者也須留意平等就業
機會委員會（Equal Employment Opportunity Commission, EEOC）在
執行法規與調查個人申訴案件時扮演的角色。

　　雖然民權法禁止優惠待遇（preferential treatment），卻認同需
要提供過去曾遭受歧視的族群能緩衝不足的特別服務，如倡導非洲
裔美國人與婦女之權益以緩解缺失，統稱為權益平等促進行動。權
益平等促進行動可用不同的方式執行，包括具體拓展少數族群及婦
女的申請者、優先錄用少數族群與婦女、使用具體配額方式聘用少
數族群與婦女（Seligman, 1973）。權益平等促進行動在美國已被一
些選民視為反向歧視（reverse discrimination，對白人與男性不利的
決定）（Issacharoff, 2002），在英國對權益平等促進行動也有類似
的爭論。因此機構如果遭到起訴且須由法院解決，人群服務管理者
必須知道如何準備以回應這些挑戰。直到法律允許取消權益平等促
進行動方案之前，管理者最好可以做到保護組織，透過法律諮詢以
制訂適當準則，並且持續運用這些準則於招募、面試、聘用、晉升
和解聘員工之上。

　　1990年通過的美國身心障礙法被視為是一項革命性的公共政
策，此法案消除了聯邦方案與聯邦支助資金方案中對於身心障礙的
歧視。此法同時反對種族與性別歧視，但除此之外，還要求雇主須

按照受僱之身心障礙者的特殊需求提供個人化與合理的住宿環境。此法案也要求公共設施須符合法規規範，包括服務和社會服務機構，能讓身心障礙者易於取得使用。人群服務管理者也必須察覺到美國身心障礙法具體認定的相關社會工作機構，如日間照護中心、長者中心、糧食銀行、收養機構、遊民收容所、醫院、專業辦公處所（Orlin, 1995）。

性取向議題愈來愈受到重視，同性戀與雙性戀者在各種工作場域中被認為是少數族群；許多同性戀者選擇不公開其性取向，一直生活在害怕被驅逐的環境下；其他坦承同性取向者（出櫃）可能會在雇用、升遷、業務分派上遭受被歧視的風險，也會限制他們在工作場所中的社交機會。同性戀員工遭受歧視、不平等的待遇、敵視，甚至是暴力，管理者必須針對此創造與維持良好與公平的工作環境，並尊重公平就業機會與員工福利（Colbert & Wofford, 1993）。除了保護基本民權外，美國對同性戀者的法律權利與保障多是零散、多變且處於危機之中，因為大多都是根據行政法規、州與地方政府的法條、私人工作契約與判例法（Colbert & Wofford, 1993）。

多元化的人類學層面

人類是多面向的、複雜的，且透過種族、民族、階級、性別、語言、宗教、國籍、性取向、能力與其他文化相互交叉影響而形成。人類學採取巨視觀點，著重於文化與次文化的覺察或是文化相對論上（Hing, 2002; Hogan-Garcia, 2003）。人類學的操作典範即是人類為基因與文化的混合體，因此沒有任何人、團體、種族或民族是相同的或單一的。

Hogan-Garcia指出十二項文化或民族的共同點，包括歷史、社

會地位、價值取向、語言、家庭生命過程、療癒信念、宗教、藝術與表達方式、食物、娛樂與衣著（2003, p. 14）。Butera（2001）舉出引導思考種族、民族與文化多元化的三個面向，分別為：(1)同化主義（assimilation）；(2)文化多元論（cultural pluralism）；(3)多元文化主義（multiculturalism）。同化主義（熔爐理論）已不時興。同化賦予個人、種族與民族差異崇高的價值，視他們為獨特的社會特徵，並將此納入主流文化，而非改變主流文化。熔爐理論有如其名，假設每個種族與族群自願附和主流價值與文化，其獨特的文化差異將會被吞併而消失。

文化多元論（social mosaic，社會馬賽克）假定種族與族群差異應被視為獨特的稟賦且須被重視，而非鼓勵他們融合。根據文化多元論，新移民應被鼓勵在明確界定的範圍內自覺其獨特性，族群社區須創造一個具有獨特性共存的鑲嵌合體。

多元文化主義為後現代與社會建構主義的產物，其假設是基於沒有任何文化是優越的或是優於其他文化（Williams, 1996），所以此理論挑戰了文化領導權（cultural hegemony）與民族中心主義（ethnocentrism）的所有見解。多元文化主義假設個人為多面向與複雜的，然而卻具有獨特的本質，並透過時間、統治、種族、族群、階級、性別、語言、宗教、國籍、性取向、能力與其他文化的影響而形成認同。因此多元文化主義認定不同的個人對較大民族文化的發展有獨特的貢獻，並且大於任何單一能力的總合，多元文化主義的焦點因此在於和諧的共存並分享社群的生活經驗。依據Parekh（2000）的論述，多元文化主義一詞適合說明不同文化社群間的關係。作為一種理論，多元文化主義透過重新定義個人與集體生命中文化成員的角色與位置，重新理解文化認同的概念。因此實現多元文化主義的主要目標是達成自我覺察並培養文化敏感度。

多元化的社會心理面向

社工實務的智慧（practice wisdom）建議以一個合乎邏輯的自我覺察為起始點，在社會正義的架構內評估所信奉的信仰與想法是否為知識和實務技能發展的一部分（Hawkins, Fook & Ryan, 2001）。自我覺察涉及了個人對於種族、民族、文化認同、家庭史、價值、觀念與經驗、偏見、無知的批判性檢驗，過程中將具體化之社會結構解構，例如「種族」、「膚色」、「白人論述」、「特權」、「種族」、「階級」、「國籍」、「性別認同」、「壓迫」、「語言」。解構須提出問題，像是特殊社會結構是「如何、為何、由誰造成以及為了誰」，通常這一具有挑戰性的工作會涉及到回溯起源、家庭史、國家的背景與歷史。

適當的自我覺察有關個人如何將文化多元視為個人的、內在的與反思的自然過程，則由一些社會學與心理學理論來描述。例如後結構理論學者Hartman（1991）與Postman（1992）指出，扮演重要角色的語言就如「意識的工具」在創造世界觀。Hawkins等學者主張語言決定名稱，如何命名則代表了「結構與權力關係是透過客觀／主觀、主動並被動的分派」（2001, p. 3）。此過程可能會很困擾，但如果舊的典範解構或被新的典範所替代，檢視個人史的行為也可能會轉化並得到解放。例如多元化在舊典範中只被視為「存在著差異」，在新典範裡則被解釋為「多樣的或是綜合體」。

適當的自我覺察也具有其教育意義，使得人們須面對新的事實。例如種族主義（racist）思想的迷思與科學對立，科學認為人們共享大部分的基因，且所呈現的人格傾向與行為具有共同性或是普遍性。藉著解構含有負面意涵的社會構念，如「種族」、「黑人」、「少數族群」、「外國人」、「移民」，以及用於貶損同

性戀者的稱呼，人們學習到這些僅是語言而已；這也是後結構女性主義者檢視如何使用語言去創造並維持性別不均衡的主要論點（Berlin, 1990; Sands & Nuccio, 1992; Graham, 2002）。解構的過程是一種充權與解放，因為概念、專用術語、分級、分類與刻板印象被認為是語言學的、人造的與反常的（Berquist, 2001; Pease, 2002）。這些構念多數並無科學依據，因此無內在權力去控制個人。

　　藉著運用相關理論，包括詮釋理論（interpretive theory）（Guba & Lincoln, 1994; Harper & Leicht, 2002）、標籤理論（labelling theory）、角色理論（role theory）、符號互動論（symbolic interaction），對於建立或改變自我覺察有相當的助益（Robbins, Chatterjee & Canda, 1998）。這些理論的原則可協助我們瞭解到人類社會雖然有其宗教信仰與理論，基本上社會結構是靠著互動、過程與協商秩序（negotiated order）而驅動（Harper & Leicht, 2002）。因此留意協商秩序包括了再次肯定、改變或是解構現存的社會安排與文化意義是相當重要的。在解構與重組新的典範與意義時，語言、溝通與小心的選擇文字也是很重要的因素。

　　如此自我覺察的結果是人們會有能力去質疑判斷，更加的開放、接納、敏感與容忍文化的多樣性，也不會放棄社會正義、社會改變、問題解決、充權和人權保衛的社會工作價值。因此增加自我覺察可以創造支持多元化的個人，這也是社會工作的理想與責任。然而擬訂多元化訓練時應小心謹慎檢視自我覺察的活動，如每次的多元訓練活動可能會過於涉及隱私，須謹慎地計畫與進行，特別是種族或群族多元的團體，否則參與者可能會保持沉默，或是活動進行惡化為一場互罵或是指責大會。過程最好選擇適當的時機，在封閉團體裡經過教導、指導閱讀、日誌紀錄與討論之下進行。自我覺察的形成是最困難的階段，一旦達成則較容易將焦點放在文化差異

與多元文化主義上。

 多元化能力

對機構來說，主要的目標即是具有多元化能力。多元化能力被定義為組織內的能力、技能和資源被適當地評估、計畫、定義、設計、運用，以及管理有效的社會服務或是提供不同背景的人之個別處遇（Lum, 2003）。具備多元化能力是個人與組織兩者的目標；人群服務／社會照護管理者則扮演了關鍵性角色（Iglehart, 2000; Kettner, 2002）。

管理者的角色

管理者的角色是瞭解組織對合適的人事安排與資源的需求。他們的責任也包括養成、訓練、支持正確的人力與資源的補充，以滿足組織與其利益團體的需求；他們也必須確保員工透過持續擴展與增進多元的知識與能力；最後管理者必須確定多元化與文化能力法令上、許可證明與資金的要求是令人滿意的。

當可能會影響到工作的多種層面時，人群服務管理者承擔了倫理責任以確保員工投入瞭解多元化議題。這會涉及但並不限於聘用與訓練具有多元化能力的工作人員、執行研究，與瞭解多元化如何影響組織、團體、家庭的發展，以及在個人層面上取得服務、機會與資源的條件（Haley-Banez, Brown & Molina, 2003）。管理者可參考先前所提及的文化能力準則（National Association of Social Workers, 2001），此準則認定了十項美國社會工作人員多元化能力的標準，但這也與英國社會工作人員與社會照護管理者有關。更多

有關於多元化的參考資料可見於美國社會工作倫理守則（NASW,
1998）與英國合格社工人員準則（Standards for qualifying social
workers）（TOPPS, 1999）。

個人多元化能力

　　美國社會工作人員協會對於文化能力的定義為「個人與團體
知識整合與轉化至特殊的標準、政策、實務與態度，使用在適當
的文化場所以增加服務品質並產出更好的成果」（NASW, 2001, p.
11）。在社會工作裡，個人文化能力指的是態度、行為、知識與技
能可以展現出敏感度、尊重與能力，並在跨文化場域裡成功地與人
溝通並執行工作（NSAW, 2001）。文化能力因此也包括以不同語言
或方言溝通的語言能力，以及分辨不同文化與族群的民俗、信仰、
規範及行為的能力。

　　以直接服務的觀點而言，多元化能力一直是許多資料、文
章、手冊之題材（Fong & Furuto, 2001; Hogan-Garcia, 2003; Lum,
2003）；也會從管理的觀點來探究（Chernesky & Bombyk, 1988;
Loden & Rosenor, 1991; Asamoah, 1995; Healy, 1996; Haley-Banez et
al., 2003; Weinbach, 2003）。文化能力或多元化能力是現今一項對
社會工作實務人員普遍的期待。多元化能力實務訓練與多元化及文
化敏感訓練是不同的，因為前者指的是在組織中，與特殊種族、族
群、文化或語言團體工作時所產生的文化上關聯時，所需的特別知
識及技術（Council on Social Work Education, 2001）。

　　在臨床實務裡，多元化能力指的是輸送適當照護與服務的社
工人員所養成的臨床知識與技能，並透過組織與個別職業發給執照
來控管。美國社會工作實務者不僅被要求展現適當的臨床知識與技
能，也必須具備多元化能力。實務工作者是：

被期待去覺察自己對美裔印地安人、阿拉斯加原住民、非洲裔美國人、亞裔美國人、西班牙人、拉丁族群、男女同性戀者、雙性戀者、跨性別者、身心障礙、學習障礙者，特別是對關於種族與族群的任何可能的負面情緒反應（Haley-Banez et al., 2003, p. 45）。

為了服務這些廣大的文化次團體與個人的多樣性，具有多元化能力就愈顯重要。因為人們帶著他們的文化傳統到臨床機構，某種程度上文化傳統與信仰的多元化差異可以解釋顧客如何傳達與描述其症狀（Lago & Thompson, 1996; Kurz, Malcolm & Cournoyer, 2005）。研究顯示，文化的某些部分是文化束縛症狀（culture-bound syndromes，較常出現在某些社會裡的症狀）的基礎。文化更常與人們是否先求助、求助的類型、因應方式與社會支持，以及伴隨著特定情況所產生的烙印有關。對實務工作者也很重要的是意識到所有文化的優勢，例如復原力及因應方式，可減緩某些人們罹患特定的身心失調疾患（US Department of Health and Human Services, 2004）。

系統達成多元化能力

根據美國社會工作人員協會（2001）指出，有五項基本要素有助於系統的能力（ability）具備文化上的能力（culturally competent），分別為：(1)價值多元化；(2)發展文化自評（cultural self-assessment）的能力；(3)意識到當不同文化相互作用時，衝突是必然的；(4)使文化覺察為系統的組成部分；(5)設計多元化服務以反映多元化能力，並更加瞭解在系統裡文化之間與文化內的多元性。

Perlmutter等學者（2001）指出，管理者經常試著以下列兩種模式強調組織內的多元化能力。第一種爲近用與合法典範（access-and-legitimacy paradigm）（Gummer, 1998），爲管理者將其組織內的員工與消費者或立法團體配對而試著達到多元化的方法。第二種或更佳的方式爲Gummer（1998）所提出的歧視與公平典範（discrimination-and-fairness paradigm），指的是管理者努力將焦點集中在於職業的發展與監督工作人員，雖然會有失去訓練有素的工作人員的風險。Perlmutter與她的同事（2001）建議第三種方法，稱爲學習與效能典範（learning and effectiveness paradigm），此典範體認到當做出與工作相關的選擇和決定時，不可避免地工作人員會借助他們的文化背景、關係、身分和經驗。在英國，與性別相關的多元化議題則顯得更複雜。舉例來說，Rogers與Reynolds（2003b）指出在社會照護領域裡，英國女性要升遷至資深管理職位是處於劣勢的。引用Ginn與Fisher（1999）對於工作場域的研究，他們指出當工作場所有86%至95%爲女性時，這些女性只占了管理職位的60%至70%。許多因素可解釋此種現象，但是當與能力相當的男性比較時，女性照顧孩子的責任及其對於全職工作的影響則將成爲關鍵的因素。

　　Fernandez（1991）和Cox（1994）皆認爲組織須爲多元化能力訂定計畫，將員工的看法整合至組織目標當中，可豐富或者重新定義組織的宗旨、策略與規範。現正提倡的是多元化管理的系統分析法，策略則包括了指導與諮詢團體的領導能力、確認可設定基準與達成可測量目標的研究、訓練與教育和以文化改變爲目標的組織發展方法（Cox, 1994）。

　　最近一項針對兩百個組織，包括工會、機構與政府機構的多元化調查發現，69%的受訪組織陳述了多元化政策增進了全體的信譽；62%提到這些政策幫助他們吸引並留下能力好的員工；58%

描述了多元化政策改善其動機與效率；57%聲稱增加了創新改革；57%也提到了增進服務水準與消費者滿意度；57%表示多元化政策幫助他們克服了人力短缺狀況。報告中也體認到持續測量多元化政策影響的困難，及確認了達到成功多元化政策的其他阻礙，如嘗試改變公司文化時所遭遇的問題，以及員工缺少覺察能力（Europe Information Service, 2003）。

最佳多元化實踐獎（Diversity Best Practices）於1999年由美國的服務機構所設立，在於促進分享工作場域多元化的洞察力並頒發傑出組織獎。這些組織的願景是堅信「基於團隊精神、服務精神、進步的核心價值，多元化是必要的，且有其倫理與社會責任」。為展現公司對於多元化的承諾，多元化領導理事會（Diversity Leadership Council）由公司的執行長擔任，超過一萬五千名管理者完成公平就業與反歧視行動方案之訓練課程；並且不論公司財務績效為何，都依據資深行政人員與管理者多元化的達成狀況給予年度獎金（Reed Business Information, 2003）。

結論

社會工作人員被訓練去尊重個人的內在尊嚴與價值，且不論其膚色、種族、性別、年齡或文化的不同，皆能展現尊重與關懷。社會工作／社會照護管理者瞭解到多元化管理不僅僅須依據權益平等促進行動與性別平等的要求僱用員工，並且牽涉到對於差異的認同與讚賞。每個組織有其文化，類似社會文化，由理論與可激發、控制行為的權力關係，以及具有影響力之無形社會能量的假設所引導。假設所引導（Kettner, 2002）。少數個人或族群經常被刻意排除、邊緣化，或在組織中被文化主流所標記，因此個人的承諾和有

技巧的領導能力須成為管理者的一部分，以充分運用員工的技能與潛力，不論視員工為一個體或是團隊的一員。

　　系統理論藉由呈現開放系統達到較佳的理想狀態提供了有效的多元化典範，因人們帶至工作場域裡的並非僅有新的能量、教育與技能，也包括人生經驗，例如男性、女性、黑人、白人、年輕人、高齡者、身心障礙者、異性戀者、男女同性戀者、跨性別者、已婚者、離婚者，或是愛滋病患者的生活經驗。

　　在健康的工作環境當中，男性員工希望被視為盟友而不是女性員工的敵人，並與女性一樣享有表達情感的自由，在工作場所與家庭內得到成長與支持；女性員工希望被視為對等的夥伴，受到男性同事的積極支持，且工作環境也能重視家人與家庭責任；少數族群希望被尊重並被視為對等的夥伴，因身為少數族群而被重視，享受與同事開誠布公的關係，且在對抗種族歧視時，能得到白人同事的積極支持；同時，白人員工希望其民族被認同，將關係的基礎建立在共享的目標、關心與相互尊重上，不希望被視為種族主義者而要為少數民族的不幸負責。他們也希望與少數族群建立更佳的關係。男女同性戀者希望被視為是完整的人，而不是以性別傾向被認同，希望得到不會想要改變或是想修正他們的同事的支持，享有相同的就業機會，並期待異性戀者日漸覺察到恐同與說教行為帶來的影響；異性戀者希望增加他們對於男女同性戀者與跨性別者的覺察，瞭解身為同性戀者的法律、社會與其個人所承擔的結果，並與同性戀者討論恐同症。較年輕的員工與年長的員工一樣，希望參與具有挑戰性並有意義的工作，能被尊重也被真誠地對待、重視他們的經驗。身心障礙者希望他們的能力能被瞭解，不因身體受限制而被同情或被貼上標籤，希望能被同事與組織包容、激勵與支持；健壯的工作人員希望能與身心障礙員工自在地共事，接受他們並展現其讚賞之意，不需他們的領情，給予誠實的回饋與適當的支持。愛滋病

患希望在發展事業時得到鼓勵，繼續積極地參與工作，支持他們去取得研究、藥物與治療的機會，他們也希望能在生命的最後階段得到同事的支持（Aufiero et al., 2002），不希望被批評、責難、也不想因為他們的疾病而被同情。

如本章所述，多元化管理也重視自我覺察、重建過程、文化審查（cultural audits）與組織文化建制的基本改變。這些改變對於多元化能力與多元文化主義是很重要的。人群服務管理者被要求去探討如何支持多元化並建設性地運用多元化以創造和諧、改善工作品質並增進服務效能。

社會工作與社會照護管理者具有成為多元化領導者的特質，因為在美國與英國的專業訓練包括了與受壓迫族群共事的知識與技能、瞭解不同社會環境下的人類行為、分析與倡導社會福利政策，以及社區組織與實務倫理行為。

第七章

人群服務管理之義務與安全議題

Robert G. Madden

❖ 前言

❖ 人群服務管理法律問題之背景

❖ 權力與自由裁量權

❖ 專業的自由裁量權

❖ 社會服務之法律監督

❖ 瞭解法律規則與授權

❖ 法律義務之根源

❖ 視專業實務標準為法律要求

❖ 日常管理問題

❖ 實務工作紀錄

❖ 督導

❖ 遵守法律命令

❖ 遵守機構政策

❖ 政策宣導的必要性

❖ 監督配合度

❖ 案主與工作人員的安全維護

❖ 案主的安全

❖ 員工的安全

❖ 發展支持性政策

❖ 回應工作人員的擔心

❖ 危害案主之情境

❖ 管理者與就業法規

❖ 與律師和法律制度的配合

❖ 結論

 前言

　　「統治即是一種選擇」（to govern is to choose）是一則常見的政治諺語，在人群服務管理裡，管理者必須依據法律知識做出選擇。不管是個人或組織，他們必須要能辨別每一項正在考慮的選擇之法律風險。在政府補助之機構與公部門的管理者，有責任去瞭解章程與法規裡所定義的服務目的與範圍。另外，所有人群服務管理者必須在法律所建構的標準下執行工作。對管理者而言，瞭解法律是其知識基礎的重要部分之一，並藉此做出明智的選擇而有效地管理組織。

　　人群服務管理者也須負責替員工與案主創造安全的環境。顯然地，要預防所有的意外是不可能的。然而不管是政府或是非政府組織皆有基本的政策與標準，可使機構的管理展現出合理的專業行為並且降低責任風險。當工作者或是案主受到傷害時，責任評估即根據是否因疏忽行為或構成破壞專業責任的失職行為所造成。

　　本章將探討英國與美國人群服務裡經常發生的法律議題，有助於思考與管理者注意力相抗衡的各領域法律責任。例如：確保公平的僱用程序為何？檢查可能會被任用的員工實質審查（due diligence）為何？什麼是最好執行的紀律？由機構還是受益人定義服務的法律標準？確保工作人員與案主安全的政策為何？在決定要提供何種服務予案主時，工作人員有多少自由裁量權？若缺少監督工作人員的實務運作時，督導是否瞭解將面臨的法律風險？工作人員記錄實務工作是否徹底與一致？所提供的服務是否與主流照護標準一致？這些與其他許多問題皆須透過對於法律的理解；法律原則塑造了許多人群服務的方式。

 # 人群服務管理法律問題之背景

　　美國、英國與其他國家之法規、法律結構、法律過程及法律傳統的多變性，使得以一個章節來描述人群服務管理的法律議題變成艱難的任務。然而，要詳細描述所有的法律問題可能需要占更多的篇幅，才能探討人群服務方案管理者所面臨的一般問題。事實上，本章與管理者所面臨的挑戰類似，即是在無法知道所有影響實務的法律細節之下，哪些法律概念對於管理活動的績效是重要的？

　　對於未受過法律訓練的人而言，法律似乎難以接近，其語言、場所與龐大的資料著實令人害怕。大學教育可以提供法律課程，但事實上針對機構的是大量的法律細節。法規如何定義在何種條件之下兒童可以被帶離父母身邊？哪些特定因素是法官用來考慮批准社區老人的監護人或是管理人？某位兒童如何符合資格以獲取特殊教育服務？或某個家庭符合福利救助的條件為何？當案主處於高風險時，保密的限度為何？法律與法規規範這些議題，通常只在管理者習於經常使用時。管理者不須研讀特定的法律語言，而是發展如Vernon（1993）所言「專業地與法律自在共處」。瞭解基本的法律原則可促使管理者擁有法律能力。

　　如同其他實務領域，法律能力（legal competence）包括了精通特定的知識與技術，個人對於法律在社會的角色必須要有基本的認識。法律可視為一個機構，透過執行預期的事件、維持秩序以及建構關係來組織社會。管理者必須具備法律知識以准許或要求實務處遇，在與特定人群或機構工作時有特定法規程序可遵循（McDonald & Henderson, 2003）。有此能力的人群服務管理者必須具備強而有力的實務標準知識，以確保工作人員於公認的照護專業標準下執

行方案。對管理者也同等重要的是去瞭解律師的角色與法律論據。與法律專業人員共事時可能因為專業術語、價值與取向的不同而出現溝通困難（Preston-Shoot, Roberts & Vernon, 1998b）。管理者必須承諾去學習法律專業術語，與瞭解法律專業人員的優先考量與義務。

　　除了法律知識，人群服務管理者必須發展與法律體系有效互動的技巧。在這些技巧裡，首要的能力是研究法律，包括法律資料的定位與分析（Madden, 2000）。許多人群服務專業人員被動地接受法律規則、行政規則與法庭的判決，採取此立場會錯過了機會。發展在法律體系內採取主動角色的技巧可增進管理者之權能，可影響個案與實務的社會政策，以及在特定情境下服務使用者的成效。這可能涉及了教育法律制定者、法官，或與案主需求相關的行政當局，以及牽涉到方案服務對象的決策或政策。人群服務工作者可能會分享案主的故事，使用案主的故事以積極影響司法當局的決策；人群服務管理者可能會督導工作人員準備好協助案主經歷法院程序；最後，人群服務管理者可能會在法庭作證以支持工作人員。發展成為有力證人的技巧並熟練此角色，可能會是進行倡導的一個難得機會。

 # 權力與自由裁量權

　　人群服務所行使的權力來自於政府的認可與專業的判斷。政府基於法律與行政法規准許服務的提供或委託實務工作，在英國經常會發展成為機構內的政策與程序。政府規定在一些情況之下執業的資格，像是給予工作人員執照、註冊、任用與認證。在提供資金上，政府也會核准特定的服務。然而，這些認可本質上大多是最一

般的，且留給專業人員空間以運用其教育與經驗，在職權範圍內行使不同實務的決策。這可稱之為專業的自由裁量權（professional discretion）。專業行動最重要的法規系統包括自由裁量，呈現了照顧的專業標準、倫理守則，與目前研究的最佳做法。

 # 專業的自由裁量權

　　人群服務工作者被賦予權力與限制，或者就如McDonald與Henderson所描述的「職責、權力、責任、治療」（2003, p. 79）。當權力被濫用、未履行法律責任、疏忽或失職，破壞法律信賴原則，像是保密或機構對其員工行動的雇傭責任制度，法律體系就可能會干預（Raisbeck, 1977）。在這些準則中，執行專業人員必須擁有自由裁量權以運用法律規則，並決定何時遵循特定的法律程序。人群服務工作者的重要任務即是決定法庭或其他法律權威允許他們使用自由裁量權應用於法律規則的時機與範圍（Madden, 2003, p. 75）。

　　這可從兩個面向來分析自由裁量權。首先，管理者必須評估是否遵循所有的程序。案主已被告知其權利並經由公平過程提供案主機會了嗎？遵循特定法律以做出決策了嗎？第一線工作人員經常表現出熱忱，他們的好意會蒙蔽客觀的分析。管理者的任務即是瞭解相關的法律標準以建構與法律程序或規則一致的決定，並因此合法行使專業自由裁量權。

　　以兒童福利為例，法規可能要求人群服務專業人員通報任何有可能遭到虐待或忽視、或傷害已經造成、或即將發生的案例。政府准許違反保密原則以執行通報，這在法律上已明確規定。專業自由裁量會出現在評估家庭中某些行為達到「有理由相信」虐待已經發

生。人群服務管理者必須在機構內支持實務政策，以確保員工依專業標準聘用，且行爲與專業倫理一致（見第四章）。

 ## 社會服務之法律監督

　　若是要找出管理者的壓力來源，將原因歸咎於社會法治化與爭取公民權的增加則是情有可原的。一開始聽起來可能讓人覺得突兀，但是可省思其爭議之處。在美國，公部門由那些鮮少與法庭對抗的人群服務專業人士所主導（Mosher, 1987）。法院注意到事後審究（second-guessing）之專業人員居於上位時會引發許多新的個案；這在美國則隨著民權運動而改變。律師與其他倡導者爲弱勢族群爭取權利，開始挑戰專業判斷，他們批判許多專業決策如同父權（patriarchal），是基於獨裁的標準。爲回應增加責信（accountability）的要求，協助弱勢族群方案愈來愈基於規則而訂，因此更容易在法庭中受到司法審查的質疑（Tyler, 1992）。是否人群服務工作者的決策導致案主的公民權受到侵害？專業的自由裁量權在哪些領域使某人的自由遭到剝奪？美國法院特別傾向審視這些決策以評估專業行爲是否與法律標準一致。

　　在英國，法律體系的監督與專業責任的概念密切相關。在未有相同依憲法保護公民權的法律原則之下，英國法律明確規定人群服務機構的權力以及行使權力的條件。因此法律體系檢視以下的問題：「法律所定的權力是否太超過或合法地被使用？」（Preston-Shoot, Roberts & Vernon, 1998a）。由此可再次證明專業自由裁量之議題是重要的。當法律體系評估人群服務機構的責信時，通常會運用法規制度、法律語言與程序，而不是審查個案所牽扯到的複雜問題（Preston-Shoot et al., 1998b）。人群服務管理者必須熟悉法律授

權，以及需要專業人員執行自由裁量權的族群與機構實際共事爲基
礎來判定實務決策。

英國1998年的人權法案（Human Rights Act, HRA）序言已統
整了規範人群服務管理者與實務工作者互相抗衡的法律架構。人權
法案影響了其他法規的判定，因爲這些法規須與人權法案共存。這
對於公權力行爲具有較大的意涵，並可對於執行不力者予以制裁。
例如R.V. North & East Devon Health Authority（ex parte, Coughlan
[1999] 2CCLR 285），在居民採取法律行動後，衛生部避免了居住
地方遭到關閉（McDonald & Henderson, 2003）。

 ## 瞭解法律規則與授權

對人群服務管理者而言，重要但仍嫌不足的是熟悉支持組織
功能的法律規章。對公部門與法規特別控管的實務工作而言，法律
提供了規則、資格的指導方針、政策，與程序的詳細訊息，有時法
律會規定特定的處理方式（例如美國安置在寄養家庭的兒童每月至
少必須要與社工人員會面一次，英國則須在四十八小時內審查安置
地點），有時法律可能會禁止特定的行爲（例如在美國精神醫療工
作者與案主發生性關係是犯法的）。機構並非受法律指揮，有許多
方法促使法律監督的發生。首先，許多機構接受補助金、第三者付
費，或公款。每個狀況背後都有特定的法律規範，法律可強化所有
機構的照護標準。當機構或其員工之行爲已超出可接受之標準並傷
害了案主時，可透過訴訟尋求救濟。

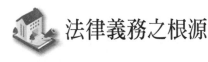 ## 法律義務之根源

實定法

實定法（statutory law）為立法機關制定出來的法律，往往也是法律最一般的陳述。當法律由公部門機關管理或監督〔或公部門機構的聯合，如英格蘭與威爾斯2004年兒童法（Children Act, 2004）〕，此法規賦予部長／行政官員權力以發展更多特定的規章，有時可稱為第二次的法規制訂。舉例來說，為了得到補助以提供原住民精神醫療服務，地方機構必須同意定期向行政機關提出審查報告；行政機關也需要訂出撰寫報告及實務工作標準的指導手冊，地方機構必須遵守以獲得補助。這些細節不會出現在原始的法規當中，但是會在立法原始文意授權的標準內，由負責的公部門機關公布。

案例法

人群服務管理者須熟悉的另一類法律根源是案例法（case law）或普通法（common law）。普通法源於司法判決先例。管理者必須瞭解兩個重要先決條件，才能具備法律才能。首先，許多法律條文以模糊的語言撰寫而成，無法回應實務中特定情境所出現的問題；其次，每個法律個案都是獨特的故事，律師在案情答辯時使用對抗式訴訟方式（adversarial system）推動法律逐漸成形。陪審團必須遵守先前的判例，此概念迫使法庭須遵守本身與在同一審判

轄區內之上級法院的決定，但法官可能會被適用不同法律的論述或與現有規定不同的個案實情所說服。對人群服務管理者而言，最重要的是要熟悉其領域裡重要的法律案件。透過閱讀判決理由書，將會更清楚一般的法律條文。雖然普通法不希望我們以某個案件當作一般規則的證據，但案件會一直強化法律的相同解釋，也增強法庭未來如何判決的信心。管理者可利用此知識做出大部分法律可接受的決策。

　　人群服務專業人員依其地位被賦予職務與責任，但經常更進一步由案例法所規定之。例如位於英國的格洛斯特郡（R. V. Gloucestershire County Council, ex parte, Barry [1997] 2WLR 459），地方政府因其財務狀況決定撤銷服務，對此上議院裁決地方政府在評估需求與決定提供何種服務時可將資源納入考量，但要說明資格標準是合理的，並詳述他們不能約束個別狀況裡的自由裁量權（McDonald & Henderson, 2003）。

　　在美國的司法權裡，危及自己或傷害他人的案主有採取行動以避免傷害發生的義務。多數法院已經通過了保護心理治療服務者所提供之臨床訊息的法律，給予案主保有隱私的特權。這些法律上不可公開之訊息（privileged communication）則有幾個例外，其中之一是因避免傷害而允許訊息的揭露，然而法律本身並沒有指出何種狀況會引發此項義務。在案例法裡，法院會審查此項義務並予以澄清。以危及案主的情況為例，必須由精神科專業人員評估威脅是可信的，威脅確定指向特定的（或可認定的）對象。這些情況會引發法律責任的衝突：堅持保密責任與當專業人員警覺有威脅時防止傷害的責任，具有法律與案例法知識的人群服務管理者能做出該如何處理的明智決策。

 ## 視專業實務標準為法律要求

　　人群服務管理者必須維護其方案實務工作的品質。最重要的方法是實務標準的執行；如同法律規定，透過民事法庭運用過失法（negligence law）的原則來監督。如果人群服務機構的案主因為機構員工的行為直接導致傷害，可能就會引發法律訴訟或民事訴訟。這些訴訟的目的不外乎是尋求傷害的補償，或是要求機構採取行動。這些法律的要求稱之為侵權（torts）。侵權是一種行為或未能採取之行為，違反了合理行為的標準並對另一方造成傷害（Madden, 2003）。最有相關之兩項侵權行為是過失侵權行為（negligent tort）與故意侵權行為（intentional tort）。

　　當人群服務管理者瞭解過失請求的要素時，就可建構服務與員工的計畫、監督與評估。如以上所述，個人須為過失行為及之後的行為承擔責任。案主總被視為機構員工應負起責任的一群。責任範圍為何？舉例來說，我們可以想像鄰居因你家門口階梯上的地毯未整修而滑倒受傷的狀況。普通過失行為會審查你的行為（失修地毯）是否造成事件的發生，可能會根據危險情況維持了多久，以及你是否已知道此狀況來分析。

　　在專業過失案件裡，標準是在相同情況之下合理對待同樣受過訓練的專業人員。合理的證據（evidence）包括了專家建構專業標準提供的陳述證據（testimony）。以孩童有尿床問題為例，以諮商者的專業標準會將小孩轉介給醫生，以排除因身體問題引起尿床的原因。如果諮商者未做轉介，將尿床視為心理疾患，之後卻發現小孩有了致命的腫瘤，家長會有很好的機會證明違反專業標準。違反照護標準可能也涉及到未能遵守認可程序，像是未回電給有自殺習

慣的案主，或未能遵守政策或程序。除了發現專業人員違反照護標準外，還須證明此乃專業人員的行為而導致傷害，最後案主必須是受到實際傷害而提起專業人員過失訴訟。

　　比起過失行為，人群服務管理者較少關心故意侵權行為。這些侵權行為涉及了造成對方傷害的故意行為，如攻擊、文字毀謗、造謠，或故意施加情緒壓力，人群服務管理者須警覺到可能引發訴訟行為。有時衝突的督導關係會引發故意侵權行為，像是在推薦信或在會議中故意公開他人不實的資訊，或是製造一個令人情緒受傷的環境迫使員工離職。另外機構員工可能做出故意傷害案主的行為，雖然不常見，但這些情況可能損及機構聲譽，並導致機構與管理者須付出鉅額的傷害賠償。

 ## 日常管理問題

　　透過留意各項基本管理活動，人群服務管理者可減少法院對員工的不利調查。首先，每天所執行的方案必須妥善計畫，組織程序須與法規及命令一致，像是健康與安全性的法規。工作者必須適當地被監督，小心記錄實務工作，且政策必須明確、廣為宣傳與完全被遵從。

　　一般而言，好的管理實務可讓組織減少承擔責任，然而建立動機及堅持遵守政策和程序不應是為了預防賠償責任，管理者的主要目標反而應該是藉由堅持好的實務工作來預防案主與工作人員受到傷害。政策有利於標準化回應的功能，並降低過失行為與疏忽的機會。政策形成期待並詳細描述責任，但在明確的承諾與擔心會引發訴訟或公開調查之間則只有一線之隔。當以預防賠償責任為目標時，則會出現防禦行為。處於此種狀況的機構無法優先考量到案主

的需求，其管理監督普遍被員工認爲是員工喪失了權力（Obholzer, 2003）。有效管理的目標應是在員工瞭解其權力的界線下制訂政策，依規則處理困難的實務情境，並在此架構之下使用專業自由裁量權。

 實務工作紀錄

人群服務中經常被提及的格言是，若沒有把法律事務記錄下來，那就是還未完成。有數個理由可說明實務工作文件記錄的重要性。在許多領域裡，法令會要求記錄事件，例如英國的安置兒童計畫。機構的紀錄及對於品質的承諾會透過政府機關的評鑑機制，像是英格蘭的社會照護視導委員會（Commission for Social Care Inspection）與蘇格蘭的社會工作評鑑機關（Social Work Inspection Agency）予以監督與強化。當司法機構搜索檔案時或提供給案主的服務受人質疑時，管理者當下最該關注紀錄文件的品質。然而管理者應該隨時留意紀錄品質與時效性。管理者遭到傳訊或被提出其他要求之後，被指控詐欺可能會是更改紀錄的一大阻礙。因此，在危機發生之前才檢查個案紀錄的內容與狀況的結果，往往會導致文件準備不足的現象。

舉例來說，在美國當案主表達會有自殘時，社工員必須記錄案主的感覺、情緒與行爲。如果案主有自殺意圖，必須記錄評估自殺的訊息，像安全計畫、與家屬的通聯報告、督導的介入與精神科醫師的諮詢都須列入案主的個案紀錄中。特定的訊息如每次通聯時間，可作爲適當專業處理的重要證據。如果案主白天擅自離開，社工員直至傍晚才與案家聯繫，則是疏於預防案主自殺的作爲。

Kagle（1991, p. 141）指出三項服務紀錄的基本目標：責信、

效率與案主的隱私權。對管理者而言，這些目標是相當重要的。紀錄可促使督導人員、行政者和經費支援者對每位工作人員為案主所提供的服務負責。紀錄所服務的案主與其服務成果的能力可呈現出機構的效率。紀錄可提供案主達成目標的資料，故能影響特殊處遇方式與方案執行的決定。對督導實務工作者的作為與工作進度的管理者而言，紀錄也很有幫助。最後，紀錄過程須小心謹慎，確保案主資料受到管理以保護其隱私權。

因此對管理者而言，與紀錄相關之最重要議題是建立政策以監控責信。多久見案主一次？案主目標進度為何？未來行動計畫為何？這些訊息可用來確保服務品質並保護案主，對經費支持者（政府機構、基金會、保險公司）表示負責也是很重要的，顯示提供給案主的服務符合契約或經費補助的要求。管理者在制訂監控績效時，必須把審閱紀錄納入標準程序。在某個機構的人群服務工作人員大多在社區裡提供移民人口支持性服務，因預算刪減、機構精簡行政人員，有好幾個月社區工作人員未受監督，其中有兩名工作人員相繼辭職。當贊助機構稽查此方案時，這些社區工作者的紀錄卻不見了，也找不到前任工作人員。機構已經支付了服務，但沒有文件可以證明已經提供了服務，贊助機構便威脅此機構必須償還沒有文件紀錄的所有服務費用。

法律體系以不同的方式使用人群服務的紀錄。人群服務組織須考慮專業文件蒐集與保管的方式以便在適當時機提供紀錄。因此資料的蒐集、紀錄、資訊的使用必須符合與紀錄有關的法律規定，像是英國資料保護法（UK Data Protection Act, 1998）確認了何種資料需要被記錄，並且提供有關資料分享與揭露的指導原則。

管理者需要為文件紀錄建立一個系統，以確保紀錄保留了事實與所觀察的細節，而非記錄意見或臆測。記錄時其中一個關鍵因素是歸屬的概念（concept of attribution），所有關於案主的陳述與

其他訊息都應說明確定的訊息來源。例如一名叫做Joseph的小男孩於青年機構會談。Joseph抱怨母親從不讓他到屋外玩耍。眾所皆知的藥頭Mr. Jones住在他們的大樓裡，有些人會在走廊吸毒、交換毒品。在機構的紀錄裡，確認消息來源是很重要的，如把這些陳述歸於Joseph。此外，重要的是不將Mr. Jones的名字列在紀錄裡，建議將他視為鄰居或住在大樓的居民。所有個案紀錄都應被當作以後可能成為法庭案件或被公諸於世。非案主的姓名皆與實務工作紀錄無關。員工應接受訓練，使其紀錄檔案避開這些無關的細節。

督導

當機構未能審查第一線工作人員的績效，服務方案將會面臨責任疏忽提高的危險性。例如一位資深社工人員兼任督導，在一個專為感染HIV男性之機構任職。此機構由非受過專業訓練之熱心服務人士所成立，沒有任何工作人員提供諮商與支持性服務的相關紀錄。當社工人員接手督導職務與每位諮商員會談時，因缺少有關諮商員的專業工作紀錄，故很難瞭解狀況。一個月之後，機構接到申訴案件，其中一名工作人員與案主發生了性關係。督導與這名工作人員只會談過兩次，並不瞭解這名工作人員對於專業界線的困惑。當工作人員離職之後也無從與其聯絡，案主提出申訴，表示機構與督導未能適當地監督員工的行為。

督導責任的概念可在此予以討論。理論上督導承擔了監督照顧案主的責任。此責任涉及了實務工作上的監控與評估，以確保執行工作時案主不會受到傷害。案主一般會爭辯的就是執行不當的督導，工作人員的傷害行為未被糾正，最後使案主受到傷害。在以上所述之案例，就是沒有紀錄可證實工作人員的表現受到監控與評

估。

　　第二個法律理論是案主控告人群服務組織爲責任雇主（respondeat superior，讓上位者回應）（Black's Law Dictionary, 1983）。法律理論認爲組織爲其工作人員負責，組織藉著聲稱員工的傷害行爲並非組織的責任（即員工個人的錯誤）是不正當的。法律認爲只要是員工與志工的行爲是在其職責範圍內，組織就必須承擔起責任。

　　管理者理解到人群服務機構會因員工個人行爲而被提起訴訟或遭到投訴，應可激勵他們參與督導系統；然而體認到案主有時會遭到未受密集督導的工作人員傷害，應該要引發更強的動機。害怕承擔責任常會產生保護性的督導，品質控制的方式可促使系統將焦點放在發展性的模式，保護案主權利的同時，亦能提升自身的專業成長。

 ## 遵守法律命令

　　人群服務管理者負有確保工作人員遵守法律命令與符合實務標準的責任，此責任包括了建構法律語言與行政法規的知識基礎。通常，管理者只知道粗略的法律概況，未能讓自己熟悉特定的法律語言。管理者應蒐集與機構相關的法律條文，並隨時都可供查閱，一有情況發生時，回到法律或法條的眞實語言則有助於達成明智的決定。最近大部分的法律與法條可經由網路查詢得知，管理者可從主要出處像是政府行政與司法機關去蒐集及整理。法律研究技巧是目前有效的人群服務管理者所必備的。

 ## 遵守機構政策

實務工作政策是用來確保工作人員能遵守程序且其行為能符合專業標準。某些政策像是醫療紀錄的內容，可能由法律來訂定之，其他則根據專業的照護標準來制訂。管理者須在政策的發展、訓練與一致性上負起領導之責。視服務方案而定，機構政策可牽涉到無數的議題。在某些狀況下服務只能提供給符合某些資格的人，像是居住地區、年齡、疾病類別或收入門檻；機構的接案政策則會要求符合這些資格的文件。機構可能訂定費用、安排會談時間、員工績效考核、出差，或輸送案主的政策，也可能制訂緊急事件處理程序，像是面對自殺的案主或機構設備遭到破壞。

管理者不常將機構政策認定為法律的要求，然而法律體系視機構政策為標準實務工作的證據，因此政策應反映國家標準或是專業認可的協定。當發生狀況時，法律體系會介入機構政策。比如機構被控告疏忽或瀆職、工作人員受到歧視而被革職且要求法院予以復職、兒童參加機構所贊助的活動時受了重傷、接受機構個案管理服務的老人因營養不良而住院、你正處理的案家小孩因父親喝酒而受重傷，法院會要求審視每個個案中與案主有關的工作人員的行為。一般的標準為是否工作人員的行為與認可的實務標準一致，如果顯示未能遵守機構政策，機構則須承擔起責任。

人群服務管理者首先面臨的挑戰是須發展相關的、全面的、最先進的政策。鑽研最佳的實務工作，運用基於處遇程序得來的成果，確保機構政策符合法令要求是項艱鉅且須持續進行的管理功能。例如在美國與英國會要求機構遵守維護醫療紀錄隱私的相關法律政策，並且訂定健康與精神醫療機構都適用的特別程序。

美國的隱私權法案（the privacy acts）〔可攜式醫療保險及責任
法案（Health Insurance Portability and Accountability Act, HIPAA,
1996）〕與英國的資料保護法〔UK Data Protection Act of 1998
（DPA）〕也規範了健保與支付服務費用的管理照護公司之間的訊
息交流。

 ## 政策宣導的必要性

　　人群服務管理者的第二項任務是將政策傳達給員工，並透過持
續提供機會再教育員工以強化對政策的瞭解。**案例7-1**說明了此種情
況。

　　除了確認所有員工都能注意到所有政策外，也必須在新進員工
訓練時，告知新進與臨時員工如實習生有關機構的政策。如果管理
者宣導政策不夠積極，也不定期督促員工加強對政策的瞭解，會嚴

案例 7-1

　　某一社工實習生在充斥著高犯罪率與販毒暴力的大都市
裡實習。他與其他實習生被指派到某個家庭服務，但此家庭
很難與機構約定會談時間，實習生決定前往這個家庭進行訪
問。幾個月以後，他們對此家庭的進展感到欣慰，並且決定
向機構員工報告這個案例。報告時機構主管到場聆聽，他對
實習生去家訪感到很生氣，並告知實習生因考量到社區暴力
問題，機構政策是禁止家訪的。學生對有此政策感到震驚，
但是感到更震驚的是那些與會的員工，居然有半數的機構員
工表示他們不知道有此政策。

重傷害到員工對於管理者的服從。所有的政策也必須符合專業倫理守則與實務工作的標準，禁止家訪的政策會與員工認知的專業責任與機構宗旨不相符。

監督配合度

人群服務管理者的第三個任務是關於監督政策的配合。管理者在此任務中所面對的挑戰是要去設計配合監督員工政策的系統，且又不會增加員工過多的文書工作，或讓員工失去自主與信任。關鍵的策略即是建立有關政策配合的明確期待，並且提供執行此項任務必要的支持與架構，必須要使員工確信相關的政策有助於實務工作。如果政策只是為了因應法律的規定，員工會出現更多的抗拒。確認組織政策支持有效實務工作的方式，且以此方式呈現，可使員工遵守這些規定；同時也讓員工主動參與構思機構政策及定期審視自己的工作效率，使員工擁有政策的所有權並改善整體的配合度。

案主與工作人員的安全維護

在最近的專業文獻當中，人群服務管理者提供案主與工作人員安全環境的責任逐漸受到重視（Leather, 1998; Spencer & Munch, 2003; Newhill, 2004）。對多數管理系的學生們而言，管理人群服務機構的印象可能不包括去議價監視器，或為了方案去設計卡鎖的鑽孔。然而現今實務工作要求管理者去適應案主與工作人員所面臨的不同危險，並有責任採取能夠減少這些危險的行動。法律議題是由基本的侵權法所引起的，案主或員工是否受到傷害，法律審查過程

將會調查機構是否有責任提供安全環境，並回顧期待特定的預防措施是否合理，或是否須遵守特定的政策。

 ## 案主的安全

仔細思考案主在參與方案活動時受傷的問題。當機構創造一項方案邀請個案接受服務或參與活動，適當照護的責任隨即因應而生。透過法律體制賠償遭到傷害的案主，強化了這些期待。過去二十年來有太多的訴訟案件導致一些機構停止方案執行。這種反應過度誇大現實的危險性且造成規劃方案時的防衛狀況，較佳的反應是仔細地檢查所有的方案與活動，以確定安全防護措施是否皆已適當。例如一所青年機構計畫了遊樂場與博物館的旅遊活動，給管理者的建議是去審視工作人員與學生的比率、提供同一顏色的上衣以控管學生、雇用合格的遊覽公司，及其他類似符合安全程序的策略。

法律無法預知意外會不會發生，即使已經採取所有的預防措施，也會有人在活動受傷後提起訴訟，因為不能保證不會發生對威脅的風險嫌惡或承擔責任的可能性。接受有危險性是難以避免的，最佳的策略是增加安全性，並試著詳細計畫每個活動的安全措施。

 ## 員工的安全

為工作人員創造一個安全工作環境的概念存在著些許令人不安的感覺，尤其牽涉到個案直接對工作人員暴力相向。如果某個機構僱用警衛、安裝監視器與新的門鎖，則暗示了可能會有此種行為的發生。這個訊息可能顯示了「我們」專業人員是「他們」社區的局

外人，我們感到不安全，因此會待在堡壘之內，允許那些被認為沒有危險性的人進入，這會產生不利於發展與維持信任關係的動力。然而，如果機構沒有採取安全措施，可能會發生法律後果（legal consequences）。以美國最近發生的案件為例，機構因未能監控停車場使得實習生於夜間返家時遭到襲擊（Gross v. Family Service Agency & Nova Southeastern University, 1998）。法院發現這個停車場最近已發生過數起犯罪事件，機構對於增加安全措施或制訂夜間護衛工作人員的政策毫無作為，學校無法確認實習是否在安全的環境下進行。

法院不會告知機構該如何保護員工與案主，或是要花多少經費在此議題之上。答案是對於安全措施的關注須多於所花費的金額。很顯然地，法院裁定機構須為了安全的工作環境負責，特別是明知有危險的狀況又不採取安全措施之處。

工作場所的暴力

重要的是，在意外發生之前管理者就要處理安全性的相關問題。某些工作場域如兒童保護、刑事司法、心理衛生領域會比其他領域存有更高的風險（Newhill, 2004）。但每個工作場域及人群裡都會存在暴力的風險，管理者應該把關注的目標放在三個主要的部分：改進評估技術和降低危機強度、發展相關政策解決安全性議題、予以員工適當的支持。

機構必須提供具有專業發展機會的員工方案，以改善員工評估個案陷於暴力風險的能力。例如工作人員需要辨識實務工作存在不同的型態、診斷及情況的惡化，像是個案毒癮發作時，工作人員如何對個案做出反應（Duffy, 2004）。未受過適當的員工訓練可能導致個案或員工提出暴力傷害訴訟，組織有罪與否將歸咎於員工是

否已具備能力去處理那些與特定族群和特定議題有關的服務輸送問題。

　　透過員工參與計畫的過程，能降低暴力案件的發生率和嚴重度（Hunter & Love, 1996; Flannery, Penk & Corrigan, 1999）。有關安全計畫的專業文獻已逐漸增加中（見Newhill, 2004）。人群服務管理者應考量建立安全委員會以檢驗相關問題，特別是員工在職方案及政策的建議上。安全計畫應是持續性的，並與政策的實施、員工的承諾和新進人員的訓練有關。安全計畫的好處是機構對員工福利的承諾可強化工作的滿意度和持續力（Vinokur-Kaplan et al., 1994）。雖然員工有安全意識，但安全問題仍被視為一種禁忌而不能公開討論。規劃安全計畫時，管理者必須負起領導者角色，降低暴力發生率，並可在高風險情況下去做適宜的專業反應（Scalera, 1995; Spencer & Munch, 2003）。

 ## 發展支持性政策

　　除了維護案主及工作者的安全，第三項值得管理者注意的地方是支持工作人員。管理者可採用兩種支持方式：首先，在高暴力風險的人群中提供服務的工作人員特別需要支持，例如非自願性個案被法院要求參加治療團體，結果那些接受藥物或酒精治療的人，到了機構可能更易發作且更加衝動；在兒童福利和監護權的機構，親職角色受到威脅的父母可能會引發暴力反應（Griffin, 1997）。在這種情況下，機構管理者一定要在案件中建立員工的後援支持計畫，例如可分派兩位工作人員執行團體或家庭工作，也須指派一位隨時待命的督導，在工作時間內待在機構中以處理危機狀況。機構可視狀況僱用保全人員，以威嚇並因應突發情況。機構須為夜間工作人

員或在其他時間只有少數工作人員在場的工作場所制訂政策，以減少個別工作人員意外的風險。

第二種支持的方式是對已受害的工作人員提供服務計畫。如前所述，工作人員受攻擊或威脅後才知會機構，可能不被受理。對於管理者和督導者而言，重要的是提供工作人員支持並能適時處理他們的感受。管理者應在意外發生後立即提供減壓（debriefing）機會且提供獲得處遇的管道。更重要的是，要注意判決對工作人員是否造成難以抹滅的創傷。督導的假設或貶低意外事件造成的影響，可能會傷及工作人員或導致員工提出申訴。

更令人擔心的是，有關職場壓力對社會工作及照護服務人員的影響（Arnold, Cooper & Robertson, 1998）。管理者對實務工作者的壓力和福利的促成有其影響力（Elkin & Rosch, 1990），然而為員工規劃好的工作環境是最佳工作的要素之一。當個人因工作壓力到法院向雇主求償時，組織的責任往往會變得更加清晰。2002年英國的Worcestershire地區，一位退休社工人員以庭外和解方式獲得14萬英鎊的賠償；2001年貿易聯盟理事會（Trades Union Council, TUC）也為一些工作人員贏得3.21億英鎊的賠償金。第一線管理者無可避免要直接負責工作系統的維護、組織的架構和文化，以協助並保障員工的福利（Seden & Katz, 2003），這可能包括付費或透過轉介諮商輔導或其他的協助。

回應工作人員的擔心

另一個法律風險則來自於下列所探討的安全及福利議題。人群服務管理者應建立一套受理與回應工作者所關切議題的機制。當紀錄文件已證明有危險情況存在，而行政主管沒有採取任何行動去糾

正時，就會有利於原告對機構提出告訴。與安全相關的議題包括環境問題，諸如空氣品質、消毒公司、大樓保全、照明及其他對健康或安全構成危險的工作條件，日理萬機的管理者可能會忽視並延宕回覆工作人員所關注的事項。

 # 危害案主之情境

訂定流程是為了因應特殊情況。當案主傷害自己或別人時，機構應有一套可讓工作人員依循的處理流程。案主告知工作人員他們有意採取危險行為是常見的。作為管理者有幾個考慮面向：不應讓工作人員單獨去處理有殺人傾向及自殺威脅的情況；如果機構主動採取行動防止傷害發生，管理者應全盤考量是否違反保密原則，然而最大的責任問題是對通報不做任何反應。良好規劃因應危害個案情境的政策是基於對多種專業的共同評估。

有效管理個案危險行為以致威脅的處理流程，包括安排適當資深工作人員或諮商師的輔導。涉及危險性評估的因素應該要詳述在政策當中，並且由團隊成員將這些因素納入考量。如果機構沒有足夠的專業人才，處遇計畫應納入採取機動式的危機小組、醫院或其他心理衛生方面的服務。若案主的威脅傷害不利於特定的某人，且評估亦指出案主可能會衝動行事，則有義務去警告可能的受害者。同樣地，如果一個自殺案件即將發生，則應採取各項行動去避免案主自殘，包括強制案主住院或通知家屬。關於明確並有能力決定結束生命的案主，組織應討論自身可處的理性立場為何；若不採取行動，喪親家屬可能會因此控告機構。

機構制訂的書面處理流程和其他政策，可能會增加一些法律風險。由律師或其他法律專家所做的調查，會比對所查到的事實和處

理流程。任何偏離書面化的處理流程都會引發責任歸屬的問題。有些人認為如果機構沒有書面化的政策可供依循，從責任的觀點來看對機構是比較安全的，但這樣的觀點是假設書面化的政策沒有被採用。如果有健全的書面處理流程和定期的再訓練與強化，在危機情況中則可能會被採用。處理流程有如指導方針，指導如何在照護的專業標準內做出回應，可以保護個案和員工，並因此減輕整個機構的責任。

管理者與就業法規

大部分的管理者還未能面對就業法規所帶來的問題。僱用關係中的每個面向：招募、聘用、督導、紀律和終止僱用工作人員，督導都必須依法執行。這一段落將回顧一些主要的就業法規政策並指出就業管理的基本方針。重要的是去瞭解每一司法管轄區的不同，所以管理者應持續地諮詢人力資源專家和當地的法律人員。

對人群服務管理者而言，具體清楚的工作說明是決定僱用的基礎，說明工作任務和對員工職位的期待應為優先考量。工作說明在僱用、評估、處分及解僱員工時至關重要。僱用關係的每個階段都存在著法律制度檢討的可能性，當管理者的職位根據書面化的標準訂定時，其決策是備受保護與肯定的。

招募

英國和美國在就業相關法律上是相似的。在美國，1964民權法（Civil Rights Act of 1964）禁止種族、性別、宗教、膚色或原始國籍的歧視，之後的法律也擴及對老人及身心障礙者的保護（1996美

國身心障礙者法案，Americans with Disabilities Act 1996）。

在英國則有法律保護平等就業權，主要致力於處理歧視問題，這三項法規分別爲：種族歧視（種族關係法案，Race Relations Act 1976）、性別歧視（性別歧視法案，Sex Discrimination Act 1975）以及對於身心障礙者的歧視法規（身心障礙歧視法案，Disability Discrimination Act 1995），亦成立了平等機會委員會（Equal Opportunity Commission）、種族平等委員會（Commission for Racial Equality）及身心障礙權利委員會（Disability Rights Commission）三個委員會，以審查這些案件並提供技術性的協助及資訊。歐洲人權公約（The European Convention on Human Rights）對禁止歧視的法規逐漸發揮其影響力。英國亦實施此公約，視爲是與歐盟（European Union）的合作並持續地擴展。

機構僱用員工涵蓋了一連串合法性的責任。除了基本薪資、福利及稅務要件，管理者必須熟悉以下的議題：首先在招募的過程中，重要的是去瞭解禁止歧視的各種身分及該遵守的法規程序，第一要務則須使用之前所討論的工作說明，對應徵者的甄選及提問，應該根據職位的基本職責，諸如家庭問題、年齡、宗教或有關身心障礙的私人問題都不適合提問，因爲在不同司法轄區內可能會成爲法律投訴的依據。管理者應運用人力資源專業並預先設計一套問題給應徵者，確定問題不違反法律且公平對待所有應徵者；在具體職務說明中，爲每位應徵者提供客觀分析的架構。此過程將降低應徵者在招募時遭受歧視的可能性；當招募過程遭受質疑時，亦可提供文件紀錄以釐清眞相。

當考慮僱用身心障礙者時，管理者或委員會應視應徵者的能力是否符合工作說明以決定應否提供工作機會。一旦獲得錄用，在司法管轄之下，此應徵者就可能會請求合理的對待。即使管轄區無具體的法規，人群服務的使命亦包括了尋求多樣化的勞動力以回應

整體社會的需求，例如一位有經驗的照護管理者負責居家老人的個案。老人患有嚴重的關節炎，故無法將資料輸入電腦，雖然此機構檔案已資訊化，但卻不是身為照護管理者的基本工作職責，合理的方式是讓他口述或購買聲音辨視軟體以記錄工作重點。如此，有價值及有經驗的工作人員能被聘用，且機構是基於禁止歧視身心障礙的法規下僱用員工。

員工績效的監督

督導往往為責任加重及資源減少的受害者。雖然有相當多的文獻與資源證實督導在照護專業上的重要性，以及有許多支持與訓練督導的資源，但密集地督導人群服務工作者的這項傳統已隨著時間的流逝而消失（Kadushin, 1995; Horwath & Morrison, 1999; Hawkins & Shohet, 2000）。身為人群服務管理者有必要協助結構性督導和定期的評量。當員工有過失或不當的行為且對案主造成傷害，機構及督導們應負起其潛在的義務（督導者義務已在本章有所描述），督導關係應該遵循工作說明。另外，督導業務應是常態的例行公事，包括書面化評估，發展目標以解決不足之處，並訂下每次的檢討時間。管理者應該要求記錄評估過程，包括特定關注的領域，例如在任何領域裡員工無法符合工作基本職責的狀況與修正／再訓練的計畫。

紀津及終止僱用

人群服務管理者在懲戒或解聘員工時須慎重且果斷。很多時候管理者的行事風格受到人群服務訓練的影響（對待一位工作人員就像對待一位案主），並會不斷地容忍員工在一個不適當及不安全的

方式下執行任務。基於職責，管理者應有效的採取行動。若有棟建築物，由於未能採用管理回報程序及員工質疑導致有不良的安全紀錄，在活動時或因工作人員失職造成案主的傷害，此機構可能須承擔重大的責任歸屬。攸關就業案例的正確作為，包括有清楚的文件說明員工為何未能符合工作說明中的基本職責，以及評估過程的紀錄和補救計畫的狀況。

　　在一些案件中，工作契約或公務員制度保護了員工。其他時候在法律或實務上可能會要求工作人員執行任何工作行動之前，由雇主提供適當／合法程序（due process）的保護。基本上，大部分適當的保護程序包括工作人員有權參加非正式的聽證會，並有機會為其工作辯解。通常工作人員可利用申訴及上訴管道爭取他們的權利，員工手冊條款附有詳細的流程說明保護員工的權利與義務。對員工的獎懲到雇用的終止，管理者必須謹慎行事，或不應在決策時情緒化。員工的申訴程序、停權的過程，和解僱員工的條件必定會影響管理者的行動。員工的解僱通常有合理的理由，但未能將這些理由書面化，員工通常能因此抗辯成功。雖然法律不會要求再次僱用這些員工，但離職員工可能會獲得大筆的調解金。

 ## 與律師和法律制度的配合

　　在與法律制度建立更強的合作關係中，人群服務管理者扮演了一個很重要的角色。這個過程類似於發展文化能力的步驟（請參閱Green, 1998; NASW, 2001）。首先，管理者應瞭解自己、瞭解機構所提供的服務角色、規定以及核准條件，並洞悉專業實務的標準；第二，人群服務管理者必須建構法律的基本常識，包括管理機構服務與方向、程序以及判斷合法專業人員的法令和規章；朝向合作的

第三路徑是教育法律專業人員有關助人的專業，以及包含理論模式的基礎知識，如人類發展、壓迫、充權及家庭系統理論；最後，人群服務管理者在知識的分享、工作角色的瞭解及共通的專業語言的基礎上邁向合作（Preston-Shoot et al., 1998b）。

與法律制度合作是值得的，但目標仍顯不足。法律制度體現了許多重要的價值，但在許多情況之下，法規、法律程序或法律人員的行為傷害了那些參與法律制度的人或導致反效果（Wexler, 1990）。例如經歷離婚訴訟的兒童和家庭，常在法律過程中受到傷害；還有某些人的成癮問題，透過刑事司法系統的干預變得更加嚴重。人群服務的專業人士須積極尋求法律制度的改革，讓所有當事人的法律經驗更具療效（Madden & Wayne, 2003）。當個案涉及無發言權、被邊緣化和被歧視的法律事件，當法律制度的經驗造成創傷或不公平時，倡導制度改變的專業價值則須付出行動去改變壓迫和產生反效果的法律制度（Hatton, 2001）。

 結論

本章的重點在於法律制度的多樣性穿梭於人群服務的提供和組織的管理。人群服務管理者必須接受法律為實務整合的一部分，並對法律知識與技術的發展有所承諾。法律知識包括瞭解法令及政府規章，也包括基本法律原則，例如過失、責任、義務及適當的程序，許多管理上的兩難，在具體的法律規範中很難找到答案。對實務工作有助益的法律技術，包括進行有效的法律研究、運用法律原則於管理情境，以及結合法律規範去制訂政策。

許多人群服務管理者在痛苦中學習法律。他們可能無法掌握就業情況及因應責任風險，忽略了案主的權利或發現機構的政策不

符法律規定。透過這些經驗，他們已能掌握降低不利於機構的方式
或遵守法律的規範。本章已提出這些資訊，使管理者可著手培養與
人群服務管理相關的法律素養。讀者須持續關注這些資訊，學習當
地轄區的法律及與機構服務對象相關的法律規範是很重要的。如同
管理的其他領域，法律的專業發展是一個過程，需要不斷地加以評
估。法律資訊會隨著時間而變遷，常要面對新的情況。實務上，主
要法律架構有幾個經常變動的時期，1990年代以後的英國即是如
此（Vernon, 2005），且管理者可能感受到他們的「運作才剛要趕
上」變化。具備基本的法律訊息與技能、承諾去制定法律原則的人
群服務管理者會保護案主及工作人員的權利，並為機構與己身降低
責任風險。

第八章

照護環境管理：研究與實務的反思

Jill Reynolds & Sheila Peace

❖ 前言
❖ 環境的不同面貌
❖ 領域與隱私的處理
❖ 遠距管理
❖ 遠距管理的議題
❖ 結論

 前言

本章討論照護機構中資深員工在空間運用及實質環境的管理角色。這些日間與住宿型機構被涵蓋在社會工作及社會照護巨傘下，但這些照護也可能隸屬於衛生組織，這類課程並不會出現在英國或美國的管理課程中。然而，對於社會工作及社會照護，包含住宿型機構（residential homes）、日間照護中心（day centres）與其他設施的管理者正是刻不容緩的，這些機構與實質環境可以促進也可以傷害服務使用者的福祉，這類機構，有許多活動都是以通用的方式進行，特別是團體照護或居家照護；照護環境既複雜且可能受限於空間、地點、時間和行為；對於使用者，活動和時間的競賽或有不同的意義。環境對於工作人員的影響可能也很深切，就如Gibelman所建議：「受雇者所在的實質工作環境影響他們對工作、組織和個案的態度。」（2003, p.109）。從環境就可發現管理者與工作人員和福利使用者的關係不同。

對許多社會照護機構的員工而言，從居家到非居家，私人到更多公共空間，從團體的一部分到個別化，從正式到非正式，每天都在變化。設施、情境和空間類型不斷在轉變，這些變遷對管理者角色的影響正是本章的重點。我們將從環境和社會心理學、社會學、人類學和人文地理學等領域理性討論，我們也會從領域（territory）、隱私（privacy）和界限（boundaries）等觀點，以支持闡述環境品質。本章論述係針對非作者們之工作職場，特別是Peace與Reynolds（2003）。

我們以住宿型照護設施為範例，描述本章作者之一所關注的安養照護機構（Willcocks, Peace & Kellaher, 1987; Peace, Kellaher &

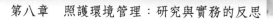

Willcocks, 1997; Peace, 1998）。住宿型機構在環境使用上顯然有相當大的差異，同時我們也將討論其他社會工作、社會照護和健康照護機構中管理者的角色運用。

 ## 環境的不同面貌

每個人對於任何環境的經驗會因為他們各自所持的理由有所不同；對於不同情境的掌控或權力，會影響他們在空間或區域的接受度。多數的工作環境可能被稱為「公共」空間（例如接待處和等候室）及「私人」空間（例如個人辦公室、會談室），然而這些空間是有界線的，有可能是無形的。時間也可能影響空間的使用。

為了論述這些空間使用的差異，接下來我們將以老人之家為例。

以下將說明一個區域如何被當成起居室，同時也作為工作和會客區。Wallis太太將大廳視為生活環境（living environment），在那裡她可以掌握公開或私下與他人互動，感覺就像「在家裡」一般：

> Wallis太太喜歡在接待廳裡稍坐一會兒，看著人來人往。她會避開入口走道，因為有許多人特別是男性住民會在那邊抽菸。從她的座位可以看到餐廳，方便前往用餐；她也可以看到行政辦公室，以及隔壁管理人員辦公室的入口。她不僅可以看到正在照顧其他住民的照護團隊人員，同時也可以看到進出的訪客。

其他人也許覺得坐在靠近職員區並不舒服。性別及文化差異會影響男性及女性找尋適當座位：例如Wallis太太不想跟男性坐，他們總是在入口處抽菸；其他人可能基於行動因素而難以前往，須依賴工作人員協助。建築物設計攸關其使用性：樓梯階數、輪椅使用

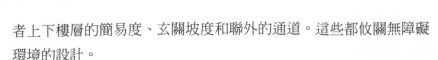

者上下樓層的簡易度、玄關坡度和聯外的通道。這些都攸關無障礙環境的設計。

從接待區開始，入口處是用來區隔機構與外的「公共」界線，還有其他非公共區域，例如員工專用入口；對於機構內的照護工作人員而言，那是一個工作環境（working environment），從白天到夜晚，值班住宿，都可能使用這個通道，而這個界線也顯示不同人的地位與權力。

行政人員辦公室鄰近入口處，意味著行政人員有點像非正式的接待人員，提供接待、諮詢以及引導。無論誰都可以扮演這個角色——因為這可能是照護團隊人員的任務之一——提供人際的連結；因為他們瞭解內部的運作，發生了什麼事，以及誰在做什麼。照護機構同時也是一個會客環境（visiting environment），有不同的會客類型：比起住在家裡，有些住民的家人可能與非正式照護者更親近些，他們可能走進走出，很清楚在哪裡可以找到他們的家屬；其他可能是住民的遠親或首次來訪的客人，對於程序較不清楚；有些正式、有些非正式，或更多法定的，他們可能是當地社區的實務工作者——社工、足療師、理髮師。

對許多照護機構的經營管理而言，整合居住、工作與會客環境是相當常見的。居家式照護及日間照護機構有類似的差異，入口大廳顯然是相當重要的界線，在考慮到這三類環境時，這個界線可能就沒有那麼明確。關於這三類不同的照護環境程度上的差異有多大，以下住宿型機構的範例有助於瞭解其複雜度。

住宿型機構內某些區域有非常明確的私人空間，例如住民的臥室；當然也可能用來會客或工作。我們必須瞭解到空間的運用受到家庭文化及價值觀所影響，工作區域例如開放式辦公室，可能也需要一定程度的隱私，皆取決於他們所涉及的資訊和活動，因此功能性在決定空間的類型上有其重要性，人們與空間的互動隨時會改變

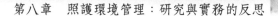
其功能性，因爲某些人所擁有的權力、地位與價值會影響大環境，例如工作人員無視於住民需要協助或倉促地清理餐盤，就會破壞用餐的愉悅。

　　機構必須是多功能的，不同的需求有不同的管理方式。例如住宿機構中將照護工作同仁視爲職員，其管理方式自然不同於居住者，雖然會有些相關；假如從社會控制的觀點來管理員工，需要瞭解如何掌握平衡，否則可能危及住民安全。訪客與受訪者的情感連結程度不同，從終生關係到新近探視，訪客的需求也會隨之改變。不同的因素及情況相互交雜，使管理更形困難，解決方式也不簡單；管理者必須保持服務的核心目標，衡量個人的不同需求，讓每個人都能獲得所需。這些方法的使用促成機構的文化並且影響每個層面，在我們檢視管理者可能影響環境的不同層面之前，對行爲的影響有兩個基本概念——領域和隱私，需要被討論及更進一步的解釋。

領域與隱私的處理

　　照護的工作環境會依個人角色和親密度的不同而提供適當的服務。就擔任管理者和督導者角色的人而言，依據職責或影響專業覺察程度的功能，工作背景在正式或非正式之間變動，依據隱私程度則在公領域及私領域變動，**圖8-1**即是一種「領域網路」（territorial net）內容變動的圖示。

　　從這個圖示可以看出一個多樣管理的角色和功能。與服務使用者及其家屬談話可能是正式的但大多爲私下處理，與資深同仁的閒談可能也是私下，但卻是非正式的。許多公共活動最終目的是在於公開會議及正式與非正式的募款活動，管理者每天可能必須在這些

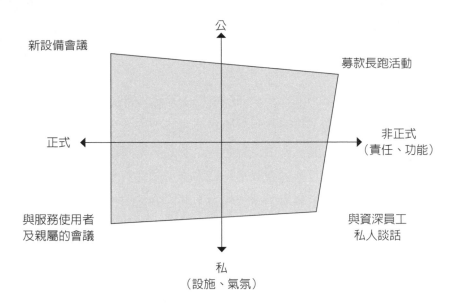

公

新設備會議

募款長跑活動

正式 ←　　　　　　　　　　　　　　→ 非正式
　　　　　　　　　　　　　　　　　（責任、功能）

與服務使用者
及親屬的會議

與資深員工
私人談話

私
（設施、氣氛）

圖8-1　領域網路

資料來源：Peace & Reynolds（2003, p.138）。

不同的功能及角色之間轉換。多元文化架構及角色會顯示對空間的不同反應、特色以及設施，這個架構可以用來說明因照護任務的不同，領域的型態也有所差異。

在工作環境中，領域經常被界定為屬於個人的區域而且可以有某種程度的區隔，研究固然指出個人領域與自然環境相似是很重要的，狹隘的空間卻可能導致爭執（Sommer, 1969; Veitch & Arkkelin, 1995）。員工們雖然可以共用辦公室或作息不同，但管理者仍須瞭解並且即時審慎處理空間分配的問題，以便符合需要。即使在開放式辦公室，辦公桌的個人化可從書籍、檔案及設備家私擺放得知，例如住宿型機構，照護工作者可能沒有執行公務用的辦公空間，取而代之可能是員工休息室的一張椅子，或者專用的櫃子：不是被認定為專屬於某個特定角色就是個人的空間。在小型團體裡就像任何

普通家庭，「辦公室」的想法可能被省略掉，而把空間有效運用在住民打電話或會客場所。然而，住民與工作人員間可能仍存在著一條無形的界線，尤其是值班工作人員住宿的床舖空間。

　　私人空間是一種領域的觀點：當一個人想要獨處、一對一或小團體的時候，可以允許改變使用的所有權。然而隱私的程度也取決於擁有者能夠掌控使用空間的程度；隱私通常也與人們期望獨處或與其所選擇的他人共處的行為模式有關，個人不希望引起他人注意；隱私也可能與干擾或崩潰有關，因為隱私可能需要密切注意和保密，而人與人之間的傳遞和這些訊息保留，需要時間、空間及聲音的保障。考慮到隱私的價值，隱私也可能使人陷入與他人親密接觸的情境，而製造生理、性或精神虐待之機會。

　　稍後本章將會詳加討論有關英國的標準，法令規定也可能規劃出空間的使用及隱私的提供，美國老人長期照護機構的工作人員，非常引以為豪的是開放式接待處和行政辦公區，允許住民能夠自由進出，令他們有家的感覺。1996年美國聯邦制訂「可攜式醫療保險及責任法案」（Health Insurance Portability and Accountability Act, HIPAA）（第七章曾經論及），並在2003年生效，它規定醫療機構「須建立保障病人醫療資訊機密的機制」〔美國衛生及人群服務局（US Department of Health and Human Services, 2003）〕，管理者被迫必須要重建辦公區域，隔開辦公室與病房區域，避免電腦螢幕或辦公桌上的病人資訊外洩，卻也因此減少了住民最為重視的家一般的感覺。

　　Goffman將戲劇角色表演的概念運用在人類行為分析上，曾經探究領域及隱私理念。Goffman（1961, 1969）認為人們透過個人的言行舉止或態度，期望塑造出被他人所認識的印象，而態度更可能被情境所影響，而其情境也是被設定的。他觀察到人們試著控制情境，並且考慮到地點對於行為的影響。

關於隱私的議題，Goffman對於行為表現提出一個有益的概念——正面範圍和背面範圍（front region and back region），背面範圍通常是個人暫時卸下表面行為的地方。Goffman談及不同的空間表現出不同的印象：例如起居室或「櫃檯後面」（behind the counter）在家庭內的重要性，他強調個人可能單純的因為在不同的空間而表現不同的行為，例如行政主管的私人辦公室，這可能既是正面範圍——藉由辦公家具擺設的品質顯示其身分，同時也是背面範圍——可以脫下外套放鬆一下，與底下的行政同僚親密互動的地方（Goffman, 1969）。

就和物理界線一樣，人們的行為有更多微妙的改變以顯示如何去運用空間。舉個例子來說，當一個學習障礙服務機構的服務使用者對管理者提出「私下說句話」的要求，這是個非正式且私下的活動（Open University, 2003a），需要一個不被他人聽見的隱私空間；然而假如服務使用者開始抱怨，管理者可能開始記錄而且建議採取抱怨處理程序，工作順序並不需要老是依照隱私的必要而設定。在探討急診室的電視劇「急診室的春天」（ER）劇中，經常可以看到工作人員避開他人，在手術室或急診室的小隔間說「我可以私下跟你談一下嗎？」這種象徵性的隱私，透過將特殊空間再界定為隱私的例子，就是前台（front region）轉變為後台（back region）的實例。

誰的領域？

有關社會照護的提供，因為權力差別，領域和隱私的問題相當重要；在任何機構，察覺誰「擁有」領域可能涉及主導價值的基礎。領域被視為家庭內與非家庭內這兩個常見的功能轉化，會影響人們如何察覺控制、形式和自主性。例如某個社工人員抵達個案家

中進行計畫性訪談，當她進入某人的領域，對於電視是開或關？接受慇勤招待，或接納的機會或習俗會是如何？會聞到或看到什麼？在這樣的相會裡，誰的界線被跨越了？

管理者的空間

　　就如同其他人，管理者也需要領域和隱私。在一次實驗性調查中，我們曾與某位管理者談及這個問題，她與其他計畫工作人員共用辦公室，發現這樣有助於瞭解團隊發生什麼事情，與團隊成員更親近，而且能形成團隊凝聚力。然而，也發現某些缺點：工作的時候注意力很容易被轉移，使得帶回家的工作量增加了；也可能會陷入其他危機，如工作量和打電話與討論的隱私需求。

　　Veitch與Arkkelin（1995, p. 279）提到隱私的兩個基本功能，也就是自我認同的成就以及自我與社會環境（我們可視為工作環境）互動的管理。第一個功能是允許人們卸下他們的社會面具，並且他人如何看待自己的觀感中得到釋放。管理者在團隊成員面前打電話處理所得稅問題，可能覺得不自在，需要安靜及隱密的場所；隱私也提供忙碌的管理者有時間去反思經驗及規劃策略。

　　另一方面，管理者擁有辦公室，與同事辦公區以及案主區域分開，管理者較少到處走動，會形成工作情境中一種冷淡的氣氛；有部分同仁會因此憤怒，並表示「他或她到底知不知道我們的情況」。Peters1982年與Waterman（Peters & Waterman, 1982）合著的書籍中主張團隊「走動式管理」，鼓吹管理者應走出辦公室，進入員工工作場域與工作環境以保持聯繫。

　　互動式管理也有益於自我認同，隱私是複雜的，太多隱私可能會有點不愉快，重要的是管理者可以控制及調整何時及何人有空；這也需要與他人協商。藉著辦公室區隔取代身體界線，人們以行為

表現調整接觸；換句話說，行為會引導他人去瞭解那個想被他人認識的自己——被稱為「開放的」或「封閉的」自我（Altman, 1975; Veitch & Arkkelin, 1995）。透過這種方式，哪些人可以接近，管理者可以更有選擇性。

例如，當管理者獨自坐在花園十分鐘，或是與住民一起喝咖啡，或是在餐桌上寫紀錄，她傳達出對隱私需求的不同訊息。若是考慮到某些管理者的角色需要與個人或團體互動，更可能去理解隱私的重要程度，以及建築物設計與團隊成員的想法可能影響到隱私的運用。

全面環境促進

對每個英國國民，國家對於所有住宿服務有最低限度的規定，以確保環境的品質；衛生部（Department of Health）也規範英格蘭成人照護的標準（請參考Department of Health, 2003a, 2003c）；由於曾經被老人之家的住民批評住所過於擁擠，因此單人房的生活環境顯得更為重要（Willcocks et al., 1987）。

最近以來，關於個人空間的價值概念已趨向認同空間調整的重要；空間調整提供人們在不同時間、不同情緒、獨處或他人和周遭事物共處下能做好自己。在美國也是如此，許多機構鼓勵住民在有限範圍內，攜帶個人物品及家具到機構，例如在房間放一把心愛的椅子。但是在英國，確保最小空間的成本及單人房的可選擇性仍有爭議性。2002年之前，機構經營者為了大廳而刪減家用設備（Department of Health, 2003a）。

空間設計是個增進人們福祉的重要因素，出乎意料的，在二十世紀大半時間裡，很少尋求照護機構的工作者及服務使用者對環境設計的意見（Sommer, 1969; Willcocks et al., 1987）。在設計與先

進技術的發展之下，因此有了可能性並且透過法規確保失能者無障礙擬定建築設施的權利（請參閱Disability Rights Commission, 2002）。

　　1990年「美國身心障礙法案」（Americans with Disabilities Act）要求所有新建築必須讓失能者更加可近性，舊有建築需要適度的改建，例如兒童照護機構的標準，規定「假如可行（readily achievable），現有民營兒童機構必須把限制失能兒童參與活動的建築障礙拆除（或家長、照護者或可能的失能者）」（US Department of Justice, 1997）；例如修改門鏈擴大門寬，重新調整家具擺設，增設扶手。公立機構規定則更嚴格：「公立機構必須改善不適當設施以確保方案的可近性」（US Department of Justice, 1997）。

　　某些關於設計及空間使用的構想對每個人都適用。對失智症老人詳加解說各項硬體設備是個不錯的想法，例如把椅子圍著咖啡桌擺放可以創造更自然的氣氛以鼓勵老人家有更多的互動；在門上掛指標及圖畫讓老人家更容易辨識；通道上搭配不同的裝飾有助於方向感；避免死巷或令人困惑的區域；變換燈光以突顯季節的變化及一天當中不同的時刻；室內陳設空間例如樓梯間平台、餐廳及門廊可提供老人家座位更多的選擇，有益於刺激（參閱Clarke, Hollands & Smith, 1996, pp. 17-18）。

　　提升硬體環境對於凸顯機構宗旨相當重要，例如美國一名社工人員成為某女子監獄的典獄長後，在上任時即主張「改變社會的同時也改變人生」，並針對獄政進行一連串服務及環境的改善，可見其對於環境影響重建具有強烈的體認。

　　在重新設計單人牢房時加上吸引人的家具，週末時女受刑人可在有花園的房間與孩子會面，加強會客區的舒適度及吸引力，並給予家屬某種程度的隱私；餐廳重新配備小而舒適的座椅，

餐桌也鋪上亞麻布及鮮花來裝飾，這些都呈現她的新構思原則
（Healy et al., 1995, p. 144）。

設計的考量有助於社會照護機構的工作人員回歸到「起初的目
的」；那就是機構或方案存在的原因：

這個建築物的目的是什麼？這個房間或每一件家具需要符合什
麼樣的需求？設置大門及入口對人們意味著什麼？（Burton,
1998, p. 151）

有時在大門及入口處傳遞訊息會有負面效果。1994年R. K.
Lewis, Gibelman在《華盛頓郵報》（*Washington Post*）撰文指出，
美國許多公立福利機構的「外觀完全糟透了」（2003, p. 110）。例
如公立福利機構的會客室經常都是案主們坐在一排硬椅子上等待窗
口後面的職員叫名（有時候叫號碼）；沒有為等候的案主準備雜
誌，也沒有為他們的孩子們提供玩具，不像一般的私立機構或診
所。某位福利機構主管很感嘆地表示，他很想在等候區提供咖啡，
但引起更高階主管不滿。這似乎證實Gibelman的主張，也就是美國
公立社會服務機構的物理環境徹底反映出市民對福利工作者及他們
對個案的態度（2003）。英國某些公立社會福利機構也有類似狀
況。

至於住宿型機構，不論是對成人或兒童，廚房是許多照護之家
象徵情感價值的重要核心（Whitaker, Archer & Hicks, 1998），提供
的不只是生理營養而已（Burton, 1998）。然而大多住宿型機構也許
基於衛生或安全考量，廚房是老人（大部分是女性）的禁區。這樣
的空間選擇傳達了什麼樣的照護、親近、風險承擔及隱含的性別議
題？許多管理者察覺到設計之於建築物扮演的角色有助於他們釋出
想提供的服務類型。對管理者而言，平衡各項不同需求是個挑戰，

對不同的個人、同僚和住民而言，文化需求有異，感覺最適合他們的環境可能也會彼此相互衝突（例如：健康與安全）。

權力和控制

Lewis與Gunaratnam在安寧療護討論的研究中，提到關於西非人喪禮的護理，其他瀕死的病人及來訪的朋友與親戚會被視爲「干擾」，不僅唐突而且侵犯到他們的隱私或平靜私密。隱私的經驗可能有文化上的差異，當需求有競爭性，文化行爲主導誰的需求優先？團隊人員是否有「處理」這些緊張狀態的角色？

權力及控制的爭議以多種方式浮現。當涉及不同族群時，可能傾向視優勢白人文化中那些行爲「規範」（norm）爲理所當然，任何不同的都是「其他」（other）且不被鼓勵支持的。基於這種理所當然的種族主義反應，自然不會提供適合少數民族的照護。因此發展文化覺察的照護實務確有其需要（Lee, 2004）。

本書第六章已探討過關於管理者角色的多樣性，在此我們將舉例說明管理的多樣性變得有多重要。對於沒有妥善處理種族的緊張狀況將會發生什麼事，Addley（2001）提出一個令人困擾的例子：在某家照護機構的多種族區域，當一名七十六歲非洲加勒比海裔的住民走入時，數名白種住民「出走」；管理者對於這些住民的態度感到震驚，但是應盡早去理解。爲了營建一個多元化家園，在入住之前需要簽立合約書或協議，略述機會平等的期望，讓住民們清楚基本的價值觀，Lynne Healy與Barbara Pine已經在第四章針對相關個別案件與一般性政策予以討論；同時，也可以由受雇的工作人員傳達這些價值觀，包含他們的態度、慶祝節日及食物供應的方式。在美國更普遍的是，機構答錄機問候語具有雙語功能。

工作人員與住民之間的權力關係無所不在，身體的依賴本身

就意味著權力的不均衡，管理者必須藉由員工訓練去激發住民的潛能而非鼓勵他們依賴。提供照護的核心目標，例如控制、阻礙或保護，可能與住民的領域、個人空間及隱私等權力相互衝突。Burton（1998, p. 48）主張每個管理階層在管理之初，都應該澄清基本的任務，這不是簡單容易的事——雖然過程中結論或觀點可能有所爭論，但那些導致與增強住民依賴性的隱藏目標與價值觀可能就比較不易呈現或說出來。

在許多關於住民的照護實務工作中，管理者需要與團隊工作同仁逐案個別討論決策，例如一位嚴重失能的十七歲住民，缺乏語言能力，當她接受喘息服務（respite care）期間，無法說服她睡在房間床上（Open University, 2003b），照顧團隊非常焦慮而且意見分歧，也不知如何應付這種狀況。管理者召開團隊會議，鼓勵照護人員表達他們的觀點，進而協調發展出一個大家都支持的共識。他們達成的共識是，比起讓她待在房間或睡在床上，更重要的是讓她感到舒服自在以及協助她入睡。某位工作人員被分派到「主責工作人員」（key worker）的角色，負責觀察這個年輕女孩。透過觀察她指出，重要的是讓住民瞭解她無法待在房間或睡在床上，究竟是怎麼一回事；剛開始慢慢的鼓勵她睡在床墊上，並把床墊擺在她喜歡的走道上，然後很技巧的將床墊放在她的房間裡。類似這樣價值觀的兩難困境，管理者的任務就是去協助工作人員藉著討論什麼是正確的價值觀，然後達成協議以設法處理解決。

住宿型照護可能會傾向向遠離複雜環境及避免承認緊張（Clough, 1998）。Clough呼籲管理要召開討論會，在討論會中人員可以確認工作的複雜性、界定目標以及不受拘束地關注議題。促進機構內獨立生活的重點是權力的平衡與夥伴關係的問題，在照護機構中，確保住民的隱私及尊重獨立是管理者的職責，而根本之道就是照護工作人員對於作業標準能達到共識。

遠距管理

　　至此我們已經討論過管理者的角色、界限，人們緊密工作及相互依賴的環境。雖然個案有各式各樣的狀況，管理者也經常不在照護現場，但是他們可以採取訪視的方式。例如居家照護管理者可以訪視評估這個需要居家照護的人，而不必一再進入服務使用者家裡；訪查團隊的管理者只須在出現問題時才去訪視服務使用者。

　　當管理者與被管理者之間存在著空間距離，會有什麼樣的挑戰呢？透過一個兒童之家的外部管理範例，我們來看看遠距管理的一些議題。

　　Whipp與其同事（1998）針對英國英格蘭和威爾斯十二個地方機構進行研究，這些地方都是大型「使用者」兒童托育照護團體住宿機構；其中有部分自己也是供應者，超過四十個機構屬於地方政府所有，其他有賴志願及獨立部門設置。研究者發現政府內部及政府之間的實際管理有極大差異性，特別是機構的管理與控制關係，隨著管理者的態度而有差別。

　　許多兒童之家的基層主管必須撥空負責極其多樣的督導工作，有些採「事必躬親」（hands-on）的方式頻繁接觸，更多採用「無為而治」（hands-off）的方式。從正面來思考是能賦予主管更自主的管理權力，從負面觀點來看卻是使機構更加孤立。具有住宿照護經驗的基層主管對於機構同仁有較高的可信度。半數機構承認機構將會變得愈形孤立，因此透過各式聯合訓練課程、實習會議、方案團體以及策略研討會等方式，試著賦予主管更充分的掌控決策過程。某些政府當局會將預算委任給基層主管負責，使預算支出決策更富彈性，也更能連結機構的需求（Whipp et al., 1998）（相關財

政議題將在第十一章進一步討論）。

 # 遠距管理的議題

以下概述不同的管理制度與風格，突顯出管理者與被管理者之間的緊張，特別是那些外圍（off-site）的管理者，我們將更仔細討論。管理者的重要議題如下：

1.實務經驗。
2.定期聯繫。
3.自主需求的認可。
4.孤立感。
5.參與決策。
6.預算授權。

實務經驗

假如管理者對於所管理的人及工作有些經驗，就會更有可信度，這對於住宿型機構的管理相當重要；因為機構是個整體性的制度，而外圍管理者必須對於機構的文化有所瞭解。機構內的照護者怎麼樣？他們的管理者需要有實務照護經驗嗎？這些照護者經常面對壓力與他們本身的困境，例如個案死亡、承諾和可靠的高度依賴、財務控制與遭受偷竊指控（Bradley & Sutherland, 1995）。

管理者也必須指導員工實際操作，假如他們缺乏經驗或專門技術，就可能會成為焦慮的來源。他們如何能提供良好的支持及管理呢？重要的是，學習從員工的角度和觀點去瞭解他們的工作，也許

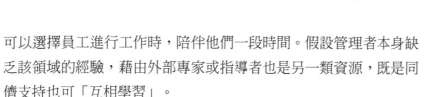

可以選擇員工進行工作時，陪伴他們一段時間。假設管理者本身缺乏該領域的經驗，藉由外部專家或指導者也是另一類資源，既是同儕支持也可「互相學習」。

定期聯繫

保持密切聯繫可以避免孤立的危險。Burton（1998）舉了一個例子，一個服務管理者花了許多時間在他所負責的住宿型機構，並且充當與高階主管之間的中間管道，針對住宿型機構的需求加以說明。實際運作並與不同照護機構保持定期聯繫的基層主管應具備領域及界限的敏感度。第一線管理人員還有一個角色就是對於基層主管的日常工作有所認識，使外圍的管理者不至於太疏離。這也適用於日間照護或研究調查機構：基層主管須與服務使用者直接接觸，而且熟悉機構，以加強對於機構文化以及服務使用者想法與需求的敏感度。一位助產士回憶起她當見習生時，某些同學並未在產婦生產後按時去探視（Open University, 2003a）。在她的經驗裡，即使當班時也很少看到督導，給她的印象就是並沒有真正的查核。對於遠距管理而言，「旅遊式管理」可能是個適合可行的替代方式，即Peters「走動式管理」的觀點（Peters & Waterman, 1982）。

自主需求的認可

這可能類似於「實際運作」途徑，但對於遠距的員工，管理者必須明確界定角色、任務以及權責，若不能授予他們某種程度的自主權，以因應他們所面臨的各種狀況，他們會感到沒有信心而且毫無效率。

孤立感

就遠距管理來說，伴隨著自主性而來的可能是工作中的孤立。一項家庭照護工作者的壓力經驗研究中，探討工作的孤立與同僑支持網絡的可能性，作者指出工作負荷過重也是經常被提及的壓力來源，因此組織必須明確承諾能提供休閒時間（Bradley & Sutherland, 1995, p. 329）；透過電話或手機聯繫也有助於減輕孤立感。

參與決策

這是個讓第一線主管更能融入組織目標的方式，並且確信政策與策略規劃時，能夠把他們工作相關考慮事項列入計劃。Whipp與其同事（1998）研究指出，這類稱為「訓練」的活動，是融合不同利益團體觀點的手段，也許還涉及某些策略的討論。這樣的融入並非沒有問題，有時因為單位主管參與決策而產生某些緊張。管理者有多少時間參與組織性會議？這類活動是否使他們脫離單位的實務工作，而且給他們新的組織任務？從高層的觀點而言，第一線主管經常太過於聚焦在實務工作，而實務工作的同仁又希望他們的管理者更加瞭解參與日常的工作實務。類似參與管理的優點，第二章Barbara Pine及Lynne Healy已經討論過。

預算授權

Bright曾引用因為基層主管有節約預算的壓力，照護機構的管理者削減尿布使用量的案例，此舉對於有相關需求的住民相當不利

（1999, p. 194）。預算授權可能是利弊共存的，會導致額外的行政工作；然而，若是在經費使用上提供某些彈性，許多預算決策會在最佳的時刻達成。

本節我們討論了某些主管與被管理者之間的緊張關係，遠距的照護機構主管有責任去維持某種微妙的平衡，介入太多可能是傷害，太少又可能像是漠不關心；因此，主管與部屬們的距離與接觸的頻率成為「地點」及「空間」額外的要素。

 結論

我們發現管理者的角色與社會工作及社會照護的差異及複雜有關，管理者有責任對不同的人、不同的目標與偏好，在任何社會照護環境的互動下，去促進空間領域及隱私的有效運用。雖然並非所有的社會照護環境都如同住宿型機構一樣有許多不同的目的，它們仍然有可能是多層面的。環境在一天之內可能會受房間或建築物使用異動的影響，我們建議管理者須對照護環境不同的功能與意義有所察覺，假如他們針對公立／私立或正式／非正式的本質、隱私程度與人們需要擁有的領域等加以分析，將會十分有用。

領域的概念潛藏著競爭與爭執，我們也討論空間使用的權利與控制議題。價值觀決定了照護供給，然而這可能不會被公開承認；管理者有責任更明確指出價值，且與部屬、服務使用者之間進行討論，藉此瞭解人們對於隱私的需求、自我表現與最佳呈現的抉擇，並且達成共識。促進「團體規範」也是有效的，這類規範包含某些針對訪客及其他基於不同目的使用照護空間的外來者之管理及簡化考慮。

　　一個好的起點是，在考慮運用設計去思考建築物的主要目的以及所要創造的環境與氛圍。營造失能者容易親近的地方，以及考量不同建築物對使用者的重要意涵，但不是所有的設計都花費不貲；同時，召集工作環境委員會，包含同僚及使用者，可能有助於降低成本改善計畫。

　　當管理者不在照護範圍時，管理者必須維持一種平衡，給部屬充分自主性，以減少孤立感以及不適任的恐懼，創造一個目標的願景及風氣，使機構能夠支持並維持良好照護的初衷。

致謝：本章資料來自S. Peace與J. Reynolds〈管理環境〉（Managing environments），以及J. Henderson與D. Atkinson（2003）《照護管理全覽》（*Managing Care in Context*, London: Routledge and The Open University），感謝出版者同意引用。

第九章

服務使用者積極參與人群服務：實務探討

Janet Seden & Trish Ross

❖ 前言

❖ 服務使用者在服務供給的「發言權」

❖ 實施服務使用者積極介入管理方式

❖ 參與的連續性

❖ 由服務使用者參與管理所產生的議題與兩難

❖ 自實務得來的經驗

❖ 服務使用者在管理委員會的會員資格

❖ 服務使用者代表

❖ 實際上的考慮

❖ 服務使用者參與的充權

❖ 訓練與支持

❖ 任用服務使用者為受薪員工

❖ 組織的議題

❖ 不同的觀點

❖ 品質保證

❖ 服務使用者與管理者的參與焦慮

❖ 結論

 前言

假如你不關心的話，問我們又有什麼用？

一位受邀參加諮詢團體委員會的服務使用者提出這個問題，並簡述服務使用者／病患諮詢，介入、服務的參與及操控的兩難。基於權力操控的理念與期望之下，應該認可自己是生活的專家，對於服務及表面下潛在危險有表達意見的決定權，如此便可以避免他們同時涉入服務的規劃與管理。專業人員試圖在因為社會及角色差異而不平等的人們之間營造夥伴關係，確實存在著複雜的困境（Thoburn, Lewis & Shemmings, 1995）。本章將從簡要敘述目前政策授權，以及服務使用者對服務的引導與控制開始；然後將檢視一些目前所面臨的挑戰、矛盾與兩難，特別是有關提供健康及社會照護方面趨向於對人們主張「充權」的趨勢。

1990年晚期到2000年初期，基於重要的政策轉變，英國的健康及社會照護服務的思想基礎也發生改變，正如John Harris在第一章文中指出的二次世界大戰後，1950至1980年代之間所施行之固有父權主義形式的福利服務發生改變，1979至1997年間柴契爾（Margaret Thatcher）首相針對服務供給方式實施重大變革，從公部門提倡的「福利混合經濟」（mixed economy of welfare）制度，轉向成以市場福利服務為導向的「購買」（purchasing）與「供給」（providing）式服務，如同美國實施的契約式服務。

福利的語言及思維改變常伴隨著政策變遷（Page & Silburn, 1998; Waine & Henderson, 2003），1997年新工黨政府布萊爾首相（Tony Blair）一上任，便改變了柴契爾首相所制訂的政策。

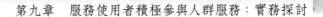

新政府針對現代化健康及社會服務，在英國全面提出一系列政策白皮書（請參閱Department of Health, 1998a, 2000a; Scottish Office, 1999）以管控市場，從消費主義的觀點改變爲強調社會共融（social inclusion）、參與、公民權及機構、工作人員與服務使用者之間的夥伴關係。

同時期在美國也發生變革，服務使用者被納入所實施的服務中，參與計畫、評估及服務輸送。兒童發展先導計劃Project Head Start就是一個不錯的例子，是1960年代美國推展「對貧窮作戰」（War on Poverty）的一部分，目標是透過一系列健康、營養與教育方案，幫助弱勢家庭學齡前的兒童「及早」進入幼稚園，初期重視並鼓勵家長的參與，目前Head Start家長已參與教育並介入地方性教育委員會參與決策（Maluccio, Pine & Tracy, 2002）。

服務使用者在服務供給的「發言權」

目前在英國及美國已有所覺察，大部分人在他們人生當中某個時期需要某種類型的服務，而且會期望當他們面臨這個時期，也能夠對所獲得的服務及如何取得服務表達意見。

參與服務輸送運作的概念，亦即服務使用者強調自己是生活的主角，無論是否處於社會弱勢或被排斥，使他們需要支持以充分發揮潛力。服務被視爲是對抗弱勢及促進公民權及社會參與的一股正在崛起的力量（Department of Social Security, 1998; Scottish Office, 1999; Scottish Executive, 2001）。服務使用者被視爲享有權利與資格的公民，例如蘇格蘭最近一項兒童政令（Scottish Executive, 2005）將蘇格蘭內閣（Scottish Cabinet）的願景納入其中，即所有蘇格蘭兒童應該是：「安全的、健康的、積極活潑的、自然的、學

習良好的、受重視的、富有責任與包含在服務之內的」（p. 3），蘇格蘭議會認為有義務為兒童提供一套普及性及指標性的服務，以確保每個孩子都能獲得。第十二章將會簡要提及英國所推動的類似倡導方案，而美國也有一些國家倡導組織，例如兒童保護基金會（Children's Defense Fund）、兒童福利聯盟（Child Welfare League）以及社會工作人員協會（National Association of Social Workers）透過公共政策提倡與爭取類似的服務方案，以促進兒童權利。

傾聽人民對服務的看法成為公共政策的一項關鍵特色（Connelly & Seden, 2003），服務使用者的觀點被政府視為制訂與評估服務適切性的一項強而有力的重要元素（Scottish Executive, 1999; Department of Health, 2000b）。英國衛生部社會照護的品質策略（Quality Strategy for Social Care）主張：「我們必須聚焦在民眾想從服務中獲得什麼，這是現今一個強而有力的證據，可以明確顯示出民眾如何評價社會服務的品質」（Department of Health, 2000b, p. 6）。

有許多關於以服務使用者為觀點所舉行的健康社會照護研討會及研究範例（請參閱Henderson & Atkinson, 2003），醫療社會照護與服務使用者、病患之間關係的關鍵在於：賦予資訊、諮詢、介入、夥伴關係、參與、所有權及控制，英國國民保健服務計畫（National Health Service, NHS）中病患介入臨床醫療監督，已成為關鍵的議題（Sang & O'Neill, 2001）。

將病患與服務使用者視為專家這種思考策略並非毫無問題，研究及文獻提出實施這項政策的複雜程度及實務上的兩難（Beresford & Croft, 2003; Read, 2003）；進一步而言，服務使用者不僅止於諮詢他們的服務需求及評估服務內容，還可以更積極地主動介入管理輸送的服務方式與過程。如同Beresford及Croft指出，服務使用者參

與服務管理的本意，並不只是將服務使用者視爲與傳統管理融合的一個「附屬」形式，同時也暗指整體的管理思維與哲學，「使用者導向服務」的眞正轉變，必須有更多不同方式的參與管理（2003, p. 21）。Barbara Pine及Lynne Healy已在第二章詳加討論過參與式管理，並且提出一個包含父母參與機構團隊的案例。

 ## 實施服務使用者積極介入管理方式

誠如Sang及O'Neill（2001）所建議，英國國民保健服務計畫指出，在探討病人介入臨床管理時，有效落實意味著採取積極的、有架構的、暢通的與網路化的管理活動。假如國民保健服務計畫是以病人爲中心，或者社會服務眞的要由服務使用者與基本持有者和工作者共同合作管理，要將這些理念付諸實行，就必須經過學習，謹愼落實執行策略。在成人服務中，服務指標由服務使用者來建立及控制，而服務使用者已逐漸爲人所知是服務的「生存者」（survivors）（Read, 2003），同時也是源自直接付費給照護服務工作者的個別服務方案。此外，特別是精神醫療服務，這種「生存者」付費已經進入社會照護領域，由此可見，這些議題的重點不過誠如Beresford與Croft所評論的兩難：

> 服務使用者參與服務管理必須是整體性及策略性的方法，使用者參與的廣度及完整性也應該獲得認可，如果想要有效參與和所有團體都有參與機會，有兩個必備要素：可近（access）與支持（support）（2003, p. 27）。

 參與的連續性

　　服務使用者與病人角色等這類相關照護服務概念有其連續性（continuum）（Association of Metropolitan Authorities, 1991），一開始的想法是從提供更好的資訊，接著是透過諮詢和參與，到服務供給的使用者管控（user-control）。惟有使用者真正掌控服務或管理服務的供給，他們才被認為是服務管理。例如，過去精神醫療服務的使用者會在精神及社會照護服務裡就業，現在他們尋求建立全國性使用者管控的合作機制以支持他們的工作（James, 2002）。

　　儘管確實有些精神醫療服務的例子，對大多數機構而言仍有爭議的是，服務使用者在組織裡以參與形式擔任管理的功能及角色，但確實達到由使用者管控的機構及服務仍是非常少見的。然而在成人服務的「生存者」已經起頭，且引發兒童與家庭服務領域類似的討論。

　　可能有所爭議的是，除非將建築物、其他資源、人事管理（例如：人員甄選）及一系列其他管理功能移交給服務使用者，否則就只是參與而非控制（此議題於第八章Jill Reynolds和Sheila Peace對於住宿型機構的空間使用也曾提及）。同時這也是許多社會工作服務的特點，有點被迫假裝成夥伴關係；此外，人們也因為社會條件不佳，或處於某種程度的弱勢，形成有「需要」而「被迫」使用服務，這類情況為權力共享及服務使用者如何真正參與服務管理增添另一層複雜度。毫無疑慮的，這些障礙本身一旦受到不平衡的公開和分享，更有可能促成某些權力的分享與重新分配的理由。下一章Myron Weiner及Peter Petrella將會提及如何促進與服務使用者的溝通，以及運用重要的技巧直接參與機構的工作。

　　服務使用者很少擁有傳統的管理角色，雖然在家庭服務領域中
有少數例外，除非他們成為支薪員工，否則他們並不眞正擁有管理
以及支援人員、評估、預算、建築物、訓練目的或投訴程序的角色
（Tunstill, Aldgate & Hughes, 2006）。它可能引發的質疑是，沒有
人應該無償背負這些角色，或缺乏必要的訓練及支援就去承擔這麼
複雜繁重的任務。一旦服務使用者扮演起管理者角色，不僅可能會
面臨缺乏組織充分的支持及保護的困境，同時也因他們本身就是服
務使用者，也可能因個人需求導致額外的利益衝突。

　　例如，托兒所（crèche place，美國兒童保育或托兒所）短缺的
資源分配已經夠困難了，但更困難的可能是自己的孩子與親戚、鄰
居以及更遠以外的孩子必須相互競爭，當幼童父母渴望最終取得那
些迫切又稀少的服務，又怎能期待他們去面對與日俱增的競爭者？
他們是否會因爲社會服務部門的宗旨或策略觀點，而願意提供有限
的托兒服務給鄰近區域之外的所有兒童？這些扮演管理角色的服務
使用者的確需要更多的信任與技巧，才能與支薪管理者及政府大型
機構據理力爭；另一方面，服務使用者不能被解僱、不能被懲罰，
以及可能沒什麼損失等，可能導致支薪管理者產生更大的焦慮，而
且必然會增加角色的複雜度。

由服務使用者參與管理所產生的議題與兩難

　　服務使用者參與管理衍生許多問題，比如他們在管理上扮演的
角色是什麼？或者他們是否可以持續參與管理委員會？或者他們只
是權力失衡的例證，像是否擁有訊息、資源取得的掌控、教育與過
去的工作經驗？假如他們不依循政策使用服務，又該如何處理呢？
當這項制度設置失敗，又該如何解除他們的權力？類似的兩難絕非

空談。假如由服務使用者管理經營，就必須依照機構標準提供服務，但當服務使用者實際上只是志願工作者，就不能以平常方式，例如透過機構督導與評估制度，監督他們的服務品質。

關於支薪管理者對志願工作者的督導，Charlesworth（2003a）在Willis（1992）之後提出一些管理角色的議題，她稱之為「交換關係」（exchange relationship）（p. 54）；支薪管理者與無酬貢獻時間的服務使用者之間在相似職務上共事，有可能違反常理而產生角色緊張，而且對於角色缺乏正式協議，並會在責任上產生誤解與衝突，對於這種複雜與含糊不清的關係應該需要仔細考慮。

在此我們討論兒童服務的兩難，在成人服務也是相當顯而易見的。現在我們將透過服務使用者參與管理活動的範例來探討一些實務上的挑戰。這是依據作者身為兒童服務管理者，且任職於家長所支持機構之經驗，包含兩個坐落於East Midlands郊區的家庭中心，一個係由社會服務部門所經營，另一個則由志願服務托育機構經營。當1989年家庭支持特別條款——兒童福利法完成制訂後，家庭中心更加完善；而且包含各種類型，有些由地方政府、有些由志願團體所經營；有些採行「門戶開放政策」（open door policy），有些則僅接受法定社會工作轉介（參閱Tunstill et al., 2006）。作者也曾提及英國政府規劃的起跑點平等計畫（Sure Start programme），包含坐落於北米德蘭舊煤礦區的一個城鎮，所有中心都處於社會與經濟弱勢區域，此地的住民經常因為他們的生活、不同程度的社會排斥及難以取得主流服務而遭受歧視。

自實務得來的經驗

　　所有設施包含從機構到任職的員工都必須基於對地方社區的承諾而運作，這意味著父母及照顧者將共同參與服務計畫、輸送及管理；因此本章所提及的案例是眞實的，而且是來自與父母、照顧者及社區積極分子的夥伴關係、共同參與管理及控制的實務經驗，時間從1980年代至今超過二十年。他們闡述了本章先前所論及的矛盾及兩難，如決策、責信、責任、認可、權力及優先權，同時我們也希望強調某些解決之道及有效的作業準則。服務使用者的觀點（知識與看法）亦包括在內，但某些情況必要時則會予以變造以確保匿名；討論內容取材涵蓋空中大學（Open University）照護管理課程中使用者諮詢的資料（Henderson & Atkinson, 2003; Henderson & Seden, 2003b）。

服務使用者在管理委員會的會員資格

　　管理委員會的服務使用者代議制度，經常被視爲能確保服務的可信度、效率與中肯的，以及符合服務使用者的需求；然而實務運作中，委員會成立過程（或是推薦使用者進入委員會）以及確保有效且眞正參與這兩個重要的議題，仍存在許多質疑爭議。

　　首先，需要釐清委員會成員的角色與責任：服務使用者代表與其他委員會成員在服務輸送、資源與預算分配上有相同的決策權嗎？他們該爲決策負擔什麼樣的責任？他們該遵行哪些政策指令與預算需求？最重要的是，當他們在進行某項特定任務的同時或者執

行任務之前，就應該賦予他們普遍一致的職權範圍。

　　就如同本章一開始對服務使用者所做的陳述，誤解可能導致憤怒與覺悟；服務使用者將這種參與視為無效率的經驗，而感到幻想破滅時有所聞。例如，諮詢報告中顯示某個機構的服務使用者被要求參與人事甄選，她對研究者表示「他們問我意見，但最終做決策的人卻是老闆」（Henderson & Seden, 2003b）；另一個人則表示對於受邀成為「服務使用者表率」感到挫折，因為付出時間與貢獻意見卻缺乏成果。

 ## 服務使用者代表

　　聘用服務使用者擔任委員會的顧問或管理，以反映出使用者團體的差異，確實是一大難題。Kubicek（2003）在Primary Care Trusts（英國國民保健服務計畫提供地方基層醫療服務的單位）病人討論會中提出這項議題，並且指出為了從「難以取得」（hard-to-reach）的團體中聘僱更多的人，外展服務（outreach）是不可或缺的；類似經驗如起跑點平等計畫中努力確保委員會代表都能涵蓋地方社區各階層。很明顯的，社區中的積極分子通常會主動自我推薦，許多弱勢民眾也許會感到質疑或不相信，也可能缺乏信任，或有其他優先考量的事項或承諾（Beresford & Croft, 2003; Connelly & Seden, 2003）。

實際上的考慮

　　實際上的考量也應該處理，例如提供交通、翻譯和托兒服務有助於提高參與度。但更困難的是，說服服務使用者相信自己擁有的能力、貢獻的價值，以及對方案計畫與機構原則做出眞正的承諾。發展外展服務網路、建立在技巧與自信上都是極其重要的。名譽是一項關鍵性因素：事實證明傾聽服務使用者的觀點及其他參與者的經驗，將會影響其他非自願性的參與者。有效運用時間與努力這些資源能確保成功，鑑於社會照護的情況，是許多服務使用者可能來自於社會排斥的團體或在他們生活中遭遇困難，除非資源取得容易，否則很少會贊同由使用者來管理的論點。

服務使用者參與的充權

　　確保並設立服務使用者成爲委員會之會員是非常重要的，他們的角色不只是表面樣子而已；也就是說，個人必須全心投入，提供有價值的建議及觀點，並且眞正發揮作用。雖說前文提到的實務上考量是必須的，但是權力團體的動力、利益團體及個人議題、動機與委員會也是很重要的。當委員會成員包含服務使用者與服務供給者時，這些議題甚至可能變得更加複雜：由於技術與經驗的分歧，導致其他成員們產生成見；部分服務供給者對於服務使用者的參與抱持嘲諷的態度，表現出施捨、排斥或將他們邊緣化；在不同的專業或社區團體之間因爲另有企圖或衝突，可能導致誤解與不和。

 ## 訓練與支持

　　訓練與支持可以創造突顯這些議題的風潮及思維，服務使用者需要接受訓練才能有效參與會議，並且廣為接納（Connelly & Seden, 2003）。對於擁有眾多參與官僚會議經驗的專業人員而言，在他們所屬的組織中也必須學習避免使用專業術語來溝通，開放接納不同的觀點，對於自己的行為及權力使用也應有所察覺認知。

　　以下是一個有關訓練影響的案例，來自起跑點平等計畫實施的經驗：為了執行一項地方計畫，起跑點平等計畫委員會成立之前，僱請一名外部訓練者進行了兩天的培訓，服務使用者、不同機構代表管理者與一名持續協助委員會家長的社區發展工作人員都必須出席參與，在培訓中每個人都有機會對於基本原則與職責權限行使同意權，同時也可以表達自己的擔心焦慮，彼此互相瞭解。訓練者會參與前兩次的委員會，監督各方的平衡，並且在家長有效參與下促成結論。

　　在委員會進行議程與任何議題討論之前，家長們也可以持續跟社區發展工作人員會晤商討。然而兩年後問題出現了，顯示例行檢討有其必要：新的家長加入既有的家長委員會，而且機構代表也在改變中；雖然新的家長接受過訓練，卻沒有進一步的聯合訓練。家長們出席率逐漸下降，某些人是因為家庭困難，有些則繼續參加訓練或受僱（成為委員會一員的可能正向結果）；有些人對會議感到不滿，有時他們覺得被施捨，會議很無聊，而且行動總是被推延。有些家長需要瞭解學習的議題可能太過於複雜，不可避免地改變趨於緩慢，但整體委員會卻有更大的學習需求。會議本質上並非總是有助於真誠的溝通與夥伴關係；無論如何，要使會議少一點正式的

氛圍，顯得更幽默些，以及打破某些專業藩籬，對於結構及過程的反思檢視等都是艱鉅的挑戰。

 ## 任用服務使用者爲受薪員工

任用服務使用者作爲支薪員工的機構愈來愈多，英國兩個大型非營利機構：Barnardo's、蘇格蘭的Children 1st，在任命委員會中總是任用許多年輕人。**案例9-1**則是起跑點平等計畫展現出如何建立有效的夥伴關係。

案例 9-1

> 管理委員會必須在起跑點平等計畫中任命一個管理職務，該方案的基本原則是家長或照護者應該參與決策，而且委員會也要討論如何實施招募與選擇人員的程序。委員會的家長代表應該清楚他們在一些領域裡具有專長，而委員會其他成員具有專業技能，招聘過程就是根據委員會成員不同的技能與知識訂定的。
>
> 應徵者被要求向家長團體做簡報，以評估他們的溝通技巧、理解地方社區成員的能力，以及提供有效解決問題的方法。包含來自教育、社會服務與志願部門等代表和計畫管理者透過與應試者正式的面談，評估他們的管理技巧及實務知識；最後便能明確界定職責，所有的人都能感受到自己的貢獻有價值；更重要的是，勝出的應徵者得到職位，受到服務使用者的支持及信任。

 組織的議題

　　組織理論家發現組織傾向鞏固他們的官僚行政體系流程，期待新進成員適應既有的體制；我們也發現社會照護會議的最終目的可能演變為如何能盡快通過議程，勝過促進開放性溝通與提出問題的解決方案以供給更好的服務。真正的夥伴關係必須有團體所有成員的承諾，與保持定期質詢的文化；然而實際上卻會有時間與資源的限制，可能也會有利己與需求的衝突（例如：服務使用者可能認為週末開會比較方便，但是機構代表在相同時間內可能有自己的委員會議），必須正視這些問題，並且有效處理以達成最佳的出席狀況。

　　許多參與兒童服務管理輸送的使用者是來自志願部門，然而當服務使用者被賦予方案控管權時，缺乏慈善資源或補助等情況下通常難以繼續維持，加上籌款困難且費時，以致隨著時間過去某些目標卻難以達成。過去二十年來，為確保兒童托育服務高標準的品質與安全，法規標準也逐漸提高，儘管這對於兒童而言顯然有正面意義，卻也意味著許多創始社區的財務無法獨立生存，特別是貧窮地區，家長無力負擔資源的真實成本。

　　創始機構總需要某種程度的管理控制，照護服務的標準也需要專業的介入，因此兒童與家庭服務輸送不可避免的意味著，在基金贊助者、專業人員及服務使用者（包含家長／照護者與兒童）之間存在的夥伴關係；雖然對於兒童們這可能是令人興奮，並且是正面結果的動態過程，但也是發生衝突的潛在因子，特別在稀少資源的分配及服務規劃、目的與目標、權力差異、經驗與技巧上。

不同的觀點

　　為避免留下污點，通常家長寧可接受普及式服務，同時也有預防的優勢與早期鑑定困難度；然而當資源有限時，必須決定誰才可以得到服務，不可避免的可能會傾向某些特定團體或訂定資格標準；但這可能引發受薪人員與服務使用者，或是區域中不同利益團體之間的衝突，**案例9-2**為某團體歧視其他團體的實際錯誤案例。

　　假如服務使用者有責任或參與資源的分配，非常重要的是他們代表社區或使用者團體，因此他們也可能需要接受訓練。我們注意到起跑點平等計畫委員會的家長很快就學會了顧慮所有家庭的需要：「我們不僅說出我們想要的，還試著表達所有家長的想法。」對服務使用者較有利的是，他們通常沒有特定方式供給服務的資歷，因此能想出更具創新的解決之道。

1. 當一個黑人兒童團體創立時，社區中心有一群白人家長非常生氣，他們覺得他們的孩子「拿到了一副爛牌」。

2. 工作團隊所設定的目標，是為吸引更多某些「原始」地區的家庭，在那裡與家人共同生活的兒童經歷了重大社會事件。工作人員企圖爭取家長協助中心的宣導，但是低估了新來的人對家長的威脅性，他們抗拒任何現狀的改變，「為什麼我們要讓更多人進來？我們這樣剛好，如果再有人進來就顯得太擠了」。

　　當服務使用者對於提供良好的服務有不同的想法，服務規劃便可能引起兩難。許多起跑點平等計畫的處理經驗顯示，家長想要的是地區性服務，由非正式機構的友好人士輸送，必須是很容易取得、方便的時間以及幼兒設備；然而許多機構採取限定時間提供集中式的服務以提升效率。社會工作團隊會從鄰近地區拓展到較廣大區域，因為減少轉介的關係，而這時就被斷定為服務有效率。家庭中心不僅只是一項社區資源與轉介系統而已，往往還涵蓋更寬廣的服務區域，這可能會成為取得服務的主要障礙。

 ## 品質保證

　　就地方性層級而言，服務使用者通常在服務輸送方式上有更多的影響力。某個志願性機構之家長幼兒團體為了建立品質保證制度而舉辦活動，這個團體由機構資助支持，但是家長們需要負責郊遊募款之類的活動，因此他們覺得應該參與活動。家長常被問及「什麼是決定一個團體有多好的關鍵？」他們指出許多工作人員共同的指標，例如安全與品質良好的活動，但也要基於他們本身的經驗，突顯歡迎新進者氛圍的重要性，並且確保失能兒童及其家屬都能感受到舒適自在。因此，家長們寫了「歡迎」手冊，有些人負責照顧新的家庭，並且接受傾聽與助人技巧的訓練；他們也要求工作人員撥空參加會議以及定期舉行檢討會。

　　這個案例顯示，只要哪裡有可用的資源，對供給者與使用者而言目標都一致，服務使用者參與管理可以有效確保符合家庭需求；反之，服務供給若涉及科層組織的特定目的及有限的資源，這種參與，與其說是使用者「管理」，不如說是「諮詢」。還有專業角色界線的相關議題，假如服務供給方式不同而危及了工作，所有的

工作人員共同關心的會是減少工作者的壓力與對安全顧慮的需求。對於住在貧民區或想要保護孩子避免涉及犯罪活動的服務使用者而言，這類議題也許不重要，但因為彼此觀點有差異，卻可能導致誤解與衝突。

 ## 服務使用者與管理者的參與焦慮

　　專家學者認為有效服務的根本之道為服務應符合使用者的需求，其他考量也應在計畫時排定優先順序；通常很少有時間讓服務使用者意識到所有因素，而且決策是由支薪工作人員在面臨最後期限的壓力下完成的，因此服務使用者就覺得未被諮詢商議。有時專業人員的主要目的就是填妥表格以及確保執行過程。一個年輕媽媽被志願工作者三度轉介到社會服務，她相當關心孩子的托育狀況，對此感覺極其強烈；她在社工人員訪視之後表示「他們需要做評估，我已經被評估這麼多次——他們什麼時候才要協助我呢？」

　　兒童保護議題也可能引發服務使用者參與管理的兩難。如果家長們隸屬管理委員會，將會受到協議的約束，他們非常清楚保密的需求。然而，當疑似有虐待行為而在某個家庭進行調查時，其他的服務使用者所關心的可能是他們自己孩子的安危，個人臆斷與流言蜚語滿天飛，使情況變得比家庭調查更加複雜。在資源分配上（例如：決定等候名單上某個兒童的服務優先權），一般都認定應該優先處置有需要的家庭。參與決策之服務使用者可能會面臨質疑甚至暴力的情況，因為他們也是其中一環；可能的爭議是，道德上很難期待服務使用者去處理類似的情況，除非他們得到有力的支持。

　　確保更多服務使用者中的弱勢團體得以代表委員會或顧問團參與其他決策過程顯然相當重要，也必須考慮到賦予他們某種程度的

參與及責任。個人以及家庭的需求都很重要，因為無法滿足委員會的要求或限制而導致失敗，後果可能非常嚴重。工作人員也必須承認權力的不平衡：例如一位母親獲得協助掌控自己的人生後提升了自信，也可能需要更進一步的支持及訓練，才能作為諮詢顧問團體或計畫團體的一分子；基於曾獲得幫助的感激之情，或者害怕無法獲得後續的支持，可能令她無法拒絕參與的事項；假如她覺得之後無法繼續參與，且未被妥善處理，她可能會感到挫敗，使先前的努力又退回到原點。

　　管理本身需要專業的技巧與經驗，承認非專業人員的參與有其限制是很重要的。小型的志願服務機構經常由管理委員會運作，成員包含服務使用者、社區代表以及其他利益團體，並非委員會中任何人都能提供監督及專業支持，協調者或管理者需要執行委員會期望的變革，倘若沒有專業分層管理制，可能就需要引進外部支援。

　　有關兒童服務的另一個層面是，當服務使用者是兒童與年紀較大的青少年，必須考量到他們的年齡、能力及需求，再決定他們如何參與決策及制訂服務計畫。會有愈來愈多機構或兒童之家致力於瞭解兒童、確保兒童是自己生活中的主角，並採取類似的照護需求以確實傾聽孩子的聲音，明白他們所期望的，讓他們的參與決策趨向真正的充權（Department of Health, 2001a; Aldgate & McIntosh, 2006）。

 ## 結論

　　我們在本章探討基於政策驅使服務使用者更主動參與服務管理，我們也提出某些質疑、兩難及挑戰，並且透過不同家庭支持機構的經驗加以解釋，這些經驗包含努力提升知識、諮詢和參與，以

及使用者對於服務供給的真正控制。假如服務使用者想要更加主動積極參與服務管理，我們將可歸納以下結論：

1. 不論在特定的機構與其他相關組織，「由下而上」而非「由上而下」的諮詢、參與、管理模式是很重要的。
2. 需要時間謹慎小心地考慮角色與責任，並且討論及探究他們。
3. 需要支持與訓練。
4. 兩難與挑戰都是免不了的，而且需要關注、承諾及彈性。
5. 服務使用者主動積極參與管理的優點很清楚明確，但因權力結構失衡所產生的隱憂也不容忽視或低估——反而應該予以感謝並且「共處」。
6. 缺乏真實的花言巧語與表面文章的危險會經常存在，必須常常檢討。
7. 服務使用者活動的運作模式應該是堅定明確的，但仍須持續修正，因為並沒有制式不變的方法。
8. 開放、真誠以及平等的溝通，會增進服務使用者與支薪員工之間的相互瞭解，也是共事之基本原則；制訂共同的價值與目標，也必須經常檢視彼此的看法，以鞏固夥伴關係。

致謝：本章作者僅此感謝下列提供引用者：Andrea Sharp、Richard Lea、Pauline Jones、Sure Start、Ravensdale，特別是管理委員會成員，National Children's Home、Nottinghamshire Social Services和The Open University。

第十章

新技術的影響：對社會工作與社會照護管理者的影響

Myron E. Weiner & Peter Petrella

❖ 前言

❖ 電子科技的潛力

❖ 社會服務機構運用電子科技之架構

❖ 社會工作及社會照護管理者必備的知識與技巧

❖ 科技的養成及管理

❖ 社會照護管理者應注意的相關議題

❖ 結論

 前言

　　組織、管理與社會服務輸送全面受到現代技術的影響，不僅是社會服務專業及其從業人員受到挑戰，所服務的案主及顧客主動參與社會服務體系的機會也在明顯增加中。各種規格的電腦、網路或單主機作業系統、電話與多功能的電信設備系統、手機的語音、訊息、影像及上網功能，傳真、網路、廣播或有線電視、嵌入式微處理器、電子監視器與安全設備、全球定位及地理資訊系統（geographic information system, GIS），以及其他緊急電子技術等大大改變了社會服務的架構及輸送方式。新技術提供了可能性去跨越傳統及一向僵化的組織界線、制度、功能，與針對案主、顧客與社區提供個別需求導向服務的可能訓練。每一個社會服務從業人員的挑戰就是，更加徹底去瞭解這些技術，以及它們提高生產力與效能的機會（Glastonbury, Lamendola & Toole, 1989; Ousley et al., 2003），並依循一些基本準則，廣泛發展這些技術的潛力，以改善社會服務；關於這類主題的文獻過去二十年來逐漸激增，同時也為社會工作／社會照護管理者提供尋求新技術運用的導引。請參閱範例：Murphy和Pardeck（1988）、Cnaan和Parsloe（1989）、Downing及其同事（1991）、Geis和Viswanathan（1986）、Karger和Levine（2000）及Weiner（1990）。

　　人們可以仔細觀察技術的普及情況，尤其是我們所生活的電子科技環境，就如同另一波的人類發明浪潮，宛如最近的工業革命，工具塑造了我們的生活模式。過去兩個世紀以來的英國，就如同科技對我們的生活與工作方式產生深遠的影響，對於學者及發明家的工作本質也有同樣影響。

眾所周知，世界上第一部電腦是十九世紀，由艾達女伯爵（Lady Ada Lovelace）所參與程式設計的「查理·巴貝奇分析機」（Charles Babbage's Analytical Machine）；她發明了全世界最早的數據程式，被公認是電腦程式最早的發明者，程式語言因此命名為「ADA」。1904年J. Ambrose Fleming發明「電子管」（valve，也就是真空管），使現代電子設計由無線電走向電腦；儘管Fleming的發明對於第一代電腦設計成型有重大決定性的影響，Alan Turning提出「假想機器」（paper machine）的構想奠定了電腦的理論基礎。然而Turing並不是在電子技術領域中最為後人記得的名字，更著名的是Dennis Gabor在全像攝影術（holography）的突破性發展，還有Charles Handy將虛擬組織（virtual organizations）的概念運用在電子技術之影響（Marcus & Marcus, 1943; McCarthy, 1966; Handy, 1995）。

　　因此，這些早期的貢獻引導我們走向目前的生活：電子成為現代生活與複雜社會的基礎，電子設備取代了電機設備，成為社會過程的動力，電子媒介取代了紙本成為組織與社會記憶的來源。我們逐漸地在電子環境之中生活、娛樂以及工作，即便有某些人對於電子媒體在監測案主及工作人員的角色上表示關切之意（Lyon, 2001），而且連同管理主義也在侵犯專業自主權（Harris, 1998）；即使現代的「電子世界」提供一些機會與潛在可能性，以增進個人及整體生活品質，卻仍然有所爭議（Finn & Holden, 2000; Schoech, 1990, 1991; Nurius & Hudson, 1993）。因此本章將要提供更多訊息，讓社會照護管理者更充分瞭解電子科技以改善我們的社會服務機構、組織及制度。

　　不同於社會大眾對於電子科技運用歷史的普遍看法，有些資訊科技（information technologies, IT）已經首先應用在人群服務。在美國，除了國防部之外，這項新技術最大宗的使用者是聯邦、

州、郡以及市政府組織，供給社會工作服務專用及紀錄保存，特別
是提供社會安全、政府補助及醫療補助（貧困者的醫療補助）。雖
然許多社會工作專業人員與民眾對於將這項新技術運用在社會工作
上抱持著負面的看法，然而在實際層面上，社會工作者為提供案主
更有效率的處置，同時又面臨堆積如山專業的、政策性的文書工
作時，他們一直都會使用新科技──汽車、電話、打字機（Bates,
2003）。現代社會工作人員不僅會使用電腦，還擴展到更多電子科
技設備，現在網路服務已經是司空見慣的事，使用手機通話及保全
也是社會工作職場環境標準配備。運用電子科技的社會工作機構相
當多，相關議題包含：

1.確保科技運用更加適合社會工作及形塑出社會工作的價值。
2.持續重視科技方法，以改善案主服務輸送之效益。
3.體認到資訊來自科技基礎的系統，能增長專業人員瞭解並增
　強服務對案主及社區的影響上的相關知識。

　　同時，社會工作機構在科技運用上也有障礙。許多社會工作
機構規模小，因此他們的市場模糊不明，不足以吸引他們為了有效
的技術移轉去做必須性投資；此外，心智模型強勢主導社會工作機
構，在所有利益團體當中，創造出一種高度強烈的人際關係導向文
化，有些人認為科技是一種外國文化或是一個威脅，當社會工作機
構承認在現代世界適當的設計與使用科技是必要的，而且對於社會
工作服務及資源的輸送更有效益，這類阻礙就是挑戰。
　　為使社會服務廣泛運用電子科技的目的，能夠確實符合專業價
值與文化，就必須要：

1.掌控目前科技並且隨時配合改變、機會與危機。
2.現代科技運用的知識、技術之取得及維護。

3.運用科技的潛力以強化所有領域的社會服務。

以下章節我們將要探討電子科技在社會服務機構的潛力。

 # 電子科技的潛力

電子媒體的形式

社會服務機構首先必須從瞭解各式各樣的電子媒介方式以及使用技術開始，才能徹底運用現代科技，以下將針對四類電子媒介方式加以討論：數位、圖片、聲音與文字。數位資料是一種特定目標的標準編碼方式，例如從Section 8取得住宅許可證資料（美國房租補助計畫之一），並儲存於電腦。所有人、地或事的靜態圖片影像或動態的電子視訊，例如Section 8住宅許可証的「拷貝」或是團體動力研討會錄影帶等錄影影像傳媒的形式；聲音的儲存形式則是利用錄音帶、鐳射唱片（CDs）或數位光碟（DVD），透過電話語音信箱留言或以錄音、錄影儲存個案會談資料就是很好的例子；最後，透過電子儲存完整文字資訊，不受限地理環境位置皆可讀取，例如醫事人員用來查詢病人的資料並確定診斷。

最初，上列四種電子科技都是各自運作，然而目前整合了所有的電子媒介方式，不同組合得以產生更好、更廣泛的運用。例如新一波的電子設備消費潮流就是手機，既可以無線上網收發電子信件以及儲存和轉換數位照片，還有語音信箱留言及互動式文字訊息即時傳遞（簡訊）等功能，可以提升社會服務專業人員與從業人員的安全與產值。

對科技的不同觀點

　　基本上社會照護管理者可以從兩方面來看電子科技：第一是特定狀況的運用，第二是以更普遍的方式來形塑我們的生活與環境。這兩者並非互斥，前者的範例如高速計算處理印表機，用來處理龐大數量的紙本資料，以及保存需要持續處理的紀錄，比如個案工作計畫及會計帳目、付款名冊處理及紀錄保存、文件準備、事務處理及檢查；另一種特定用途是資料分析處理器，用來匯整大量資料，及使用不同的方法分析及更加瞭解社會問題，例如個案人口統計分析，包含貧窮人口比率、少女懷孕比率等分析，有助於瞭解計畫需求與決策。電子科技也能應用在資料處理的資訊系統，透過系統取得解決問題所需的新知識與技巧，適應持續變遷的社會環境，例如評估新的社會服務計畫的效益。

　　最後，人類總是不停地在個人的生活空間內製造「人工製品」（artifacts）（例如：工具與電器），讓家庭、工作與休閒生活，更加輕鬆省力、豐富且有效率。例如：桌上型電腦與筆記型電腦、傳真、手機、語音信箱、電子郵件與人性化的工作軟體。廣泛來看，電子科技的運用遠遠超過了我們周遭環境或我們所需要的，包含電子科技作為一種人類的延伸，視為「連線的」（wired）全球社區，是一個電子頭腦，而且也是一個虛擬實體。這些都將在後文詳述。

　　作為人類的延伸，科技與工具使人們擴展到非眼前環境所及的生活，例如透過電話、手機或電腦與案主溝通，或與其他社會服務、社區機構聯繫個案服務事宜。另一方面，廣義來看，「電子革命」創造了一個連線世界或地球村，透過網路取得資訊以加強服務正是一個很好的例子。

　　人工智慧（Artificial Intelligence, AI）的發展有助於人類腦力的

拓展，也有益於視科技為一種電子頭腦的「大腦工作」，例如「專家系統」可以用來持續性監測案主，以及提醒專業人員必要性的適時介入。最後，電子科技以符號為基礎，取代真實世界，而且透過符號設定與再設定，為分散各處的組織機構之專業人員、行政人員創造出「虛擬」或「想像」組織。

　　不論狹隘或廣泛的用途，所有電子科技的應用都有助於確認並瞭解電子科技改善社會服務功能的機會。總而言之，社會服務專業人員及機構可使用下列方式來運用資訊技術：

1. 作為個人工具包含人性化郵件、文字處理、簡報與試算表應用。

2. 作為政策、方案計畫及研究之資料分析應用，透過資料庫軟體（例如：Microsoft ACCESS），運用資料「庫」，提供操作、計畫與管理功能。社會工作機構也開始利用地理資訊系統技術進行資料分析工作，有助於以地理空間形式分析及顯示社會工作資料。

3. 有助於透過「網路」功能作為一項工具以及案主／消費者／顧客／社區的資源，提供案主、一般社區、工作人員及決策者愈來愈多數位化服務（e化），透過網路連結，可以支持及強化自助與互助團體。

4. 作為一種管理工具，便於工作狀況及責信的報告、工作安排及監測、方案管理以及決策支援。

5. 數位學習包含對案主、工作人員的程式指導、CBT（Computer Based Training，電腦基礎訓練）以及員工訓練／專業發展。

6. 為了案主、顧客與社區、跨單位網絡、基金贊助者與其他服務供給者，促進／鼓勵員工與政策制訂者之間的溝通。

7. 為募款及研發建立廣告軟體以支援募款活動、捐款人追蹤以

及文書作業。

 ## 社會服務機構運用電子科技之架構

對於社會工作與社會照護管理者而言，到底什麼是電子技術的最佳運用方式，我們必須仔細認識不同的電子媒介型態，下列五部分模式（five-part model）有助於機構技術需求之考量及計畫：

1.案主、顧客與社區直接使用。
2.擴展員工的潛力。
3.自動化常態。
4.整合式資料處理系統。
5.組織支持。

以下將針對上述五部分簡要的加以討論，並另附加範例說明如**表10-1**。

案主、顧客與社區直接使用

當管理者開始在社會服務機構規劃運用電子科技（Electronic Technologies, ET）設計時，重要的是開始與持續維持。最先設計的是指導手冊：我們的個案、顧客及社區團體如何能夠很快的運用這些科技以改善他們個人以及整體的生活？對於人群服務組織中的每個人而言，成功遵循基本指導手冊將會得到明顯的好處。現今許多社會服務機構都有專屬網站提供電子化服務，例如預約、預約提醒、特殊服務登記（如：喘息服務）、自動付款、健康或營養諮詢（或是網頁連結），提供希望參加互助團體的個案可用的「聊天

表10-1　社會服務資訊系統模式

案主、顧客與社區直接使用	1.經辦處理：互動式服務，「文書工作」處理。 2.計畫排程：直接與個案預約。 3.備忘記事：提醒案主、顧客或民眾。 4.資源：確定潛在性、可用資源。 5.調度：安排普通或緊急協助？ 6.指導：提供持續性教育。 7.研究：掌握案主、顧客或社區團體的最新訊息。
擴展員工的潛力	1.一般性目的工作平台：文書處理、表格、資料庫管理、繪圖、財務、個人及機構行事曆、統計分析、網路電話溝通。 2.特殊目的工作平台：為了特定的社會服務狀況（例如：診所、社區機構、學校、醫院）或紀律訓練（例如：行為健康、家庭服務、青少年服務、物質濫用）所設計的工作平台。 3.監控系統：「24／7／354」現在已經成為擴大服務容量／可用性的期望，無論何時，就機構各方面運作中，專業人員總是被期望待在最前端的位置，必須有一套廣泛資訊整合的電腦系統才能滿足這樣的期望。
自動化常態	電子科技使得組織以及日常生活方面的自動化常態變成可能，並且到達依賴的程度；拿起電話、撥打免付費電話、訂購產品、使用信用卡付費以及二十四小時內貨物送達——沒有自動化常態就沒有可能性。要求員工及專業人員騰出時間以提供人群服務，組織就必須要自動化。
整合式資料處理系統	建置及維護機構方案及服務彼此關聯的電子資料庫，提供人性化的資料分析工具，與社區、環境及專業相關的機構資料庫。
組織支持	1.資源分配與控制 2.計畫排程：個案／顧客預約排程，工作排程。 3.路線安排：家訪、公車接送、送餐服務。 4.排程：自動提醒專業人員：事情及日期。 5.社區資源：提供支援服務及緊急備援的專業志工人力銀行。 6.財務會計：連續成本、成果、方案分類資料。 7.監控：追蹤功能、車輛行控、辦公室維護及員工／顧客安全及保安。 8.員工成長。 9.IDPs：為組織中每一位員工設計及規劃個別化發展計畫，保持在個人基礎上的成長。 10.技術庫：將機構中每一位員工的特殊專長及技術，規劃建置成為自動化資料庫，並且定期維護，提供員工本身及彼此相互運用，有利於專業人員機構的成長。 11.數位學習：透過網路學習系統，員工可以就近使用，促進其專業成長，達到相互學習效果。 12.彈性福利：為員工建置彈性福利的工作環境，以及彈性工作時程以符合員工工作與生活平衡的普遍共同需求。 13.虛擬工作單位：組成員工「虛擬」團隊，讓散處各地的員工工作方式得以整合。 14.在家工作：讓員工在家中就可以工作的功能。

室」，以及捐款者可以透過網路直接捐款或志願服務。社會服務機構應持續創新研發電子科技，提供案主與顧客直接性的使用技術。

擴展員工的潛力

　　為了擴展承擔組織功能重任的操作者、專業人員以及行政人員的能力，現代化社會服務必須採用將所有「一般性目的」工作平台、「特殊性」工作平台及「監控」系統，全面整合的技術，**表10-1**提供一些充分運用這些技術的範例。除了桌上型電腦及筆記電腦是增強員工生產效能與效益的基本配備外，另外還有其他的電子科技，包含行動電話的記事、語音信箱或緊急應變功能，以及類似掌上型電腦的個人數位助理（personal digital assistant, PDA），早晚所有各類的電子設備都將融合在一個掌上型裝備，提供溝通及資訊處理。

自動化常態

　　電子科技使組織的例行業務自動化成為一種可能，例如個案紀錄保存所必須的資料處理、更新及相關資料檢索；這已成為必要的趨勢，員工及專業人員得以免去資料及資訊處理，讓他們能夠提供人性化的服務。目前系統能設計為自動系統化，並且取代承擔先前需要組織投入大量人力及物力以處理保存資料的工作。

整合式資料處理系統

　　創造與維護機構方案及相關服務所衍生出來的電子資料，使它們相互連結，提供使用者人性化資料分析工具，以及與機構資料

庫相關的社區資料等等，在大部分的社會服務組織裡都已經進入自動化處理。同時為了社會服務輸送的效能及效益，也提供專門的電子科技以整合資料處理，地理資訊系統正是資訊處理整合的最佳範例。地理資訊系統透過地圖與電腦或服務資料的連結促進社會服務決策，有助於進行如為年紀集中於五十五歲以上長者的區域，設置老人中心的決定。

組織支持

機構科技運用的另一層面是組織的支持，有個似是而非的說法：愈是高度使用科技，組織的「文書工作」及事務工作就更多、更複雜。為因應組織功能逐漸增加而且更加複雜，人群服務組織別無選擇，唯一方法就是增加運用電子科技去處理兩項主要的功能：資源分配／控制（例如：時程安排、路線規劃、行事曆、財務會計、監測）以及員工成長（例如：技術庫、數位學習、彈性福利、虛擬工作單位、在家工作）。電腦基礎訓練成為機構不可避免的一部分，以確保所有的員工能夠獲得最新的訊息及新方案或新政策的相關規定，特別是關於複雜又瞬息萬變的公共權利津貼。

社會工作及社會照護管理者必備的知識與技巧

社會服務之相關知識及技巧的說明，即便是專業名詞與術語，也必須利用新技術；不論新創與熟悉普遍的任務，新系統的實施啟用都需要花些時間才能深植於機構（Bates, 2003; Kerslake, 1998）。從許多層面與觀點來看這都是真實的，資訊與電子科技（information and electronic technology, IT/ET）的領域向來都是專家

知識領域；然而同時，對社會工作專業人員的必要性也與日俱增，必須去學習資訊與電子科技硬體與軟體相關發展的新知。

隨著對於這些發展有了普遍性的瞭解之後，社會工作或社會照護管理者必須充分瞭解如何與專家溝通以及相關技術的運用，必要時在技術轉移過程尋求一位或更多的專業人士協助；然而對於社會工作機構而言，最重要的是如何讓經辦人員、專業人員及行政人員持續更新有關資訊與電子科技之硬體與軟體兩者的知識。社會工作學校應擔起負責任在學校教授有關新科技之課程的責任，例如英國，確保學生在學校訓練教育時期必須學習具備歐洲電腦應用執照認證要求之資訊素養，及資訊與通訊科技相關知識及技術。社會服務機構不能逃避可能要使用這些科技的需求，除非工作人員都已經知識淵博且技巧熟練，他們絕大多數可能會發現案主比他們更懂，也會因此要求更多提高服務輸送效率及效益的技術。

新近發展的必備知識如對硬體的瞭解，包含滑鼠、掃描器、數描機、網路卡及配備、光碟機、DVD播放器及燒錄機、硬碟、軟碟、記憶卡及驅動設備、語音辨識系統；另外也必須瞭解中央處理器（central processing units, CPU），包含速度及動力以及記憶體（RAM）的類別；輸出設備：顯示器、影像卡、音效卡、印表機（亦即雷射、噴墨、彩色）；儲存設備：CD、DVD、硬碟、記憶卡、備份儲存技術、檔案伺服器；以及通訊設備，例如數據機、路由器、集線器與無線技術。

同時也應該具備軟體運用的知識，包含一般用途（例如：Microsoft Office的普及性就是一個很好的例子）及針對某個機構或特定專業團體之特定用途。美國大部分的州政府都採用MMIS（Medical Management Information System，醫療補助管理資訊系統），一個設計用來處理各類醫療補助業務的系統。許多獨立執業的臨床心理師也會使用為他們專業所特別設計的軟體。

最後，對於管理者而言，軟體系統的發展相當重要，針對資訊與電子科技系統本身軟體的產能及效益也在改善中。軟體系統類別包含：作業系統（亦即Windows, UNIX, LINUX）；防護軟體（亦即Norton's防毒或防火牆軟體）；程式設計軟體（即Visual Basic, Oracle, Java, C^{++}）以及特定功能軟體，例如網站系統開發、排版軟體、電腦繪圖軟體（Computer aided design, CAD）以及地理資訊系統。

　　除了科技發展的知識，管理者也需要使用它們的技巧。資訊與電子科技發展突飛猛進，不論任何領域都需要專家，社會工作也包含在內，至少需要最新科技的基本操作技巧，才能提升工作產能及效益。對於絕大多數的社會工作專業人員而言，這已經不是問題，近十餘年以來，字典上出現一個嶄新的辭彙：「人性化使用」（user-friendly）。幾十年前，還未有打字機鍵盤與電視顯示器，使用科技的唯一方法就是將卡片打孔，然後插入電腦，才能將結果或資料呈現到紙張；然而在現代社會中，電子科技產品無所不在，不管是在學校、家庭、工作及街道。桌上型及筆記型電腦、手機與多功能電話、掌上型／口袋型電腦、汽車與廚房設備完全都是「人性化使用」。資訊科技的溝通設備發展回到原點——個人能夠利用聲音或有十個阿拉伯數字的鍵盤來溝通。

　　在這樣一個無線及手機、電視、DVD、汽車無所不在的社會裡，每個人都很熟悉如何運用資訊／電子產品，而且成為人類的第二天性；因此也就更容易且廣泛應用在社會工作機構上，沒有例外的，每個人都必須熟練使用。這已成為社會工作機構必須具備的一部分，對於運作的改善（也能增進專業技巧）的助益勝過時間與精力的投注。

　　顯然在現代人的職業生涯裡，個人技能必須保持在最先進的專業層級上。真實的情況是每個人在其專業職場裡，必須具備全方

位的專業技能，以及與各類專業人士溝通的能力。現代社會，每項專業都須包含許多專業人士的指導，以運用與管理組織的資訊及電子科技和資料資源，這些專業人士包括網路及資料庫管理，即協助社工人員將資料轉換資訊及最終轉化為知識，以促進專業知能。參與決策影響組織在資訊科技之運用，已經成為社會工作專業必要條件。

在社會工作組織裡，資料及資訊推展機構的活動、服務及業務，並創造資訊，是專業、行政、管理、計畫及決策的基本。個案與社區各依其不同目的使用這些資料，目標都在改善個人及社區的生活品質，當社會中所有社會工作組織將相關的資料及資訊加以整合連結，這些資料就會變得有更有意義；同時這也是一種趨勢，將流行及人員視為機構重要資產，現代社會中每個人都需要很快取得共識，視資訊為機構之重要且關鍵的資源。

社會工作組織裡知識管理已經變得跟金錢、人力及財富一樣重要，然而在社會工作組織裡仍有一堆法律及倫理的議題有待處理；英國IRT（Identification, Referral and Tracking system）嘗試提供一個資訊共用整合的機制，強調基於倫理許可及保密情況下，促進達成資訊分享（Cleaver et al., 2004）。資訊分享的導引必須加強處理這個議題（HM Government, 2006b），本文至此，蘇格蘭Getting it Right for Every Child 政策方案在建立每份評估紀錄也有類似議題（Scottish Executive, 2005）。

 ## 科技的養成及管理

瞭解科技的潛力以及科技如何運用在社會服務，最緊要關頭就是：落實執行——即瞭解如何運作。以下是關於科技養成及管理付

諸實施之最佳方式的見解與建議。

電子科技指導團體

　　因為電子科技似乎如此複雜，造成一種趨勢即是將技術養成及管理，包含系統設計開發與執行運作，轉移到資訊科技專業人員上（Information Technology specialists）。這是許多機構都會犯的錯誤，導致錯誤運用或無法將科技的潛力作最大發揮。電子科技就如同任何新的組織再造，技術養成及實施都需由組織劃與指導，在所有養成與實施過程的階段都需要機構所有員工及權益團體的參與。起點就是成立電子科技指導團體，成員為社會服務機構各相關人員代表；最重要的是，他們應該熟悉各層面的組織運作。雖然繁複的電子科技需要學習一段時間，透過電子科技指導團體的指導將會有所幫助，包含指導使用者團體或團隊規劃每一個實施方案的計畫與管理。

技術資源養成選擇

　　電子／資訊技術可選擇利用的資源相當多。對於社會服務組織而言，最佳的選擇是社會服務機構有自己的資訊科技專業人員，能作為機構所有員工參與系統設計開發及執行過程的促進者。這些資訊科技專業人員既能針對機構本身特定的需求來設計系統，也可以向廠商採購系統。不論在何種狀況下，這些資訊科技專業人力對系統的開發設置都相當有助益。組織進行技術開發時，資訊科技專業人力的養成，需要投資內外部資源；在系統開發的過程中，當僱用專業資訊科技人員並不可行時，跟其他類似機構共同合作也是一個機會。在資訊科技領域中任何系統安裝與設置都需要經常更新（就

像電器或電話），數個社會服務機構電腦系統共享的觀念也是可行的選擇。

最後，另一個可行的選擇是資訊科技專業人力的「借用」（也就是向社區公司借調），假如這也不可能，那就聘請顧問，最重要的是，不論顧問或是「借用」的專業人力都必須能夠與機構的計畫團隊共同合作，配合目標繼續整合機構與科技的資訊。例如，例行資料收集可能比起應付重要審核或是預算問題更加有利（Ousley & Barnwell, 1993），對於這類議題資訊專家應能提供機構建議。

系統開發及安裝過程

一個設計良好的系統設置過程始於必備效能（Performance Outcome Requirements, PORs）的規格，選定一個系統開發策略，然後組織中每個成員都需參與這個過程。兩項重要的設計規範是：全面性及整合性。以下是社會照護管理者在資訊系統設置的一套指南。

每個電子科技或系統的開發要素即是必備效能

必備效能係指機構電子科技系統的功能，其效能應能符合所有不同利益團體的需求及期待，下列範例是機構個案進入流程的狀況：系統平台模組是否提供社區裡任何人或團體進入，准許個案進入線上，並且透過申請程式追蹤他／她們的進度？換言之，首要關注的是使用者影響：系統設計是否能夠達成預期運作之成效？對於電子科技運用模式各項要素（例如：案主可直接使用，擴展員工的能力、組織支持、自動化以及資料處理整合），機構應該建立必備效能的詳細清單，作為評估科技運用成功的衡量標準。

系統開發策略的選定

　　一般來說，若要成功的為社會工作機構建置機構特有系統，有兩種情況可以做選擇：運用機構自己的資訊科技人力開發「內部的」（in house）系統，或是選擇廠商所開發提供的「現成的」（off the shelf）系統；對社會服務機構而言，最可能的選擇是這兩者相互搭配。「現成的」系統或許可用但需要社會工作及資訊科技專業人力大量投入調整修改；另一種搭配選擇可以跟既有的資訊科技公司簽訂契約，撥出社會服務組織的資訊人力，利用最先進的科技，去開發建置一個全新的系統（Schoech, 1999）。**表10-2**係說明「內部的」系統開發及設置安裝之步驟；**表10-3**是指「現成的」系統的選擇及設置安裝步驟。

表10-2　系統發展「A」策略：選擇及設置安裝內部系統

步驟一	成立指導團體	指定各單位、層級的員工代表參與團體，指導規範過程。
步驟二	可行性分析	確立科技運用的組織及經費的可行性，發展長短期目標、必要資源及影響層面。
步驟三	系統分析	分析組織既有的系統、轉換程序、資料流量、決策以及組織中各層級與相關人員之資料需求。
步驟四	系統設計	利用既有的潛能以及電子科技將系統概念化，並且針對組織制定科技總體規劃時程表。
步驟五	系統開發	確認設計及界定的必備效能系統或次系統之細節規格：轉換程序、資料維護、應用程式及軟硬體系統。
步驟六	系統安裝	以現有或增加的科技人力資源設計應用程式及系統，獲取必備硬體、使用標準程式測試、文書作業系統與機構內所有利益團體互相配合，有條理、有時程的轉換新系統。
步驟七	培訓及訓練	針對機構內每個人進行培訓及全面性訓練，促進個人與機構及系統的互動。
步驟八	監測及評估	針對必備效能系統設計開發及安裝的各個階段，系統規格、影響標準與組織轉換時機，持續加以監測評估。

表10-3　系統發展「B」策略：選擇及設置安裝現成的系統

步驟一	規格規劃	規劃開發設置安裝必備效能系統所需的規格，等同於實際系統設計的藍圖。
步驟二	必要條件	具體說明符合系統規格需求的軟硬體，招標（Reqrest for Proposals, RFP）之前必須要準備詳細且綜合性的文件。
步驟三	招標	定案的同時，公開招標及廣為宣傳，以獲得能夠提供適合軟硬體及系統安裝的最佳廠商，參與投標廠商必須提出針對機構環境及功能型態（亦即社會服務機構）的具體設計開發及安裝設置案。
步驟四	廠商選擇	機構的遴選委員會代表須有一套一致性的標準，針對參與招標廠商所提出的計畫案加以審查，廠商選拔過程包含使用者團體實際參訪已經進入複審且已經完成系統設置的廠商。當得標廠商草擬了一份所有參與審查的團體均審閱並同意的合約，即完成了這個程序。
步驟五	全面性訓練	從步驟一開始到系統開發安裝完成後的運作到完全落實，持續實施全面性訓練。

從發展必備效能系統開始，所有設計規劃階段，組織裡每位員工都需要投入參與

　　不論選擇哪一種系統開發策略（亦即內部或外部），重要的是再三強調組織整體都需要參與電子科技運用上所有層面的計畫、技術養成及實施設置（包含訓練）；換句話說，雖然電子科技指導委員會是不可或缺的，但這只此過程中是組織全面參與的冰山一角而已，關鍵在於應該去除只有組織裡的專家與專業人士，或是引進的顧問才應該負責資訊科技系統設計開發及設置安裝的那種想法觀念，顯然專家或專業人士是系統規劃過程的一部分，但是他們的角色是輔助性、支持性，並非主要負責人。

無論何時都要強調兩項設計原則：全面性及整合性

　　全面性應用在：(1)組織中可能成為使用者的利益團體（案主／

顧客、社區、員工、專業人員、臨床工作者、計畫者、行政人員、
行政主管、政策制定者、研究人員及其他社會服務機構）；(2)可供
利用的資訊、電腦及通訊設備技術，例如桌上電腦、筆記型電腦、
工作站、無線電話及手機、PDAs（亦即掌上電腦）、呼叫器、數
位相機、傳真、網路及網站、跨系統或有線電視系統；(3)不同的系
統使用概念。資訊／電子科技已經朝向全方位整合所有相關人員的
資料、資訊、服務以及員工操作技術（例如：手機附有多重電子資
訊儲存功能）。在每個步驟及階段，電子科技系統設計及運用過程
皆應該加以整合。

社會照護管理者應注意的相關議題

　　社會服務機構運用科技勢在必行，因此社會工作專業人員將會
因為組織與社會，面臨科技發展與社會工作價值的挑戰；特定類型
的科技轉移所導致的結果及影響至少有一連串的挑戰需要思考及處
理。如果本章針對的是科技轉移大部分的專業，上面所論述的就已
經很充分且足夠了，但這是針對社會工作者而寫的，如同字面上廣
義來說，他們的根本價值是社會正義，努力接觸更廣泛的議題，是
處理資訊電子科技帶來的影響，正是社會工作者應該具備的角色及
責任，誠如以下所述。

職場生活的影響

　　科技對於職業生涯同時有正負面影響，Norbert Wiener（1965）
在其極富盛名的著作中呼籲以人性的方式使用人（The Human Use
of Human Beings）。因此，切合目標的運用資訊與其他科技仍是關

鍵性的議題（Ousley et al., 2003）。科技的確取代了組織中大量的自動化過程，使人類的心智可以用來做只有人類能做的活動。利用科技促進人類福祉，是職業生涯品質的議題之一，科技可以成功用作生產工具，組織、公司及政府提供工作者「遠距」工作的機會：在家工作的方式同時改善了他們對家庭及職業生涯的掌控力，但是當科技被過度使用，一天二十四小時，一週七天，在家裡甚至汽車、職員及專業人員們都會感到被剝削；有些組織密切監控員，包含他們私用網路或電話。這些議題都應該被正視並且規劃出一套適度的科技運用政策。

不同於一般的觀點是，科技是中立的。當人類有目的的運用科技是降低而非改善生活及職業生涯的品質，那麼科技就失去中性的立場了。機器人與人工智慧對於改善全人類生活品質有極大潛力，必須確保這項潛力是導向共同利益的手段，而且需要經常注意關心。

另一個關注的議題是維護健康的職場環境，包含輻射的影響、眼睛疲勞、手腕拉傷，以及隨著電子工作平台使用量的增加產生背痛。一個相對較新的領域——人體工學（ergonomics），已逐漸發展，並試著發展維持一個安全健康的職場環境，現代社會工作機構管理也需好好的運用這門新領域。

安全與隱私

安全是現代社會一個重要的議題，2001年9月恐怖分子攻擊紐約及華盛頓之前，大部分的美國人從來沒有徹底處理這方面的議題。科技系統是很容易受到攻擊的，特別是重要的資料及處理程序已逐漸電子化了。維護主機系統是第一考量，不只是基於國家安全考量，一般社區系統如國防、航空管制、電力，或提供個案、顧客

及社區社會服務的醫院系統等也應如此。雖然科技可能讓生活更加不安全，但對於職場生活能夠有正向的影響，社會工作人員必須深入社區服務，在這些鄰里、建築物內充滿了安全風險，但因為有通訊設備例如手機就會更安全些；然而為了保護個人或族群的隱私，引起對提高安全防護系統的關注，必須考慮誰擁有資料以及如何使用或改變資料。在合法的社會關注之間尋求一個良好或適當的平衡之外，同時也要經常保持警覺，當社會工作人員在工作中使用創新的媒體工具，仍然應該持續關注並維護社會工作價值。

技術資源的公平分配

當電腦及電子通訊設備日漸普遍，社會工作人員與其他人群服務專業人員必須花時間及精神去確保科技資源將會公平分配給所有各個族群。除了資源分配的公平性，至少有數個世代的科技素養將會持續被關注；社會工作人員應該預防社經地位較弱勢的族群或社區，與科技之間的數位鴻溝，大部分是由新科技作為社區資源使用的程度決定，特別是在弱勢區域（Aldridge, 1995; Department of Health, 2001c）。但即使這不是一項人生的安全保障處在知識經濟掛帥時代，個人擁有愈多的知識與技術，就愈有可能擁有良好的生活品質。在世界經濟的時代，任何一間公司隨時有可能將工作轉移到顯然工資較低且人力充足的外國「知識工作者」，難道不久的將來社會服務機構不會跟進嗎？

虛擬組織：從單一專業到跨專業模式的服務輸送

電子科技使貨物及服務供給遍及全球，幾乎造成新的革命。傳統上，高度的結構專業和組織界線能同時維持，也能超越虛擬實

體，強調廣泛的才能及技術，針對個別案主及顧客特定的改善生活需求，提供量身打造的服務。電腦與電子通訊設備對於社會最根本的影響是一個新的組織形式。虛擬實體是一個分散各地跨組織架構的組織或系統，擁有更大量豐富的專業知識技巧及經驗。這個群體的設置具有時效性或是重複性的特定任務，以一套跨組織、跨專業的過程、角色和為了有效達成任務而審慎規劃的關係，貫徹執行一些特定的策略及經營目標與角色。這個虛擬實體必須運用現代管理與行為科學的知識與技術、最先進的電腦及電子通訊技術來維護及提升。個人因為瞭解自己特有的需求、生活模式及對生活品質的定義，並且致力獲取他們想要的物質與服務，故而推動了虛擬組織的發展；漸漸地，社會服務組織瞭解到並確信必須重新改變及轉換他們的服務輸送與管理策略，當然也包含虛擬實體策略。現代電子科技的最佳運用及開發，促使虛擬機構提供個案／顧客服務供給成為可能的選擇。這些虛擬組織，例如員工協助方案，允許員工透過電話網路或組織網站進入與管理系統；政府的心理衛生或發展障礙部門為每一個個案提供個別設計服務；社區非營利機構針對許多不同的跨組織合作提供直接與契約式服務。

科技與案主、顧客與社區

因為缺乏資源或知識技巧，社會服務案主與顧客往往給人一種技術貧乏的印象。毫無疑問大部分的觀察家都會對此有所質疑，不論是對已發展社會甚至那些我們認為尚在發展中的社會；因為電子科技無所不在，它的影響不論國家大小，是已發展或發展中。不到二十年的時間，我們已經目睹了大部分國家因為科技的巨大衝擊產生重大經濟變革。愈來愈多現有或潛在的個案與顧客具有資訊科技能力，社會服務組織與其他政府非營利單位必須有所轉變，承認個

人渴望而且有能力，更加主動積極甚至去管理操控他們所能獲得的社會及人群服務。不論是為了減少取得服務的行政負荷，或尋求新資訊及服務資源，促使案主們努力提升資訊科技能力，案主們對科技的精通熟練，勢必將對社會服務組織提供社區服務的方式造成影響。多年以來，專業人員與組織一直倡導促進案主、顧客及社區的復原力與自足自信，現在我們承認科技正迫使社會服務單位的想法成為真實。

 ## 結論

　　社會服務組織運用電子與資訊科技是一個根本的嘲刺。電腦與電子通訊技術兩者需要直線、邏輯思考，然而運用這些技術的社會工作組織在個案及社區的服務所需要的卻是非直線、全面性的思考。身為社會工作者，對於理性的部分及感性心路歷程兩者，我們都必須非常精通熟練。

　　本章提供了有關人群服務機構科技化的思維準則，簡單摘要以供社會工作／社會照護管理者作為參考指引：

1.使用四種電子媒體類型：數位、全影像、聲音以及文字。
2.廣泛的思考電子科技，並且對於電子科技在社會服務機構的潛在性有更充分的瞭解。
3.透過案主直接使用，擴展使用範圍，以增進社會服務組織運用科技的機會。
4.掌控目前技術並隨時因應變化、機會與新技術的危機，開放願意接受新知識與技巧。
5.運用資訊科技全面強化社會工作服務。

6.社會服務機構設置及運用電子科技，應該透過電子科技指導
　團體加以指導操作。

7.探索最適當可用的資訊科技設置資源。

　　最後，組織中的資訊管理就如同管理金錢、人員與財產的一
樣重要，因此，對社會服務機構而言，資訊管理是一項十分重要的
管理過程；但是資訊管理具有相當多重的影響與衝擊，包含持續應
用發揮現代電子及電訊技術的潛能，形成新的人群服務組織形式。
儘管這些技術在未來的幾十年將會持續發展，對於社會工作管理者
而言是一個可預見的常態性挑戰。資訊管理的關鍵在於使用每一種
可能的方法去衡量組織的成功，除了評量案主／顧客服務的效能與
影響，同時還有全體機構員工的生產力、經濟性及效益；成效難以
評量，不僅僅是人群服務組織對於本身的任務、策略目標及方案目
標的聚焦、再聚焦的能力，而且還有案主及社區人民的生活品質。
需要更廣泛的全面性及相關的資訊，以及反思的能力與資料分析等
方式，以確保效能及效率，讓機構「達成目標」甚至「走在潮流尖
端」。

　　既然在民主社會中廣泛可得及使用資訊是非常普遍且必須的，
社工人員與其他專業人員一樣必須走在時代尖端，持續致力於資訊
及電訊技術的應用，以保障並強化社會民主的過程。因此我們以下
列導引作為結論：社會服務管理者必須創造一種持續應用及使用新
興資訊技術的思潮，使機構與社會目的皆為改善案主、顧客及社區
的生活品質，使社會更民主。此挑戰雖難以應付但卻令人興奮。

第十一章

基金來源多元化管理

Mark Ezell

❖ 政策與機構環境

❖ 民營化與契約委外

❖ 基金不足

❖ 權力下放

❖ 募款機制

❖ 機構的生存策略

❖ 基金來源多元化

❖ 管理議題

❖ 結論

　　「對你的願望要謹慎」似乎是目前很普遍的格言。實際上，所有的非營利組織都希望獲得更多基金，特別是社會服務部門。這並不是貪婪：為了達成目標及提供案主們有品質的服務，籌措基金是必要的。當個人透過退休計畫或其他管道投資基金時，普遍會聽到的意見是，為了避免個人財富走下坡，多樣化投資組合才是明智的（並不是說社會工作者的薪酬必須如此投資，而是說他們可能也知道這個策略）。分散投資的明智做法延伸到了非營利及志願性組織，同時也肯定基金來源多元化有絕對優勢，特別是那些需要大額度基金的組織。然而對組織而言，能夠吸引多元捐款者的公共關係、行銷及募款活動相對具有挑戰性，而且費用高昂；這些機構成功之後才能面對其他更艱難的任務。

　　對於實現獲得更多基金及基金來源多元化的願望，有兩個比較常見的相關說法，「天下沒有白吃的午餐」以及「沒有什麼基金籌募不需要任何附帶條件」。機構能夠吸引多元且豐碩的基金固然是正向的發展，但是管理者很快就發現接下來還有一連串的挑戰需要面對。本章議題在闡述有關基金來源多元化經營，有效的基金籌募管理端視幾項重要的因素，例如基金來源、募款活動、基金使用的特定限制，如果還有的話，就是道德、稅法，以及相關法令。本章並非強調各類募款方法的技巧與策略，而是所籌募之各項基金的相關議題，以及多元基金與捐款人的管理。

　　就定義而言，基金來源是指那些諸如政府機構、基金會、法人團體，或個人提供資金給某一個組織。資源是個更廣泛的用語，不僅包含金錢，同時還有志願服務人員、非金錢捐助，甚至是人力。基金使用則和會計及收益有類似的情形，可能只用在符合捐款人意願的情況下（National Health Council and the National Assembly of National Voluntary Health and Social Welfare Organization, 1998）。不同基金的管理與基金來源多角化經營各自有不同的特色，但又相互

依賴，基金管理可能被認為是一種內部管理功能，而基金來源管理則是外部功能，例如行銷、公關、協商以及溝通。然而依照捐款人意願使用基金，以及財政及程序上向資金來源負責，整體而言，會產生正向關係。

　　本章所討論的主題與英美兩國社會工作行政管理者有相當密切的關係，稍後我們也將討論政府透過契約承包採購社會服務，是造成機構基金多樣化的主要原因之一。Richardson和Gutch（1998）曾提及在美國契約承包的崛起是一種「特定的」（ad hoc，意即為了特定目標採取的解決方案），然而在英國是「政府政策的蓄意目標」（p. 155）。Harris（2000）指出，她與英國國家志願組織協會（National Council for Voluntary Organisations）執行長Stuart Etherington的會談中，Etherington觀察到先前認為由國家政府所供給的服務如今已經被「轉移」給志願部門（p. 319），同時政府計畫與志願部門之間的夥伴關係更加利益與共。

　　儘管這個領域普遍接納基金來源多元化是明智之舉，然而與那些基金較少或沒有多元化的組織比起來，能夠驗證多元化對於組織本身、員工以及案主更有益處的證據卻很少。儘管這可能是常識，為了更深入瞭解關於多元化的利弊，驗證是有必要的，經過相當廣泛的文獻搜查後僅發現一篇相關研究。

　　根據一項針對十七家非營利青少年服務機構所進行的探索性研究，Besel和Andreescu（2003）對於哪一機構能夠存續獲得一個有趣的結論。這些機構是1970年代由聯邦基金所創立，但是近年來基金來源卻大幅減少。這些機構的存續首要目標在於更多預算，而且這似乎比預算成長率更為重要，一個機構發掘地方財源的能力是機構存續最根本的決定性因素（p. 259），而且機構主管也認為市與郡政府的財政資源最能持續。一般而言，這些特定機構之外的單位應謹慎行事，同時在實務上可能造成的影響也值得深入探索。在這

些特定案例中，當聯邦基金減縮而吸引其他資金來源，穩固地方基金對機構能否存續有相當影響力。

在討論各個金管理的相關議題之前，最重要的是先瞭解政策及基金的籌募環境，一般來說，這會造成社會福利機構多元化基金來源的壓力（Rubio, Birkenmaier & Berg-Weger, 2000）。此外，下文將會補充說明不同的基金類型，有助於機構及管理者去思考所有的可能性。最後，本章將針對基金來源多元化管理提供一些技巧性的建議。

 ## 政策與機構環境

正如Gronbjerg（1993）淋漓盡致的解釋，非營利環境是複雜的，包含了其他機構，私人的、非營利的，除此之外，幾乎所有組織都試圖取得資源。這些高度競爭的環境強烈地受到各級政府政策與資金的影響，而非營利機構愈來愈關注基金來源：「在當今的美國，民營化（privatization）及權力下放（devolution）的新勢力正影響著非營利與社會福利機構的關係。」（Austin, 2003, p. 98）在英國也有類似的說法，即便不是全部，也有部分非營利機構基金來源依賴政府外包契約，為了確保基金來源這些機構之間經常相互競爭著（Tunstill et al., 2006）；此外還有一個確保基金來源持續的因素，就是與其他選擇相互比較時，管理者必須表現出他們所提供的服務仍維持著最佳價值。英格蘭地方政府法案（Local Government Act, 1999）即實施這種程序，使人民能夠獲得地方政府實質性及正向效果的服務。將服務輸送自政府機構轉移出來，並改變組織配置，意味著透過監督稽核以決定何者仍具有經費額度的最佳價值，但重要原則仍然保持不變（Gallop, 2003），這個外部架構對於契約

委外的委託及審查方式有重大的影響。

　　本節也將討論促使組織逐漸追求不同基金來源之具體的環境影響力。除了以下將探討環境的因素之外，還有兩個非營利機構基金必須多元化的基本原因：第一，非營利機構法令禁止銷售股份增加獲利（Weisbrod, 1988）；第二，接受服務的顧客即便有也很少能夠付費；大部分服務費用都是由第三者如政府或保險公司支付，但很少能完全支付服務設計、輸送、營運費與折舊等全部費用。而且如上述提及，英國政府並無法保證基金供應，假如另一個組織能夠提供更有效益及更好的服務成果，透過地方政府，基金來源將可持續。

 ## 民營化與契約委外

　　許多政府機構決定從其他外部機構購買方案計畫及服務，而非由自己執行運作；此外，公部門傾向選擇結束自己的方案，並轉換為民營化購買服務。視實際狀況而定，參與投標的組織也可能包括地方政府機構（當國家是承包商時）、私人非營利組織及私人營利組織，這兩種私人組織可能屬地方性、遍及全州或為全國性組織。

　　雖然目前有許多定義，當政府卸下本身服務輸送及經費的責任，指的就是「民營化」（Gibelman & Demone, 1998）。契約委外（contracting）是常被用來執行民營化政策的一種機制，並有許多不同類型的契約、付款與責信機制。民營化的結果，就是人群服務組織經常為了取得輸送特定服務到特定區域的指定案主之契約案，彼此相互競標。假如順利得標，接下來是協商與簽約，某些時候基金將流向機構，並且需要依照合約、法律、道德、公認的監督常規、基金來源機構的不成文規定進行管理，以及機構董事會的政策是否適當等等。

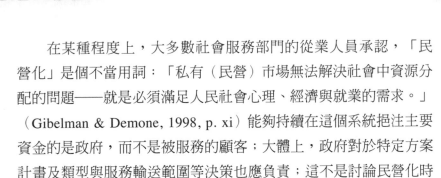

在某種程度上，大多數社會服務部門的從業人員承認，「民營化」是個不當用詞：「私有（民營）市場無法解決社會中資源分配的問題——就是必須滿足人民社會心理、經濟與就業的需求。」（Gibelman & Demone, 1998, p. xi）能夠持續在這個系統挹注主要資金的是政府，而不是被服務的顧客；大體上，政府對於特定方案計畫及類型與服務輸送範圍等決策也應負責；這不是討論民營化時以自由市場運作所能說明的。

Kettner與Martin（1996）指出，儘管與期望相反，購買契約服務持續增加中；正如他們所解釋的，非營利機構主管抱怨受到政府的控制和政府基金經費不足，以及受到資金限制，使他們無法服務貧窮與受壓迫的人。但是非營利組織並不是「斷言放棄」（swearing off），反而是將契約委外當成主要財政來源，並且尋求其他類型的基金來源，同時愈來愈多非營利機構為爭取類似的契約案加入等候行列。

 基金不足

機構大環境的另一個特點是，政府缺乏意願或無力提供社會福利機構足夠的經費，不論是因為景氣不佳、政治理念以及／或意願，或其他無數的原因，這也許是機構尋求多元資金來源的主要動力之一。隨著某些類型的方案及個案團體的沒落，許多機構爭相搶奪不同來源的新資金，用來執行這些方案及服務案主們。近數十年來，避免裁員已被視作是成功管理的標誌，而非方案計畫的成長。實際上，因為民營化及契約委外宣稱更有效率及成本比「舊的」方式更低，所以才頻繁受到採用；民營化也包含宣傳縮小政府官僚體制的策略，是某些政黨的大眾平台。

不論社會服務部門或特定類型服務的基金增加、減少或維持平衡，處於契約委外的環境下，機構的運作取決於政府決定哪些是「許可」與／或「可核報」的費用，行政費用正是最好的例子。提到契約委外，不得不提到行政費用經常占最高比例。實際上，契約委外對於被列為這類型的費用，不一定能清楚劃分；與契約競標及協商相關的行政費用很少被列為核准申報之費用。

　　同時，政府對於基金、方案計畫的運作、工作人員資歷以及個案成果要求極高，行政工作人員必須花時間制訂與監督這些責信系統，並且督促實務工作者花時間將資料輸入責信系統。資訊系統的軟硬體設備通常相當昂貴，而且比契約允許核銷的時間需要更加頻繁的更新；而資訊系統顧問的成本增加之後，顯而易見的，行政支出很容易就會超過契約規定的經費額度，因此，他們必須尋找及使用其他基金來支付這些費用。

　　尤其要注意的是，雖然政府是主要的資金來源，卻不是唯一的；聯合勸募與捐款機制像是公益金（community chest）或是美國的聯合勸募（United Way），提供了社會服務機構大量的基金，他們也限制了行政費用，以及決定哪些是可核銷的費用。

權力下放

　　近幾年來，另一個正在崛起的就是政策、決策的權力下放；通常基金籌措也從聯邦政府轉移到州政府，或是從州政府轉移到地方政府（Coble, 1999）。Ezell（2002）針對機構與契約委外的案例研究中，提及一個受到權力下放衝擊的例子：前幾年某個與州政府簽有契約的機構（亦即兒童福利機構總局），在州政府權力下放之後，該機構反而參與六個區域性分處的招標案，後皆得標。這六個

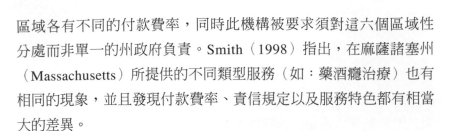

區域各有不同的付款費率，同時此機構被要求須對這六個區域性分處而非單一的州政府負責。Smith（1998）指出，在麻薩諸塞州（Massachusetts）所提供的不同類型服務（如：藥酒癮治療）也有相同的現象，並且發現付款費率、責信規定以及服務特色都有相當大的差異。

如同上述清楚顯示，透過民營化與契約委外，政府只須依據契約支付部分服務輸送費用（Kettner & Martin, 1996）。為了避免破產，機構必須另由他處尋求資金來源。同時，政府保有其對契約的監督責任，而且每個政府機構各有其不同的性質及程度。一個相關的趨勢是，政府對於方案評估與員工發展的關注逐漸減少，誠如建議所言，此二者為影響服務品質的重要因素，機構可能選擇其一，但相關經費經常無法完全由契約基金核銷，而必須由其他資金來支付。

 ## 募款機制

當政府機構與雇員在執行方案及輸送服務時，他們的資金來源隨手可得；然而相反的，經由契約委外的機構卻經常要先執行服務，再執據向政府機關請款核撥，「預先」（up front）撥付款項可說是微乎其微。即使發包者（政府機構）將付款方式及時間清楚載明於契約中，仍舊會有拖延及發生誤差的情況。因此機構必須有其他資金來源，甚至有足夠的信用貸款額度讓他們支付薪資及各項費用。

從不同的定義來看照護管理，就會附帶提到論人計酬支付費用，聯合健康照護協會（United Health Care Corporation）建議：「論人計酬支付制度（capitation）……意指針對合約保護下提供固

定規律服務的服務供給者，支付經過協商後的定額費用」（Davis,
1998, p. 53）。例如，堪薩斯州的寄養服務外包給私人單位，每名
寄養個案大約支付14,000美元養育費用，寄養初期支付一部分，餘
額在結案時付清。然而，假如孩子寄養時間很長，而且又須接受額
外的健康醫療與心理服務時，論人計酬支付費用會不足以支付個案
實際費用的成本；論人計酬支付費用同時也認為應該涵蓋行政成
本。理論上，個案的嚴重程度與寄養時間應該達到平均，而且希望
收入超過支出。此制度主要的缺點是機構本身無法自行決定何時能
結束寄養；不論孩子返家或親權中止，都得遵照法官判決，而法官
不須為機構預算是否平衡來負責。當經費是以論人計酬支付費用
時，要非常小心應由誰決定服務型態與期限，以及這些決策是如何
訂定的。

　　依照慣例，社會服務的募款機制為有償服務（fee-for-
service），服務供給者針對每個服務的單位內容加以界定，並事先
協商出一個特定的費用價格。一個服務單位價格，例如諮商一小
時、住宿型照護服務住宿一日，或送餐服務一餐，機構會定期或者
結案後造冊向政府請款。顯而易見的，維持穩定的周轉金將是一項
挑戰，而且需要有其他不受限制的資金用來支付開銷。在某些外包
合約中，有些以小時計費的特定服務，服務雖相同但支付價格卻因
服務者資歷而有所不同。例如，家庭服務機構提供面對面服務的家
族治療者，每名治療者每小時收費46美元，然而相同的家族治療者
卻只收一半的費用；另一方面，同時從事面對面服務的助理治療師
每小時卻只收費15美元（Ezell, 2002）。到了每個月底，治療師花
上幾個小時的時間（這些無法申報核銷）針對每個接受服務的家庭
編製詳細費用清單，隨後由督導確認所有的項目，再送到機構的中
央辦公室，這些所耗費的時間同樣是不能核銷的。社會工作行政主
管必須十分留意基金的流動狀況，以及契約協商時必備的文書工

作。

　　另一個影響現金周轉的重要因素是轉介機構的個案數量和頻率。有時候政府會在契約上針對個案數設定最低及最高額度，但是Ezell（2002）針對個案研究發現，雖然委外契約對於機構服務輸送類型及付費有所規定，但並沒有明確保證個案轉介數量。在最佳狀況下，個案轉介並非由個案工作者一時心血來潮所決定的，很明顯是機構的義務，在該種情況下，機構行政人員悲傷的描述著政府如何成為他們實際的案主，而不是需要服務的家庭或兒童。

　　最後，基金籌款機制、現金周轉以及轉介率等對於人事編制模式及員工發展影響極大，機構會發現轉介數量與付款的不確定性導致他們減少正式員工編制，並且發展為契約約聘員工。假如可以的話，機構更有可能提供經費給正式編制員工發展活動，而不是約聘員工。即便機構提供約聘員工發展訓練，人們也會質疑這種投資是否為明智之舉，畢竟這種個人工作者也可能與其他機構簽訂合約。在此的底限是各式各樣契約委外中，不同的籌款機制會影響機構員工的服務品質，而且事實使然。

 ## 機構的生存策略

　　前所論及的環境壓力迫使非營利機構增加基金來源使其朝向多元化，生存策略如合併與聯盟（McLaughlin, 1998），以及投入企業活動也能擴展機構資金來源。McLaughlin解釋，最佳的合併時機是在情境促使組織不得不做此選擇之前，以及兩個或更多組織有互補優勢的時候。合併意指兩個或更多法人機構變成一個非營利法人團體，此過程涉及法律變更（McLaughlin, 1998），同時是永久性的共同運作（Golensky & DeRuiter, 1999）。聯盟及協同合作維持獨

立的法人團體，但雙方共同計畫或管理或者分享資源（McLaughlin,
1998）。當兩個或更多非營利團體合併時，資金及資金來源都會增
加。Golensky與DeRuiter（1999）在針對五個小型機構合併的案例研
究中證實了這一點。合併之前，經過作者查訪，五個機構中只有兩個
機構擁有六種資金來源，新成立的機構擁有六種來源的可觀資金。

　　雖然Kettner與Martin（1996）指出，比起共同合作，非營利團
體較少依賴合併與加盟的策略，他們調查社會服務經營管理者發現
有24.4%接收其他機構、11%成立一個營利的附屬機構、8.5%與其
他非營利團體合併。對於合併與接管的結果，實證文獻相當少。
Golensky與DeRuiter（1999）針對五個小型非營利人群服務機構進
行了案例研究，以瞭解什麼是他們普遍認為成功的合併，除了提供
一張「經驗教訓」的清單之外，他們的結論是新的合作會成為「應
付政府機構的一股力量」（p. 151），而且沒有合併，一個或更多
的非營利團體可能就此倒閉。

　　既然「非營利團體很少能從捐款得到大部分的收入」
（Weisbrod, 1988, p. 107），許多非營利團體忙於參加一項或多項
企業活動，別於那些被認為是理所當然的免稅活動。Weisbrod發
現，當政府減少人群服務組織的經費支出時，非營利團體會增辦商
業活動（1988, p. 111）；甚至機構許多方案可能會因此中斷，但有
些可能不至於如此，例如協助難以取得服務或受壓迫個案之方案。
在企業界，賠錢商品通常很快下架停止販售，但是非營利團體有其
使命及／或是宗旨，他們經常會頑強地奮鬥不懈努力，以物品銷售
或其他商業活動來籌措財源，確保這些方案能夠維持服務且讓經費
收支平衡。以物品銷售增加財源的另一優點是，這些資金通常不受
限制，可以運用在不同的計畫，及各種名目的費用支出（Adams &
Perlmutter, 1991）。

　　投入商業活動所可能產生的一個負面影響，或Adams與

Perlmutter（1991）所稱的「冒險事業」（venturing），就是非營利團體所做的事情與營利機構相同，而且為了營利雙方處在競爭關係中，產生Lewis所謂的「行業模糊」（sectoral ambiguity）（1998, p. 135）；同時也因為這種競爭形勢而導致政治上的反彈（Weisbrod, 1988; Ezell & Wiggs, 1989; Coble, 1999）。此外，Adams與Perlmutter（1991）研究顯示，那些擁有強勢行政基礎的機構，在投入商業冒險事業時比起其他機構有更完善的準備。他們也根據研究對冒險事業可能衍生的負面影響提出告誡，例如偏離宗旨，以及明顯減少窮人服務。

 # 基金來源多元化

非營利團體用來平衡預算，甚至有結餘的基金來源有數十種，本章節試著列出其中一部分，雖然著重在現金資源，行政管理者不應該忘記實物──非現金的基金以及其他成本分擔安排。機構經常占用捐贈或降低成本的空間，殊不知志願服務人員或借調員工就如同捐贈或借來的設備一樣珍貴。許多基金贊助者會要求機構對他們的捐助與契約提供配套措施，範圍從「現金」到實物都有可能（亦即成本分攤）。例如，實物的專款指定用於現職員工的全部或部分薪資與津貼，或機構分攤共同計畫的經費，端視捐款者的特定規則而定。

表11-1列出許多基金來源的類別，本表雖無法全面徹底一一列舉，但對於有意進行基金多元化的行政管理者而言將有所助益。

就如同Gronbjerg（1993）在第三章所說明的，部分類型的基金比起其他類型更令人嚮往。很顯然的，在此所提供的看法應該依照各機構的特定情況去解讀，但相對而言被視為普遍的指引。幾乎是不言而喻的，那些提供大量捐助而且機構相對投入較少就能獲得基金的贊助者，比起相反情況者，這當然是個較優的目標。

表11-1　多元的基金來源

類別	來源
公共機構	捐助 契約外包
私人機構	企業資助與捐贈 基金會捐助 聯合施予 教會捐贈 民間組織
個人（非顧客）	捐贈 應付款 遺贈 基金捐贈 資本捐助
顧客	付費 共同支付額 保險
募款機制	特定事件 商業活動（亦即服務產品的販售，租賃收益等） 投資

　　知名且公認為明確之基金捐助流程，同時具備責信的特定服務領域機構，其基金來源較普遍；相反的，當基金捐助者不熟悉機構服務領域，可能會帶來不可知的複雜度。可預期與確保持續捐款的基金捐助者通常也較受歡迎。Gronbjerg（1998）舉例表示，許多因特定事件而舉辦的戶外募款活動，可能因為天氣等不確定因素而影響了總收入；另一方面，過去聯合勸募的持續捐款是比較能預見的（p. 57）。雖然基金多元化被認為較可取，卻也增加了管理與責信的複雜度，以及必須維護的交換關係。

　　不受限制或限制少的基金通常比那些限制多或狹隘的基金更受歡迎，例如當機構販售物品或服務，或取得租賃收益與創造收入時，很少有附加條件，基金盈餘或將捐款存款取息也是如此。然而，個人捐款在某種程度上經常會附帶一些使用限制條件，在此情況下機構

應審慎考慮其他的來源。舉幾個例子來說，愈來愈多的捐款者禁止特定的方案活動、服務個案的類型、員工的資歷、資訊收集及績效期望等，使得管理成本更大也更複雜。

 # 管理議題

本章已提供管理者在考量機構基金來源多元化時一般性的思考議題，本節將討論更多有助於處理基金多元化來源的特定管理及會計實務。

管理實務

首先，管理者必須非常熟悉所有相關計畫及會計責信規定與報告的截止時間，還有特定捐款者所許可的管理自主權。例如捐款者在提供基金之前普遍會先核准預算，同時授予管理自主權，可以從某一預算項目挪用一定比率（通常是10%）到尚未核准的項目上。

第二，機構應將所有年度預算轉換為每月預算（至少），並且決定一整年的現金需求量是多少，以便支付員工薪資及其他開銷，我們稱之為「機構經費流量」（agency expense flow），而且在擬訂規劃經費時應該寬裕些。如果只是單純的將全年預算分成十二份是沒有什麼作用的，必須列出精確的項目，例如房租與全職員工的薪資，但其他花費須更進一步分析以確認何時會出現。另外，還需要製作現金支出的時間表，包含從每個收入來源支出的時間及額度。製作現金流量預測應以保守方式，謹慎比較現金流量是否會低於經費流量。因應特定計畫偶發狀況所需支付的額外，現金，例如確保當地銀行的信用額度，以及／或釐清借貸時董事會採取的政策，同

時減少或重新製作具體的費用時間表。

　　第三，管理者應研製和使用收支監測系統，如此一來，當收支偏離預期額度時，就能及早提供因應警訊的管理措施，這樣做一般需要具備財務套裝軟體的電腦化系統。Ezell（2000）十分詳細地敘述了一套優良的監測系統所應有的特質，監測系統的品質絕大多數端視於上述已論及之現金流量與支出流量的計畫分析品質；這些計畫中的資訊成為實際開支的基準，並與年度收入做比較。雖然收入短缺及產生預料之外的開銷不是件好消息，但總是及早知道比較好。假如及早掌握，管理者可有更高的自由度去調整；倘若在會計年度較晚的時候才確認出來，必然迅速出現劇烈的大幅調整。

　　最後，管理者應致力維持機構的使命，以及其他洞察捐款環境的機制，儘管這兩項管理活動表面上看似獨立不相關，但確實相互依賴運作。一個清晰明確的使命會左右基金的檢視程度，某些基金來源可能使機構遠離中心使命，並受到忽略（這並非意味去排除創新與改革）。Egger以下列來做總結概述：「在現今競爭的募款環境中，太多非營利機構競相追逐金錢，而非他們的使命；當他們在乞求金錢的當下，必須瞭解到他們需要做的事就是乞求改變。」（Egger & Yoon 2004, p. xvii）

　　機構的使命對於組織文化若非極為重要，機構特色將會隨著最高出價者而改變；機構通常會大量投資在員工身上，而且普遍發展出某個特定領域之專業實務技能及方法，員工無法快速地學習不同的工作方法與個案團體。誠如Peters和Waterman（1982）在他們非常著名的書籍——《追求卓越》（*In Search of Excellence*），強烈的規勸「堅持你自己的事」，藉此他們認為組織應該知道什麼是他們該堅持做的事。

　　Chetkovich與Frumkin（2003）針對美國紅十字會（American Red Cross, ARC）部門、區域中心與地方分會研究發現，募款策略

對於組織實踐組織使命的能力之影響，ARC其中一個生物醫學服務部門，在競爭市場中透過四十七個區域中心販售他們的產品，並採用廉價出清方式來換取收入；其他部門則透過一千三百個地方分會提供賑災與其他人道主義服務；這些分會的活動得到大量的捐款。作者結論表示，非營利機構將會發現當機構尋求不同類型的捐助收入時，貼近他們的使命將會更容易些，而不是來自售貨競爭的收入。

現代會計實務

會計概念與技術為不同的基金來源提供了管理工具。Mckinney（1995）表明，儘管最近已經有所轉變，非營利機構已經使用基金會計系統多年。「基金是個獨立的會計實體，具有一組自動平衡帳目的設置記錄資產、負債、基金餘額及基金餘額的變化。基金的獨特性質係指它們反映了捐款者的期望與限制，或是組織管理階層的企圖。」（National Health Council and the National Assembly of National Voluntary Health and Social Welfare Organizations, 1998. 11）基金是資產的組合，例如委外契約、資助、捐贈以及餽贈。非營利機構區分基金的方式，必須依照捐款者或機構預期之目的加以限定使用。

當機構取得政府委外服務合約，收入來自合約構成的基金，而且經費受到限制，僅能使用在已經達成協議的方案或服務上。如果機構所執行的每個方案都有一個特定來源的限定用途基金，其預算摘要可能如**表11-2**之案例A。橫座標是不同的收入來源，分成兩類：受限制與不受限制基金；不受限制基金可能是機構的一般性捐款，捐款者並沒有指定捐款之特定用途。

因為經常有這種狀況是方案訂定的合約無法支付機構執行方案合約協議之服務輸送時衍生的所有成本，而必須增補經費；例如政

表11-2　須算受限制與不受限制的範例

	收入					
	受限制基金			不受限制基金		
	基金A	基金B	基金C	基金X	基金Y	基金Z
開支						
案例A 具有多項方案且各有其受限制基金來源之機構						
方案1	xxx,xxx	0	0	-	-	-
方案2	0	xxx,xxx	0	-	-	-
方案3	0	0	xxx,xxx	-	-	-
案例B 具有多項方案使用受限制與不受限制基金之機構						
方案4	xxx,xxx	0	0	xx,xxx	0	0
方案5	0	xxx,xxx	0	x,xxx	x,xxx	x,xxx
方案6	0	0	xxx,xxx	0	xx,xxx	0
案例C 使用受限制與不受限制基金之費用功能性報告						
方案服務						
方案7	xxx,xxx	-	-	-	-	-
方案8	-	xx,xxx	-	-	-	-
方案9	-	-	x,xxx,xxx	-	-	-
支持服務						
管理及一般例行支出	xx,xxx	-	-	-	xx,xxx	-
募款	-	-	-	xx,xxx	-	xx,xxx

府委外合約可能在行政成本上的經費補助占較低比率。案例B顯示假設性預算在這些情況下可能的樣貌。方案4經費收入來自受限制的基金A與不受限制的基金X，方案5與6模式類似。不受限制基金可能來自例如租賃收入以及／或是案主付費，在此所討論的重點與基金會計有關，有助於基金來源多元化的管理實務。

　　其他會計實務建議以功能分類記載費用（National Health Council and the National Assembly of National Voluntary Health and Social Welfare Organization, 1998），兩個經常使用的主要分類為方案服務與支持服務。國民健康局（National Health Council）明確表示：「開銷的功能性報告……需要組織依據重要目標—亦即方案、管理與一般概況，以及募款等整合特定活動的開銷。」（p. 66）再者，例如因為不同來源收入可能限定只能使用在方案服務的政策，

其他來源收入勢必用來支付募款與管理及一般例行支出。

表11-2案例C顯示，同時使用基金會計（橫座標）與費用功能性報告（縱座標）之預算，在此假設性案例中受限制基金A只能使用在方案7以及其他管理費用，而且還必須由不受限制基金Y來補充；基金B與C的捐助者不同意支付管理或募款費用，因此只好從不受限的制基金X、Y以及Z來撥付。

 **結論**

在現代政策與募款的環境裡，非營利機構必須尋求基金多元化已是現實上的法則，有效能的非營利機構管理者對此環境具有深入豐富的知識，且保持高度適當的應變技巧與發展趨勢，因此他們的機構才得以籌募不同來源經費以達成使命。評估可取得之相關基金來源需要相當豐富的技巧，以衡量基金取得之必要成本。

針對進行基金多元化的機構，本章提供一些實務工作上可避免麻煩的必要具體管理建議，包括從費用支出流量到現金流量的製作與比較，能夠及早提供警訊的費用支出與收入的監控系統，最後是業務執行時基金的審查整合；同時也提及有用的基金會計實務以及費用支出的功能性報告。

誠如Gronbjerg如此貼心的提醒我們：

> 每個個別的基金來源顯露出非營利機構會有一連串持續的策略性機會與偶發事件，非營利機構的行政管理者──假如想要永續經營──必須有效的掌控管理這些機會與偶發事件，而且必須瞭解他們之間是如何整合與互相影響的。（1993, p. 23）

第十二章

從政策面到實行面：服務管理者在實務中的角色

Wendy Rose, Jane Aldgate & Julie Barnes

❖ 前言

❖ 高層的理性官僚觀點

❖ 實際狀況是混亂而複雜的

❖ 政策流程

❖ 服務管理者對政策實行的影響

❖ 服務管理者在政策實行上的展望

❖ 評估弱勢兒童及其家庭的全國性架構

❖ 評量架構的政策背景

❖ **Browning Forest機構：個案研究**

❖ 等待果陀：2000年3月

❖ 暴風雨：2001年1月

❖ 任務完成：2002年5月

❖ 好好服務兒童及其家庭：
　　2002年11月

❖ 討論

❖ 結論

 前言

「我們由衷地希望能在公共服務上達到重大的改革。」

「我們的目標是為了改善國內兒童、青年以及他們家庭的生活。」

「我們的願景是要讓每位兒童和青年都能充分地發揮他們的潛力。」

　　這些耳熟能詳的宣言常是現今各國元首們常常呼籲的口號，而這些口號總是輕易地獲得很高的民意支持率，甚至跨越黨派的贊同。但要做到這些所謂的「改革」之前，我們必須先瞭解改革背後的「初衷」，但是要瞭解這些「初衷」卻是非常困難的。如果新政策實施成功將會被視為政府的一項功績，然而政策有時候是不容易實行的，即便如此，這還是對促成政策方向的一致性有相當的幫助。究竟是什麼幫助或阻礙了政策的實行？這個問題不僅對政府官員和制訂政策者愈來愈重要，對於期待受惠於政策改變和相信政府效率的公民而言也是愈趨重要的。

　　在本章我們將探討政策制訂者對政策實行面的觀點，接著將檢視政策如何轉化為實際行動的過程。英國一個案例說明了地方兒福權威機構是如何執行政策，以及究竟是哪些因素會影響政策執行。本章結論發現，第一線社工執行人員和中間主管的重要性遠遠被低估了，而他們在制訂政策和執行政策上的參與度，可否對身為公民的我們帶來所期望的社會福利和落實公共服務是息息相關的。

高層的理性官僚觀點

「現在必須要落實我們共同的願景和承諾。」（HM Government, 2004, p. 2）

　　這群必須對全英格蘭兒童、青年和家庭負責統籌公共服務方案的十六位部長們如此自信滿滿地宣示，在標榜著「每個孩子都是寶貝」口號下，導入了一項呼應2004年新兒童法（Children Act 2004）的地方改革方案。這個野心勃勃、將全面改革計畫目標訂在改善全英格蘭兒童的成效（outcome）以及「縮小正常發展和發展遲緩的兒童之間的差距」（HM Government, 2004, p. 4）。五種成效定義爲「健康、安全、成就感、正面的貢獻和達到經濟的富足」（p. 4）。正如第九章所說的，這些和蘇格蘭政府所說對成效也得到跨越黨派的支持，定義相當類似（Scottish Executive, 2005）。

　　目前的英格蘭和蘇格蘭都是採用委外的服務仲介機構來實行這些政策。這可當作從理性科層的角度來看英美政府如何落實政策改革的例子（Rein, 1983）。在政策制訂者的觀念裡，這種做法常被視爲從中央政府到前線地方單位實行公共服務的一種最理想、統一、程序化而沒有漏洞的流程，也期望因此能夠達到預期的改善。

　　當政策目標有廣大的民意背書時，政策實行的過程當然不只一種方式。當地政府人員以及公共服務機關的高層管理者——這群實際負責施行新政策以及使政策運作的人，他們當然不會認爲自己只是個被動的實行者。他們企圖影響社工行政人員來確保政令的可行性，以及施行政令的資金是否充裕，還有從機構的立場來看待如何實際有效地落實政令。他們執行時會採用許多不同的方法，例如透

過專業公會的遊說、透過諮詢階段和資源協商的意見回饋。因此，如果政令本身邏輯上有比較弱的地方，或是政策目標和策略不夠明確時，高層管理者與社工行政人員之間就容易發生一些緊張衝突（Gummer, 1990）。同樣地，假如資深經理對實行某些政令上的種種改變和進度規劃的可行性存疑時，也很容易引起衝突，特別是必須背負確保執行力的責任。這種不和諧的衝突提供給想要提高地方施政評比的現代政府一個重要的省思方向（請參閱第三章）。

因此，我們可以看到一種上行下效（top-down）的情況：立法新政策如何推動社會福利，又能達到期望中的政策改革，以及如何持續地將政策制訂者的想法滲透到地方政府裡。然而，自1980年代中期後，英國負責兒童福利改革的政策制訂小組，體認到公部門的複雜性和難度。在觸及處理問題的協議和要引進的政策改革之時，英格蘭和蘇格蘭在政策設計上採用了研究小組的觀點，以及兒童和其家庭的實際經驗。事實上，政策實行需要與政策發展流程進行相互整合，並且強調審批規劃、審慎準備和資源規劃的必要性。1989年11月，英國女王御准了「1989兒童法案」（Children Act 1989），那時宣布組成施行小組（Implementation Group, JAFIG），提出一個聯合行動（Joint Action），由政府的國家委員會和其他利益團體一起提出計畫，共同監督接下來兩年新法的施行情況。

在英格蘭之後的種種新政策提案上，也都特別強調要加強中央行政人員的政策實行度，好比「兒童照護」（Looking After Children）：如何當好父母（Good Parenting）、「為1995年創造好成效」（Good Outcomes in 1995）。此政策目標是為了改善兒童的安置照顧（out-of-home care），以及導入2000年弱勢兒童及其家庭的「全國性評量架構」（National Assessment Framework），我們將在下一節繼續討論這個案例（Ward, 1995; Jones et al., 1998; Rose, 2002; Cleaver, Walker & Meadows, 2004）。當要評估這些方

案時，我們體認到了政策本身複雜性的挑戰，即所謂「棘手議題」（wicked issues）（Clarke & Stewart, 2003），就是指在變動的環境下需要進行改革，但又存在著工作文化上的阻撓（在此引述案例中某位資深經理所說，「就好像你正在推動一艘遊艇，你不能說想要它迴轉就能馬上迴轉」）。於是衍生了一個較有溝通和協商空間的執行模式，雖然基本上它依舊是一種上行下效的模式。本章後面對此將有更多詳盡的說明：中央政策如何透過層層關卡到地方服務機關來執行，中間還包括了種種意外的波折，以及政策發展的意涵。

 ## 實際狀況是混亂而複雜的

　　原本目標和設計明確的政策，是如何從中央政府政策制訂者手中變成地方政府或社福機構的責任，好比健康保險？當其他人並未按照原本的政策本意所期望的去實行時，政策改革制訂者常常一臉不滿和困惑，因為如此做似乎辜負了他們當初立法的美意。這樣的問題常以「翻譯錯誤」（faulty translations）（Rein, 1983, p. 69）、拒絕改變、缺乏地方管理階層的承諾、實行者的能力不足之類的理由來進行解釋。人們爭議的是政策本身是好的，但最後該解決的問題並沒有解決，渴望的改變也沒有發生，或者執行速度太過緩慢，改善不到原本期望的程度，甚至最後的結果也沒有變好。難怪政策考試註解道：

　　　　「白宮偉大的期望被摧毀在奧克蘭州」或「中央聯邦政策竟能
　　　　奏效真是奇蹟」。這是從兩位主張在期望落空下建立道德的
　　　　觀察者口中說出的一段關於經濟發展管理的傳說（Pressman &
　　　　Wildavsky, 1973）。

然而，即便是初期看來最無法控制的問題，或是發現實現立法初衷的資源嚴重缺乏，但最後期望的改革確實辦到了。英格蘭在過去五十年來，受安置照顧成長的兒童比率已經大幅下降，並且英國寄養家庭已成為那些無法在自己家庭長大的兒童們的另一選擇。1948年的兒童法案即便沒有持續一貫地推動，在兒童福利的領域裡，已算是有得到中央支持的重要例子了。在美國也有政策推動改變的例子。對於聯邦立法資金不足的憂慮（協助收養機制和1980年兒童福利法案），並沒有阻礙美國對於服務輸送實行永久計畫的理念和方法（Maluccio, Fein & Olmstead, 1986）。

另一個例子來自英國，英國已經有明確的政策驅使力，兒童與父母參與重要的兒童福利政策決議過程，它對兒童的生活有了直接影響，並且增強了1989年英格蘭和威爾斯兒童法案、1995年蘇格蘭兒童法案、1995北愛爾蘭兒童政令（請參閱Hill & Aldgate, 1996）與）的原則。根據Aldgate和Statham記錄的二十四個1989年英格蘭和威爾斯兒童法案實施紀錄的個案顯示，雖然還需要繼續努力，但在兒童與雙親參與上已經有很大的改善了（Department of Health, 2001a）。

這樣引發了一個問題：為什麼有些政策最初的立意成功了，有些則不；或有些政策則是「無心插柳，柳成蔭」。探索這些政策初衷的實踐過程，對於立法單位、執行政策和審核績效的公家服務單位是異常重要的。

 政策流程

來自大西洋兩岸的英美政策分析家對政策過程發展理論和相關知識有絕對的影響力。從他們的著作中，Sabatier和Mazmanian

（1979）結論出幾個政策實行成功的條件：政策必須有明確的目標，建立良好的基礎，以代辦機構有技巧的管理領導進行適當規劃，中央給予全力支持，而不能任由其他天外飛來一筆的政令擾亂了次序。然而，就算這些條件都滿足了，這仍只是假定負責政策實行的人員和單位都在完全理性狀態的控制下，和假定政策在完全沒有變動的環境以及毫無任何人為政治因素的環境下執行的（Barrett & Fudge, 1981, p. 18）。而現實世界中，公共福利機構可是混亂又難以預測得多了。

　　Hill提出個案研究（引述Barrett & Fudge, 1981, p. viii）讓我們得以檢視政策執行過程中的變化以及環境上帶來的衝擊所造成雙方交互作用的因素。Pinkerton和他的同事們強調了「詳細計畫並且分析這些互動」的重要性（Pinkerton, Higgins & Devine, 2000, p. 17）。英國自1997年新工黨執政以來，出現了過多的公共政策活動、議程及政策立意（initiatives）。英格蘭政府已經委託國家級研究單位進行評估新法案的成效，好比「品質的維護」和「起跑點平等」（請參閱Coote, Allen & Woodhead, 2004; Tunstill et al., 2005），和更多的兒童信託、課後輔導和兒童中心。雖然有許多熱切的活動和野心已然發起，然而當代兒童福利政策執行的個案紀錄仍是偏少的。

服務管理者對政策實行的影響

　　考量服務管理者所扮演的角色對政策的成功或執行的影響力，往往會跟著討論到關於「如何管理『變化』」，以及如何達到現代化及改善有效領導的重要性（請參閱Carnochan & Austin, 2002; Martin, 2003a; Rogers & Reynolds, 2003b; Schmid, 2004）。Martin（2003a, p. 248）提到，管理「變化」是公共服務管理者的主要角

色，因為政策「變動」反映了民意和人民的需求，而且政策的「變動」發自於政策執行的直接經驗和政策使用者的評量。Rogers和Reynolds（2003b, p. 85）證實這樣的結果：「管理者和基層社工總是同時在不同的程度上做事」，以盡力做出更多的改變和變化，Schmid（2004）也同意他們必須更加主動和有反應地影響變化的導入。

 ## 服務管理者在政策實行上的展望

有兩個個案提供了從兒童服務管理者的角度來看政策實行的流程：Brown 和他的同事們（1998）針對九個英格蘭和威爾斯的兒童住宿型機構進行了其結構和文化的研究，以期得知什麼是「好的寄養家庭」所具備的特徵，以及分辨究竟什麼才是真的對弱勢兒童有幫助的？這種模式也被應用在Bazemore和Gorsuch在佛羅里達的住宿型機構（請參閱Brown et al., 1998）。

英國的研究指出，使三種不同目標達到一致性的重要性：社會目標（societal goals）是關於立法面上的（請參照1989兒童法案）；正式目標（formal goals）是在講兒童服務管理者把上述的社會目標應用在地方政策決定和政策流程裡；信念目標（belief goals）則暗示了管理者和其職員們的價值觀念。

這三種目標一致性的程度與兒童的家庭環境能否持續改善密切相關。服務管理者在研擬地方手續時，將會與中央立法、規章、綱領保持一致性，然後秉持著對中央和地方目標的承諾，藉由他們的行為和溝通來做示範。高度的一致性創造了執行人員間健康的工作文化，這對兒童寄養家庭的文化、生活品質改善和達成目標產生正面的影響。但當這種一致性產生某種程度的不協調時，相反的效果

也應然而生。

　　這項研究為「如何檢視政策執行上的流程」以及對「瞭解服務管理者的職掌」提供了有用的一個架構，這也呼應了在其他文獻上有關於「管理變化」的主題（請參閱Jones, Aguirre, & Calderone, 2004），好比成功轉型的公司需要在企業文化、價值觀、人、行為以及良好的策略上有一致性。這個概念架構Lynne Healy和Barbara Pine在本書第四章有關社工管理的倫理主題上已經討論過。

　　第二個重要的研究是由Cleaver和其同事們（2004）檢驗早期英格蘭和威爾斯評量架構（Assessment Framework）的實行，請參照本章關於這個案例作者的其他著作。Cleaver和同事們檢視了二十四個英格蘭地方機構如何評估弱勢兒童和他們的家庭背景，然後為他們提供實務範疇的考核及影響度的新標準。這項個案研究同樣也在威爾斯重複出現。這項研究揭發了一種混合現象，這個混合現象是關於一般新政策怎樣導入、低估了意外的變化和不連貫的政策，又會如何影響政策實行的早期階段。Cleaver等人評論了壓倒性的環境所帶來的衝擊，在此環境中他們引述了這些變化，但以樂觀的口吻做總結：

　　　在從事此研究的當時，大部分的議會都吵著招募和保持人力的問題，因此發生數不清的人事組織變化，加上資訊科技未普及，還得應付政府考績評量的議程需求。然而儘管在此混亂的背景下，仍有些議會能在實行審核框架下有所進步（2004, pp. 265-266）。

　　Cleaver（2004, pp. 266-268）等人研究發現，成功的政策實行有幾個重要特徵，包括一些管理者在流程中角色的發現：

　　1.初期領導能力是很重要的，因此在機構和跨部會（interagency）

層級上需要高階的管理承諾。

2.需要有高階管理者配合當地兒童服務策略的認知。

3.跨部會的執行團隊應具有一定程度的年資和影響力。

4.最好有一個專案管理者來分工，負責計畫、協調、推廣執行的流程。

5.管理者和執行人員有著不同程度的知識、技巧和能力提供相關訓練的需求。

6.管理者和指導人員面對執行人員之前應該要接受過充分的專業訓練，以便有充分的知識和自信來支援執行人員執行新法令。

7.承認執行系統的關鍵部分是能夠辨識並且應用所需的資源，就好像錄音和資訊科技數位設備，還有訓練、監督和提供施行指導。

什麼是成功實行政策的關鍵（這呼應了Sabatier和Mazmanian所建議的，1979），與此個案研究提到的當地地方權威機構的專業經驗息息相關，本章稍後會再做討論。

 ## 評估弱勢兒童及其家庭的全國性架構

Cleaver（2004）等人與本書的兩位作者Rose和Barnes從事了一項自2000年開始為期兩年，檢視施行評量架構的流程。在那時，國家政策發展（national policy development）已經上路兩年了。2000年4月，英格蘭和威爾斯政府針對評估弱勢兒童和其家庭狀況宣布了指導原則，這項舉動須由一百五十個英格蘭地方機構自2001年起負責執行兒福法令（Department of Health et al., 2000）。而威爾斯

地區則在隔年跟進。

　　這項指導原則的目的是為了能達到更持續而有組織的方法，以評估弱勢兒童的需要，並且確保兒童福利服務能有效且即時地向弱勢兒童伸出援手，如此一來，政府設定的兒童社會服務目標就能夠達成（Department of Health, 1999）。一個用來評估弱勢兒童及其家庭的概念性架構因此勾勒了出來，不同種類和程度的評鑑也訂出了明確的標準，並且連時間進度表也都訂了出來（Rose, 2001）。在此同時，一套進度紀錄的表格也跟著發表出來以便讓地方代辦機構當做執行範例，期望能幫助他們發展或改善記錄系統（Department of Health & Cleaver, 2000）。這項指導原則體認到要施行此評量架構需要對兒童福利政策、手續和執行、跨部會之計畫大幅度地做檢討（請參閱Department of Health et al., 2000）。為了進行此一評量和從事種種需求的評估，現行機構很可能需要一個全面性檢討並且配合時間進度表，以便因應政府對社會關懷服務在績效管理上的定期考核。

 ## 評量架構的政策背景

　　評量架構的政策背景不是憑空出現的。為了改善弱勢兒童的社會服務，評量架構的根源其來有自，它已經吸引了二十多年來政策上的關切，並且歷經多次政府的改朝換代，請參閱上一章提到的1989年兒童法案。在那個時候，英國的大法官（Lord Chancellor）曾經形容在英國立法上呈現了「自有國會以來，關懷兒童相關法律上最為廣泛、影響深遠的一次改革」（Hansard, 1988）。經歷了整個90年代，1989年兒童法案從政策立意的初衷終於轉化成具體行動。

　　根據1989年兒童法案原則成立的評量架構，對政策執行的流程有著意義重大的貢獻。在強調太多兒童被兒童保護系統過濾掉了的聲浪中，再加上強調立法人員未注意到弱勢兒童和他們的家庭在需要幫助之時，並沒有及時得到應有的社會服務，於是採用一種發展途徑來進行評估（Rose, 2002）。不論政策施行人員的工作是負責兒童還是他們的家庭，根據2000年的指導原則是要求全面蒐集並分析弱勢兒童身上的種種訊息，並且根據以下幾點來進行評估：

1.兒童發展需求。
2.父母或照護者對兒童需求的反應能力。
3.廣泛的家族影響力，包括家族史，以及雙親和兒童雙方的環境因素。

　　政策制訂者相信，評量架構的改善會為沒有社會服務支援、發展可能受創的弱勢兒童打下有效規劃及介入的基礎；同時在美國也有類似的討論聲浪（請參閱Framework of Needs and Resource for Family and Child Well-Being in Maluccio et al., 2002, p. 8）。

　　評量架構的發展有幾個不常見的特徵。早期由政府領導、由跨部會機構及專業人士和學術界所組成的工作團體，標誌了高度的協作參與。國家諮詢是建立在純粹提供諮詢的精神上，也深深影響了綱領的最後制訂。政策實行上需要謹慎的考量，對地方機構而言，政策實行還須經歷政策發展的階段。廣泛的資源和實務訓練教材提供給中央參考使用，而全國性的活動以及支援則由地區性發展的工作人員提供給地方機構使用。在前一個政府的指導原則下，包括有效支援評估弱勢兒童的組織安排（Department of Health et al., 2000），這強調了政策實行上的議題，協助機構在一年內準備好因應這個評量架構。然而這個需求是很迫切的，而且監督是否有確實遵行，政策實行的方案流程是透明的，兒福機構對政策提議有相當

程度的支援。問題是，對地方弱勢兒童及其家庭要如何將中央政策
轉化爲實際行動？

Browning Forest機構：個案研究

　　Browning Forest是一間負責社會服務的小型機構，在研究進行
時它還是1997年由英格蘭某大縣市機構改組所設立的。既然本書的
兩位作者Rose和Aldgate已經在評量架構的概念發展上扮演重要角
色，更想要藉此機會詳細深入的研究在政策實行流程上究竟發生了
什麼事。在此個案研究的方法論上，他們選擇了只能問「如何」以
及「爲什麼」的問題，藉此來探討究竟在什麼脈絡情境下會和政策
執行與結果最有關聯，以及什麼發展是基於本身的興趣（Cheetham
et al., 1992; Yin, 1994; Naumes & Naumes, 1999）。

　　Browning Forest的資深兒童服務管理者慷慨地歡迎研究人員
（Rose和Barnes）對他們進行研究和記錄，允許機構裡每個層級的
社工與研究人員進行密切接觸，提供文件和個案紀錄，並且讓研究
人員可以與其他機構保健人員和志工聯繫上。2000至2002年之間有
三個重要時期，包括面試新進員工、閱讀資料和觀察兒童服務運作
的情況，這是沿用類似Wigfall和Moss（2001）研究多重兒童關懷
機構網的方法。這樣的方式建立了兒福機構人員與研究者之間的信
任；也意味著，研究者要小心地踩在介於變成社工發洩抱怨工作的
吸音板、避免過度意識管理者是擁護改革者之間的道路上，並且保
持中立的觀點來做資料蒐集和分析，同時也能適時的對代辦機構的
進度提供一些參考意見（請參閱1979年Bosk探討兩難的問題）。

　　環境因素影響了2000年時Browning Forest新綱領評估架構的就
緒狀態，因爲Browning Forest在2000年時還是新成立的小型機構。

三年前縣政府交接責任到Browning Forest時狀況並不順利，曾經一度引發政治關係的緊張，而且從育嬰中心交接過來的資源和服務品質不佳。之前的社會服務機構內部分裂成「成人服務組」和「兒童服務組」，而且「兒童服務組」被合併到「教育組」和其他兒童家庭服務機構一起管理。新的高階管理者被指派管理「兒童服務組」，他們接手了一項先前被許多人視為縣裡的「問題兒童」的領域，並且也視這份工作為一項非常刺激的挑戰。

有些先前從縣政府機構留下來的遺產對高階管理者並沒有多大益處。有一次政府催促議會定睛在兒童家庭服務以及注入更多的家庭援助，縣政府的社會福利則持續被形容為「低風險、高收費介入的文化」上，兒童的社會關懷服務在一種「懲罰式的文化」下運行。因此Browning Forest的第一年（1997至1998年），法規介入來保護兒童的比率高於全英格蘭的平均值，申請家庭保護的弱勢兒童比率數字為：每千人中有4.61人，而全國統計則是2.9人。當地人口每萬人中有六十二位兒童由非原生家庭養育，而全國平均數則是四十七位；而在兒童法規規定下接受照顧的比許是79%，全國平均則是65%。在許多領域裡此社工機構仍算是新手。

最近有一股關於地方政治人物和服務管理者們的新趨勢，例如有一堆案子卻沒有分配適合的社工來照顧申請保護的弱勢兒童或寄養兒童。除此之外，有很大比例需要照顧的兒童卻被安置在地理區域上太過遙遠的地點，而不是安置在住宅區，或在非地方機構下的領養安排。以兒童福利的角度來看，這不僅僅不是個令人滿意的安排，並且所費不貲，對兒童社會服務的預算造成壓力；同時，還在法庭訴訟中弱勢兒童的父母親，他們會主動來遊說替孩子爭取更好的照顧；最後還有發展不均衡的社區資源應該如何用來支援弱勢兒童和其家庭，這些因素都將代辦機構捲入了愈來愈多的預算和法規的介入。

　　管理團隊同意了1998至1999年的主要策略，是藉著做好當地家庭安置分配以阻止高升的預算，把弱勢兒童從昂貴的安置地區帶回本地，並繼續維持與原生家庭的聯繫，給予弱勢兒童家庭直接的援助。經由機構專業的文化和運作來應付前線，是為此策略的一部分：

1. 重組社工團隊以應對變化中的焦點。
2. 重要管理團隊的人事變動。
3. 轉介和評估相關的新政策和手續。

　　後者將會強調更好的風險管理，在專業實務上更有一致性，以及與弱勢兒童的父母建立夥伴關係。1998年宣布了一項全國性評估弱勢兒童及其家庭的新架構，這對Browning Forest機構真是一場適切的及時雨。許多高階管理團隊應衛生部政策制訂者受邀參加一個全國性的工作團體，並以專家身分一起參與制訂這個新評量架構，而Browning Forest的管理者們就曾經提到過，他們希望自己能比政府規定的時間表還提早一年實施此一新架構。

　　在這段被Browning Forest高階管理者形容為滅火階段的時期，為了改善兒童及其家庭仍有許多議會等級服務的提議正在進行中。跨機構（multi-agency）合作方式是近年來機構的主要特徵，雖然這個方式常被認為只有在高風險下才會運作得好，而在早期介入階段，對兒童及其家庭而言運作卻不那麼被看好。這是因為跨機構運作常被詬病為「拼湊而缺乏協調」。跨多重權威機構組織網建議，這些機構應將自己的角色想辦法從提供「事後補救」提升到可以「事前防範」，並且不會忽視繼續提供服務給未能納入網絡中的這些弱勢家庭。

　　這些背景因素的相互作用在2000年施行評量架構的流程上扮演了重要角色。

 # 等待果陀：2000年3月

2000年初期，Browning Forest內部充斥著對評量架構期待又興奮的氣氛。一群改組的社工團隊已經開始對新版的「弱勢兒童及其家庭需求評估標準」有所回應，新的評估手續也反映了早期全國性評量架構的想法。因此，負責執行的兩個團隊已經準備好：第一組團隊是對內行政的，負責廣泛的機構職責，多為行政和財務人員（這一組沒有社工，因為他們分別代表了兩組不同團隊），執掌評估流程應該如何進行，並負責研擬執行計畫；第二組人員則是跨機構組成，擔任跨部會的對應窗口以及負責籌劃人員訓練的策略，並提供資訊給各代辦機構下的弱勢兒童、雙親或其照護者。人員訓練策略是在1999年9月完成的，是要幫助執行人員熟悉評量架構的立意和運作方式。這相當值得注意，因為這是自機構設立以來第一個專為兒童服務的連續計畫，而且於2000年1至3月間由多個代辦機構一起聯手運作的。因此Cleaver等人（2004）認為這是政策實行成功的因素。

上述訓練課程激勵了工作人員，這項專業訓練讓他們重獲工作熱情，正如以下一位團隊管理者所評論的：

> 「這個訓練真是太棒了！我藉由這個機會從實務操作面來反省，而不用老是盯著表格和程序表單看。」

他們也期望這個評量架構真能替弱勢兒童及其家庭帶來幫助。其實工作人員抱持著不同的看法：有人認為這項評量架構將會帶來深遠而正面的影響，只要以不同的方式實施即可；但也有人認為這不過是個舊把戲；最後也有人認為這項措施巧妙融合了新、舊及不

同的取向：

> 「這不只是個清單，更是一種進行評估的新概念。」（團隊管理者）

> 「這是個驚人的重大改變！我們都是推動這項合作關係的螺絲釘，而不再只是小小傳聲筒了。我們可以在家庭中找到力量的。」（資深護士）

> 「這個評量架構並不創新，它只不過是用另一種方式去做記錄，或用另一種不同的架構下去記錄罷了。」（社工）

> 「我真的很喜歡這個評量架構。這正是我們所要做的，而且我相信它會帶我們往前走。這個新的領域將會牽涉到情緒和行為的發展，還有綜合環境和社會方面的考量。我們需要時間去觀察和考量情緒溫度、如何引導、畫出界線和如何引發刺激。」（社工）

　　他們主要的擔憂在於一些現實面：不知道Browning Forest是否有足夠的能力順利施行此評量架構，工作人員又是如何參與計畫，以及他們是否能得到即時的資源以便推行政策改革。資深管理者表示，因為政府衛生部的指導原則和配合教材（accompanying materials）發行的進度延遲了，導致他們原先希望的「提早計畫」嚴重受挫。他們在1999年11月的施行計畫書上提到發現了以下風險：

1. 人員短缺。
2. 政府指導綱領最終版本的草稿中提到可能的種種變動和變化。
3. 衛生部文件的延誤。
4. 沒有清楚說明主要評估項目（core assessments）的可行性。

5.殘障兒童應如何申請評估以及其流程。

6.學習使用新的資訊科技系統會對管理者和職員造成壓力。

一套新研發的電腦系統將用來支援新的手續和工具，包括跨機構裁決用的表單，但也擔憂這套系統在政府綱領宣布前無法完成。舊制系統改革後的新表單已經開始使用，並對工作量產生影響。

2000年3月，政府面臨了一連串的檢討和改變（如果不是事先計畫好就是被迫的）。特別是當教育標準局（Office for Standards in Education, OFSTED）對地方教育服務進行抽檢的時候，就弱勢兒童服務的領域而言，清單上的項目看來似乎太嚴苛了。弱勢兒童服務還得應付許多甚至過多的中央政府議題和要求，例如弱勢兒童人口普查（Children in Need Census），並且還要在很有限的時間內準備好「品質維護管理行動企劃書」（Quality Protects Management Action Plan）。管理者在這個時刻會相當擔心人力的相關問題，包括哪些為重要的職缺、長期病假準則，還有人力招募的困難。雖然逐漸形成一種共識，更有創意的運用來自不同背景和資格的員工，但這樣的期望卻讓工作人員感到更大的壓力，也因此對社工團隊造成了嚴重影響。那些曾經被服務管理者視為可大為強化實行的黃金期，現今卻好像掉到監獄般停滯不前，而管理者和執行工作者們正面臨逐漸失去工作熱忱的危機，還得面對來自四面八方的種種命令和要求。

 # 暴風雨：2001年1月

九個月後，團隊管理者和執行人員對評量架構的工作熱忱已經明顯被削減了，然而接著又來了一場兒童服務（Children's

Service）的震盪期。當執行人員們還在努力從整個服務工作的創傷中尋求復原時，（一位資深管理者）卻造成前一個會計年度的100萬英鎊預算超支。這個經驗讓接下來應該怎麼安排工作必須「講清楚、說明白」，工作需要重新聚焦並且需要改變政策方向，還要避免在社區取向的家庭支援服務提供過高成本的「侵入性干預」。經過一整個夏天的檢討和行動計畫，最後地方議會的政治家們解決了2000年底超出預算的問題，所以資深管理者們對「兒童服務」的進度再度樂觀了起來。然而這次的危機意外獲得了一個利益。資深管理者們利用這個機會，地毯式地檢查究竟在「組織內發生了什麼事」，並且認為以後都不會再有意外發生了。

　　接下來的行動包括重組兒童服務團隊架構、流程、手續和系統，目的在強調提供家庭援助，為評量架構的導入做準備，提供新能量復甦前線服務（資深管理者），並且表現出改革的承諾。在操作上出現新的安排時，就會使用具創意的問題解決方案，例如使用臨時工來負責架設責任歸屬系統。正如一位團隊管理者形容的：「激發天才般靈光乍現的創意」（a stroke of genius），每個人都講任務執行力（taskforce）的優點，如此幫助了新的考核團隊有個嶄新的開始，也提示了機構改革的重要性，而且資深管理者也幫助員工學習如何應付突如其來的變化。

　　隨著2001年2月評量架構開始在Browning Forest開始實施，執行者們開始初步實施指導原則、程序和做紀錄。所有的團隊管理者和執行人員除了必須接受下一階段的評量架構訓練外，為了強調團隊管理者在負責改變組織文化和執行角色的重要性，團隊管理者們必須接受密集訓練。緊接著是跨部會的訓練，站在第一線的工作人員和他們的管理者們戒慎恐懼著。儘管之前已經有一整年的提早準備和訓練，有些執行人員仍表示他們忙到沒時間看完所有的訓練資料，而且還不完全明白實施上每個環節的訣竅（這問題不僅僅只有

Browning Forest才有，儘管指導原則和其他執行教材已廣為散布著了）。第一線工作人員們感到困惑和焦慮，而工作人員們接收和理解到的訊息往往都跟管理者要表達的原意不一樣，所以有些社工人員說道：「我們不再做兒童保護了」、「經理不再讓我們使用兒童保護辦法了」；他們也經歷了技術淘汰（deskill）和停止充權（disempower）的轉變，並且心理對轉型時期感到不舒服。

導入新的評量架構引起了很多迴響。基本上大多數反應都顯示支持這項評量原則，而且經過一些執行者工作後發現時間規劃表太難達成了，而用來記錄的表格「使人望之怯步且非常累贅」，「非常反覆，又零碎」，記錄過程「嚇壞了委託人，而且很難與他們的家人分享」。一位社工人員根據經驗形容，想要完成綜合評鑑，簡直是兒童社工服務的「傳說」，例如她努力填寫了六十多頁的表格，但最後還是放棄了。社工團隊在談到早期的服務經驗時，就已經討論過了，社工們將之視為「警報」，好比「這種工作非常難做」。同時，這樣的經驗更加確認了「每個人都處在同樣的情況」。

在這個階段，資深管理者體驗到最近的改變已逐漸轉為「上行下效」取向。他們認知到好的第一線工作人員頗具優勢，在此環境下且認定他們的服務方式是達成改革最合適的方法。他們的認知是先讓團隊管理者上任，並確認兒童及其家庭真的需要兒童服務，然後分配合格的社工來執行這項工作。團隊管理者常被認為在聯繫國家政策發展、塑造改變和對自己的社福機構做出承諾上，扮演了極為重要的角色。資深管理者認為成功在於整合不同程度的變化，「這是人們所要做的一部分，而不是只填寫一堆表格或強迫進行繁複的手續」。

任務完成：2002年5月

　　十五個月後，Browning Forest兒童服務中心整個氣氛不一樣了。工作人員態度的轉變顯而易見，而且對家庭援助工作充滿熱忱。評量架構已成功整合到實務面上，而且訓練人員也很高興不必再絞盡腦汁說服那些工作人員了。關於評量架構的實用性以及需要決心（反映了全國所有機構的經驗，不僅僅只是反映Browning Forest而已）的議題漸漸出現。儘管早期對跨多重合作機構投資的團體，多半仍舊依靠私人關係來運行，但跨機構合作的運作依然發展最少。兒童社工服務已經完成了（通常經由外界團體來監督）補足人員短缺的進度。全國性社工人員招募和人力流失的危機在Browning Forest相當嚴重，工作人員在人力短缺的情況下備感壓力（反映了Cleaver等人2004年的發現）。然而，儘管處於這些問題的威脅下，兒童服務的改善已有明顯進步。

　　到了2002年5月，機構的表現相對於政府目標反映出地方改善的程度。在兒童保護計畫下（註冊需要受保護的兒童）數目已呈現穩定下降，比起1998年的二百七十三位，到今天只剩下不到六位。每萬名兒童註冊需要照護服務的比率已降至全國平均以下；比起1999年的三百六十位，今天只有二百二十二位兒童需要安置服務，降低了32%。安置在機構外照護的兒童數目也降至四十位，長期來看，預計也只剩下十七到十八位兒童需要這種照顧方式。更多的孩童已回到自己的家，或到親戚家，或由當地寄養家庭收養。總被視為要求嚴格的外部評鑑也大大讚賞Browning Forest所做的改善，包含良好的家庭合作和深度的家庭援助。

　　這些改變伴隨著資深團隊有效率的運作管理、授權團隊管理者

有更多做個案移交和資源分配的決定，並且引導資深執行者進入團隊工作一併進行。如何更迅速地提供服務、品質保證、實施安全防護和進行監督，與當地志願機構（非營利組織）合作擴展家庭援助服務，以及全面導入資訊科技數位化系統等等議題都注入了新的熱忱。資深管理者發現，這些與其他機構合作產生的變化所帶來的影響，好比衛生保健、教育訓練、試用期等需要更多的關切。

在第一線實施評量架構上也有實質的進展。執行此計畫的社工人員表示，他們已明確地整合了評量架構的語言和原則，並將它每天應用在服務兒童及其家庭的工作上。不可避免地，有某些方面會引起他們的困惑和不耐，例如時間的限制、以嚴格的兒童保護措施來協調發展更全面的評估，以及使用問卷調查和量表以瞭解求援家庭所面臨的難處等挑戰。在實行上還需要一項改善——專注在需要援助的孩童上，而非全家的評估和記錄。整體來說，當社工人員逐漸在工作上獲得自信時，執行實務上就會逐漸充滿新的創意。社工人員說道：

> 「我們最初的評量架構品質是很好的，但我們無法依照時間表規定完成。」
>
> 「第一次做核心評估非常困難，但如果要做第二次，我就會感到有自信多了。」
>
> 「不是每個人都完全瞭解評量架構是怎麼回事，而且有些人還使用不同的系統運作。」

然而，執行實務上也還是會出現一些預期之外的結果。例如除了「初期評估法」或「核心評估法」之外，還有一套新評估法叫做「部分評估法」已經問世。執行社工和行政人員（Lipsky所描述街頭官僚主義者的角色，1980）可能會使用並視評估法為一種理性工具，以便配合一些同一天開案又結案、不需進一步動作的案子，

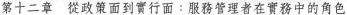

或是因爲複雜和嚴重性而要即時轉介到快速反應小組。另外一種解釋，是引進新的一套評估方式是因爲「初期評量法」太過繁瑣、太過耗時，而且很多人沒辦法在指定時程內完成它。

第二個讓社工人員感到困惑的例子是有關責任歸屬，特別當Browning Forest和志工機構同時進行弱勢兒童家庭評量時。到底誰該負責？以電子記錄系統來看，個案何時視爲已結案？或仍然由兒童服務人員來執行？實務和管理上的應用爲何？

最後一個例子是在評估兒童發展需求與其雙親養育能力的「核心評量」時，記錄順序上出現的錯誤。研究團隊很有興趣知道父母養育孩子的課題爲何？公母需要什麼樣的援助，而不是孩子本身需要什麼援助？檢討「核心評量」裡的五個核心點，顯示出這樣的考量其實是正確的，無論記錄上的順序是否正確，少數顯示出兒童需求記錄與環境實況無法配合。對於這些細節的顧忌——記錄是如何完成的？還有資訊是以何種順序蒐集的——可能在政策制訂者看來，要確保給予弱勢兒童及其家庭更與衆不同而反應快速的支援服務，還有一段很長的路要走。但也有人反駁說，只要工作人員自己本身的行爲和表現有所改變，實行服務自然就會成功。有些改變並不會照著政策原本的意思發生。

 好好服務兒童及其家庭：2002年11月

六個月後，已是2002年，當時此個案研究的中央考核結果寄出，爲政府社會局稽查員針對Browning Forest到當年11月爲止收關兒童服務項目的稽查。稽查報告結果讚譽Browning Forest表現出奇的好；關於個案方面則註記轉介、評估、照護計畫系統運行良好，而且績效管理和網路離線檢討（off-line review）有效改善了弱勢兒

童的處境。稽查報告也發現大多數稽查員訪問過的求援父母們，對接受兒童服務感到滿意，而且與受援家庭父母合作的概念也充分完美結合在社會工作實務上。管理者對服務改善進度的紀錄也反映在績效考核的指標、有無創新服務、穩健的財務管理和員工的道德感上。有趣的是，稽查員對管理者的服務和表現感到印象深刻。稽查員評論寫道：「前線職員不太注重細節，卻很清楚在兒童服務上需要做到什麼。」報告最後結論Browning Forest機構提供的服務良好，大家都滿意，非常優秀。

 討論

重要因素的相互作用

Browning Forest的個案說明了新政策並不是憑空出現的，一個力求改革的政府，一項新政策的指令很可能只是許多政策各自在不同的執行階段而已，因此很可能因為資深管理者的目光被其他更急迫的事情吸引，而使得實行政策的背景變得更複雜了。因此這裡很可能就會形成影響因素間的交互作用，若不是推動政策實行，就是破壞政策實行。就評量架構的個案而言，這似乎是個廣泛的國家政策改革，藉著確保更有效的兒童需求評估方式和改善服務速度，藉此提升對弱勢兒童的服務以及支援弱勢兒童的家庭。就Browning Forest而言，成果豐碩的原因在於政策目標是一致的，加上評量架構變成有效改革的催化劑，還有成功的關鍵因素是他們重新計畫先後順序議程表。政府想導入評量架構於組織中，為資深管理者提供了施力點和動力的方向。

服務管理者的高度投入

顯而易見的，資深管理者團隊已投入了多數的心力在策略研擬和推動評量架構的實行計畫上，這些特徵也都包含在Cleaver（2004）等人所敘述要成功實現政策實行的範疇裡面。因此這裡需要服務管理者的高度投入，但也需要來自機構其他功能的投入，例如從一開始便與企業施行合作會對專案有一定的影響力。團隊管理者和中階管理者的角色對資深管理者來說是相當重要的，而且他們也是第一線執行人員和資深管理者之間溝通的管道。從實務上來看，相較之下第一線工作人員在政策面的涉入是比較淺的，這是由於第一線社工對策略責任歸屬的權限有限。即便如此，就如同在Browning Forest所見到的，不管策略研擬得如何完備、風險管理評估得如何謹慎，機構內外無法預期的危機也都可中斷政策實行或進度延誤，這都需要領導者的決心和技巧，並點出問題所在，導回正軌。

實行政策的多重步驟

這個研究說明了政策經過許多階段的調停、傳遞，最後到實際執行面將經過許許多多的步驟。英國小孩會玩一種「傳話遊戲」（Chinese Whisper），或英文版「傳統的室內電話遊戲」（the old parlor game of telephone）（Gummer, 1990），當每個階段要做改變時，願景（vision）和意圖（intentions）的堅持都變得相當脆弱。因此，在公家服務的第一線執行人員相當依賴他們的團隊管理者；團隊管理者必須負責做新政策上的有效溝通，並具備相關知識和專業將政策轉變（translate）為可行的地方政策和措施。然而，如

同Brown和她的同事們（1998）所發現到的，第一線人員也容易受到團隊管理者的價值觀和態度，以及他們願意投身於實行政策改革的承諾所影響。參與Browning Forest機構導入評量架構的第一線人員，他們的態度，不論是正面或負面，都是反映團隊管理者的一面鏡子。對第一線社工人員來說，假如他們的團隊管理者對政策命令是傾向比較懷疑的態度，或認為不可能會成功，底下執行的社工就比較容易出現焦慮和沒耐心，缺乏自信，還會嘲笑接下來奉命實行的政策改革。

資深管理者的領導角色

資深管理者瞭解到為達成政策改革，團隊管理者的角色相當重要，因此每天工作上所需的每項決定，就顯得更加舉足輕重了。他們不只要負責將工作分配、委託給團隊管理者們，也要求底下的團隊管理者對第一線執行社工人員進行有效的監督與輔導。例如，有時資深管理者必須親自簽字同意取消某些電子紀錄的評量。採取這種方式有個風險，就是執行人員的專業判斷和授權範圍被削弱了，而且他們對工作上的每個小細節都會用放大鏡監督。但這麼做的好處是，團隊管理者們似乎已感到被賦予了更大的責任把政策面的理想和初衷落實到實際面上。績效好壞是以團隊為單位來看，這表示團隊管理者將會比較在意團隊在執行上的狀況和整體表現勝過中央的要求。

突破舊制做法的挑戰

最後，畢竟是要透過執行人員每天與弱勢兒童和其家庭互動的態度和行為中才能真正落實政策。Hardiker和Barker觀察到，「社會

工作在法定代辦機關（statutory agency）內向來只重視行政法令上的執行，因此變得非常官僚」（1999, p. 422）。對Browning Forest的執行社工來說這並不陌生。突破舊制做法存在著風險，也存在著利益，而且也意味著採用更有組織、更有法源依據且更全面的做法。

調停改革中服務管理者的角色

執行人員所做的變更和調整，有些是獨立發生的，也有些後來演變為大眾的社會「習慣和實務」，這可解釋為「非人為導致的腐敗無能」或說「逃避」，但其實也是一種在過去工作和新任務之間政令要求上的差距（關於第一線執行人員有充分發揮空間的議題，1999年Ellis等人研究的「政策實行需要成人社區照護的評量改革」相當有幫助）。

機構中各個層級的服務管理者，在中央政策制訂和實際政策執行之間作為調停和中間人的角色是極為重要的。Gummer結論道：「為了有效管理執行過程，管理者也必須扮演政策提倡者的角色、組織各部門間串聯與協調的角色，以及各級工作人員的管理者」（1990, p. 107）。

 結論

如同Lindblom在半個世紀之前所觀察到的，「制訂政策充其量只不過是非常粗糙的階段」（1959, p. 86）。從政策最初的政治立意經過許多的階段，最後演化成行動到確切落實，其過程的複雜程度是有目共睹的。就算在政策連貫性上有考量到一個強而有力的

辦法，政策制訂者在制訂政策時，也應把如何實行政策規劃在內，並考慮到政策面的「理想」和「初衷」一致配合地方計畫和時間規劃，可見這實為一件極為複雜的工程，加上不可能總是一帆風順而沒有碰上任何干預。我們也更瞭解到人群服務實施成功，反映了第一線執行人員的態度和行為，團隊管理者和中階管理者在執行過程中則扮演了中樞的角色。他們必須要先同心協力，接著投入政策改革所訂的方向，瞭解政策改革所期望引進的新文化和新行為，而且管理者也必須能夠自己引導這些改革（Jones et al., 2004, p. 2）。他們還有另一個重要角色，就是要將政策執行的結果報告給政策制訂者。如同Rein所認定的，政策執行不是直線進行的，而是循環進行的（1983, p. 124）。Lindblom結論道：「一個聰明的政策制訂者最後會認為只要他所訂的政策達到他理想的一小部分就夠了，而且一定會同時出現一些他預期不到、也不希望發生的意外結果。」（1959, p. 86）在此再註記一項：聰明的政策制訂者一定要堅持讓服務管理者參與實行計畫的研擬，而且在整個政策執行流程上都還要持續這麼做。因為如果不這麼做，如果沒有服務管理者參與其中有效地施行政策，並為需要援助的公民帶來利益會是不可能達成的事。

致謝：這裡作者要再次感謝Browning Forest兒童服務的全體工作人員，以及來自其他機構的代表們，感謝他們對從事這次研究的幫忙和支持。

參考書目

Aberbach, J.D. and Christensen, T. (2005) 'Citizens and consumers: an NPM dilemma.' *Public Management Review* 7, 2, 225–246.

Adams, C. and Perlmutter, F. (1991) 'Commercial venturing and the transformation of America's voluntary social welfare agencies.' *Nonprofit and Voluntary Sector Quarterly 20*, 1, 25–38.

Adams, R. (1996) *Empowerment and Social Work*, 2nd edn. New York: Macmillan.

Addley, E. (2001) 'Pensioners spark race row at home.' *Guardian*, 5 May, 10.

Aldgate, J. (2006) 'Ordinary children in extraordinary circumstances.' In D. Iwaniec (ed.) *The Child's Journey Through Care: Placement Stability, Planning and Achieving Permanence*. Chichester: John Wiley and Sons.

Aldgate, J. and McIntosh, M. (2006) *Time Well Spent – A Study of Wellbeing and Children's Daily Activities*. Edinburgh: Astron.

Aldridge, S. (1995) 'Implementing an Information Strategy at Local Level.' In R. Sheaff and V. Peel (eds) *Managing Health Service Information Systems: An Introduction*. Buckingham, UK: Open University Press.

Alimo-Metcalfe, B. (1998) *Effective Leadership*. Local Government Management Board.

Allen, M.B. (1995) 'The ethics audit: A tool whose time has come.' *Nonprofit World 13*, 6, 51–55.

Altman, I. (1975) *The Environment and Social Behaviour*. Monterey, CA: Brooks/Cole.

Alter, C. and Egan, M. (1997) 'Logic modelling: a tool for teaching critical thinking in social work practice.' *Journal of Social Work Education 33*, 1, 85–102.

Appreciative Inquiry Commons 2006. Online at http://appreciative inquiry. case.edu, accessed 23 November 2006.

Arnold, J., Cooper, C.L. and Robertson, I.T. (1998) *Work Psychology: Understanding Human Behaviour in the Workplace*, 3rd edn. London: Financial Times and Pitman.

Arnstein, S.R. (1969) 'A ladder of citizen participation.' *Journal of the American Institute of Planners 35*, 4, 216–224.

Arredondo, P. (1996) *Successful Diversity Management Initiatives: A Blueprint for Planning and Implementation*. London: Sage.

Asamoah, Y. (1995) 'Managing in the New Multicultural Workplace.' In R.W. Weinbach (2003) *The Social Work as Manager: A Practical Guide to Success*, 4th edn. Boston: Allyn & Bacon.

Ascension Health (2004) *Healthcare Ethics – Cases – Karen Ann Quinlan*. Online at www.ascensionhealth.org/ethics/public/cases/case21.asp, accessed 15 March 2004.

Ashton, D. and Sung, J. (2002) *Supporting Workplace Learning from High Performance Working*. Geneva: International Labour Office.

Association of Metropolitan Authorities (1991) *Quality and Contracts in the Personal Social Services*. London: Association of Metropolitan Authorities.

Audit Commission (2002a) *A Force for Change: Central Government Intervention in Failing Local Government Services*. London: Audit Commission.

Audit Commission (2002b) *Report on Comprehensive Performance Assessment*. London: Audit Commission.

Audit Commission (2005) *CPA: The Harder Test*. London: Audit Commission.

Aufiero, J., DeBrito, V., Ferguson, M., Minott, A. and Thompson, S. (2002) *Celebrate Diversity: Cultural*

Diversity Training. Hartford, CT: Connecticut Department of Children and Families (DCF) Training Academy.

Austin, D.M. (2002) *Human Services Management: Organizational Leadership in Social Work Practice*. New York: Columbia University Press.

Austin, M.J. (2003) 'The changing relationship between nonprofit organizations and public social service agencies in the era of welfare reform.' *Nonprofit and Voluntary Sector Quarterly 32*, 1, 97–114.

Austin, M.J. and Kruzich, J.M. (2004) 'Assessing recent textbooks and casebooks in human service administration: implications and future directions.' *Administration in Social Work 28*, 1, 115–129.

Baines, D. (2002) 'Storylines in racialized times: racism and anti-racism in Toronto's social services.' *British Journal of Social Work 32*, 185–199.

Balgobin, R. and Pandit, N. (2001) 'Stages in the turnaround process: the case of IBM UK.' *European Management Journal 19*, 3, 301–316.

Banks, S. (2001) *Ethics and Values in Social Work* (2nd edn). Basingstoke: Palgrave.

Banks, S. (2004) *Ethics, Accountability and the Social Professions*. Basingstoke: Palgrave/ Macmillan.

Barker, V.L. and Mone, M.A. (1998) 'The mechanistic structure shift and strategic reorientation in declining firms attempting turnarounds.' *Human Relations 51*, 10, 1227–8.

Barnes, J. (2004) 'Waving or drowning? Tracking performance in local authority social services.' In Social Services Research Group: *Research Policy and Planning 22*, 3, 61–69.

Barnes, J. and Gurney, G. (2004) *Supporting Improvements in Social Care Services: Reviewing the Lessons from the Work of Performance Action Teams with Councils with Social Services Responsibilities*. London: Department of Health.

Barr, H. (2002) *Interprofessional Education Today, Yesterday and Tomorrow*. London: The Learning and Teaching Subject Network for Health Sciences and Practice, King's College.

Barrett, F.J. (1995) 'Creating appreciative learning cultures.' *Organisational Dynamics 24*, 1, 36–49.

Barrett, S. and Fudge, C. (eds) (1981) *Policy and Action. Essays on the Implementation of Public Policy*. London: Methuen.

Barry, B. (2002) 'Culture and equality: an egalitarian critique of multiculturalism.' In A. Shachar (ed.), 'Two critiques of multiculturalism.' *Cardozo Law Review, 23*, 1, 253–97.

Bass, B.M. (1985) *Leadership and Performance Beyond Expectations*. New York: The Free Press.

Bass, B.M. (1990) 'From transactional to transformational leadership: learning to share the vision.' *Organizational Dynamics 18*, 3, 19–31.

BASW (2002) *The Code of Ethics for Social Work*. Birmingham: British Association of Social Workers.

Bates, J. (2003) 'An Evaluation of the Use of Information Technology in Child Care Services and its Implications for the Education and Training of Social Workers.' In J. Reynolds, J. Henderson, J. Seden, J. Charlesworth and A. Bullman (eds) *The Managing Care Reader*. London: Routledge and The Open University.

Bauman, D. (2005) 'Toughest boss in America offers advice on management methods.' *University of Connecticut Advance*, 24 October, 3.

Bauman, Z. (1993) *Postmodern Ethics*. Oxford: Blackwell.

Beauchamp, T. and Childress, J. (2001) *Principles of Biomedical Ethics* (5th edn). Oxford: Oxford University Press.

Beckett, J.O. and Dungee-Anderson, D. (1996) 'A framework for agency-based multicultural training and supervision.' *Journal of Multicultural Social Work 17*, 2, 27–48.

Beresford, P. and Croft, S. (2003) 'Involving Service Users in Management: Citizenship, Access and Support.' In J. Reynolds, J. Henderson, J. Seden, J. Charlesworth and A. Bullman (eds) *The Managing Care Reader*. London: Routledge and The Open University.

Berlin, S. (1990) 'Dichotomous and complex thinking.' *Social Service Review 64*, 1, 46–59.

Berquist, W. (2001) 'Postmodern Thought in a Nutshell: Where Art and Science Come Together.' In J.M. Shafritz and J.S. Ott (eds) *Classics of Organization Theory*, 5th edn. New York: Harcourt.

Besel, K. and Andreescu, V. (2003) 'The role of county-based funders in sustaining nonprofits within rural and urbanized counties.' *Nonprofit Management & Leadership 13*, 3, 253–266.

Bibeault, D.B. (1982) *Corporate Turnaround*. New York: McGraw-Hill.

Black's Law Dictionary (1983) 5th edn. St Paul, MN: West.

Blake, R.R. and Mouton, J.S. (1964) *The Managerial Grid*. Houston, TX: Gulf Publishing.

Bohm, D. (1994) *Thought as a System*. London: Routledge.

Borden, L.M. and Perkins, D.F. (1999) 'Assessing your collaboration: a self evaluation tool.' *Journal of Extension 37*, 2. Online at http://joe.org/joe/1999tt.1.html, accessed 15 April 2002.

Bosk, C.L. (1979) *Forgive and Remember: Managing Medical Failure*. Chicago: The University of Chicago Press.

Boyett, J. and Boyett, J. (1998) *The Guru Guide: The Best Ideas of Top Management Thinkers*. New York: John Wiley and Sons.

Bradley, J. and Sutherland, V. (1995) 'Occupational stress in social services: a comparison of social workers and home help staff.' *British Journal of Social Work 25*, 313–331.

Bright, L. (1999) 'The Abuse of Older People in Institutional Settings: Residents' and Carers' Stories.' In N. Stanley, J. Manthorpe and B. Penhale (eds) *Institutional Abuse: Perspectives Across the Life Course*. London: Routledge.

British Studies (2003) *Population of Great Britain*. Online at http://eltbritcoun.org/index.html, accessed 30 January 2005.

Brody, R. (1993) *Effectively Managing Human Service Organizations*. London, Sage.

Brown, E., Bullock, R., Hobson, C. and Little, M. (1998) *Making Residential Care Work: Structure and Culture in Children's Homes*. Aldershot: Ashgate.

Brown, H. and Seden, J. (2003) 'Managing to Protect.' In J. Seden and J. Reynolds (eds) *Managing Care in Practice*. London: Routledge and The Open University.

Bryant, S. and Peters, J. (2005) 'Five Habits: for Cross-cultural Lawyering.' In K.H. Barrett and W. Geaorge (eds) *Race, Culture, Psychology, & Law*. Thousand Oaks: Sage.

Buchholz, R. (1992) *Business Environment and Public Policy*. Englewood Cliffs, NJ: Prentice Hall.

Bureau of the Census (2000) *U.S. Department of Commerce Economics and Statistics Administration, U.S. Census 2000*. Washington, DC: Bureau of the Census.

Burton, J. (1998) *Managing Residential Care*. London: Routledge.

Butera, A.C. (2001) 'Assimilation, pluralism and multiculturalism: the policy of racial/ethnic identity in America.' *Buffalo Human Rights Law Review 1*. Online at www.nexis.com/research, accessed 3 November 2006.

Cahn, K. and Richardson, G. (1993) 'Managing for diversity in public human services.' Paper presented at the Council on Social Work Education, APM #158, 17 February.

Capps, R., Passel, J.S., Periz-Lopez, D. and Fix, M. (2003) *The New Neighbors, a User's Guide to Data on Immigrants in US Communities*. Washington, DC: The Urban Institute. Center for Mental Health Services (1998) *Cultural Competence Standards in Managed Care Mental Health Services for Four Underserved/Underrepresented Racial/Ethnic Groups*. Rockville, MD: Center for Mental Health Services.

Carnochan, J.D. and Austin, M.J. (2002) 'Implementing welfare reform and guiding organizational change.' *Administration in Social Work 26*, 1, 61–77.

Casey Family Services (2005) *Foundations of Supervision (A Training Curriculum)*. New Haven, CT: Casey Family Services.

Chandler, J.A. (2000) 'Conclusion: Globalisation and Public Administration.' In J.A. Chandler (ed.) *Comparative Public Administration*. London: Routledge.

Chapman, J. (2002) *System Failure: Why Governments Must Learn to Think Differently*. London: Demos.

Charlesworth, J. (2003a) 'Managing Unpaid Workers'. In J. Reynolds, J. Henderson, J. Seden, J. Charlesworth and A. Bullman (eds) *The Managing Care Reader*. London: Routledge and The Open University.

Charlesworth, J. (2003b) 'Managing across Professional and Agency Boundaries.' In J. Seden and J. Reynolds (eds) *Managing Care in Practice*. London: Routledge and The Open University.

Cheetham, J., Fuller, R., McIvor, G. and Petch, A. (1992) *Evaluating Social Work Effectiveness*. Buckingham: Open University Press.

Chemers, M.M. (1997) *An Integrative Theory of Leadership*. Mahwah, NJ: Laurence Erlbaum.

Chernesky, R. and Bombyk, M. (1988) 'Ways and Effective Management.' In R.W. Weinbach (ed.) (2003) *The Social Worker As Manager: A Practical Guide to Success*, 4th edn. Boston, MA: Allyn & Bacon.

Chetkovich, C. and Frumkin, P. (2003) 'Balancing margin and mission: nonprofit competition in charitable versus fee-based programs.' *Administration & Society 35*, 5, 564–596.

Chief Inspector Letter and Guidance (2002), Department of Health Performance Assessment Framework. Online at http://www.dh.gov.uk, accessed 23 November 2006.

Chief Inspector of Social Services (2001) Modern Social Services, a Commitment to Deliver. 10th Annual Report of the Chief Inspector of Social Services, 2000-2001. London: Department of Health.

Child Welfare League of America (1993) *Cultural Competence Self-assessment Instrument*. Washington, DC: Child Welfare League of America.

Children Act (1989) London: Her Majesty's Stationery Office.

Children Act (2004) London: The Stationery Office.

The Children (Northern Ireland) Order (1995) Belfast: Her Majesty's Stationery Office.

Children (Scotland) Act (1995) Edinburgh: Her Majesty's Stationery Office.

Clarke, A., Hollands, J. and Smith, J. (1996) *Windows to a Damaged World: Good Practice in Communicating with People with Dementia in Homes*. London: Counsel and Care.

Clarke, J. (2004) *Changing Welfare, Changing States: New Directions in Social Policy*. London: Sage.

Clarke, M. and Stewart, J. (2003) 'Handling the Wicked Issues'. In J. Reynolds, J. Henderson, J. Seden, J. Charlesworth and A. Bullman (eds) *The Managing Care Reader*. London: Routledge and The Open University.

Cleaver, H., Barnes, J., Bliss, D. and Cleaver, D. (2004) *Developing Identification, Referral and Tracking Systems: An Evaluation of the Process Undertaken by Trailblazer Authorities – Interim Report*. London: Royal Holloway, University of London and Department for Education and Skills.

Cleaver H., and Walker S. with Meadows P. (2004) *Assessing Children's Needs and Circumstances: The Impact of the Assessment Framework*. London: Jessica Kingsley Publishers.

Clough, R. (1998) 'Social services.' In M. Laffin (ed.) *Beyond Bureaucracy? The Professions in the Contemporary Public Sector*. Aldershot: Ashgate.

Cm 4169 (1998) *Modernising Social Services: Promoting Independence, Improving Protection, Raising Standards*. London: The Stationery Office.

Cmnd 5730 (2003) *The Victoria Climbié Inquiry*. London: The Stationery Office.

Cnaan, R.A. and Parsloe, P. (eds) (1989) *The Impact of Information Technology on Social Work Practice*. Binghamton, NY: The Haworth Press.

Coble, R. (1999) 'The nonprofit sector and state governments: public policy issues facing nonprofits in North Carolina and other states.' *Nonprofit Management & Leadership 9*, 3, 293–313.

Cohen, B.J. and Austin, M.J. (1997) 'Transforming human services organizations through empowerment of staff.' *Journal of Community Practice 4*, 2, 35–50.

Cohen, R. and Cohen, J. (2000) *Chiseled in Sand: Perspectives on Change in Human Services Organizations.* Belmont, CA: Wadsworth.

Colbert, C.R. and Wofford, J.G. (1993) 'Sexual orientation in the workplace: the strategic challenge.' *Compensation & Benefits Management*, Summer, 1–18.

Colorado Association of Nonprofit Organizations (1994) *Conducting an Ethics Audit: A Checklist for Nonprofits.* Denver, CO: Colorado Association of Nonprofit Organizations.

Committee on Racial Equality (2001) *General Duty to Promote Racial Equality: Guidance for Public Authorities on their Obligations under the Race Relations Amendment Act 2000.* London: Committee on Racial Equality.

Common, R. (1998) 'The New Public Management and Policy Transfer: The Role of International Organizations.' In M. Minogue, C. Polidano and D. Hulme (eds) *Beyond the New Public Management: Changing Ideas and Practices in Governance.* Cheltenham: Edward Elgar.

Congress, E. (1997) 'Is the Code of Ethics as Applicable to Agency Executives as it is to Direct Service Practitioners? Yes.' In E. Gambrill and R. Pruger (eds) *Controversial Issues in Social Work Ethics, Values and Obligations.* Boston: Allyn & Bacon.

Connelly, N. and Seden, J. (2003) 'What Service Users Say about Managers: The Implications for Services.' In J. Henderson and D. Atkinson (eds) *Managing Care in Context.* London: Routledge.

Cooperrider, D.L., Sorensen, J., Yaeger, T.F. and Whitney, D. (2001) *Appreciative Inquiry: An Emerging Direction For Organisation Development.* Illinois: Stipes Publishing.

Coote, A., Allen, J. and Woodhead, D. (2004) *Finding Out What Works.* London: King's Fund.

Coulshed, V. and Mullender, A. (2001) *Management in Social Work*, 2nd edn. Basingstoke: Palgrave.

Cousins, M. (2005) *European Welfare States: Comparative Perspectives.* London: Sage.

Council on Social Work Education (2001) *The Educational Policy and Accreditation Standards 2001.* Alexandria, VA: Council on Social Work Education.

Cox, T. Jr (1994) *Cultural Diversity in Organizations: Theory, Research, and Practice.* San Francisco, CA: Berrett-Koehler.

Cummings, T.G. and Worley, C.G. (1997) *Organisational Development and Change*, 6th edn. Stamford, CT: South Western College Publishing.

Cutler, T. and Waine, B. (2000) 'Managerialism reformed? New Labour and public sector management.' *Social Policy and Administration 34*, 318–332.

Data Protection Act (1998) London: The Stationery Office.

Davis, K. (1998) 'Care, Mental Illness, and African Americans: A Prospective Analysis of Managed Care Policy in the United States.' In G. Schamess and A. Lightburn (eds) *Human Managed Care?* Washington, DC: National Association of Social Workers.

Dawson, A, and Butler, B. (2003) 'The Morally Active Manager.' In J. Henderson and D. Atkinson (eds) *Managing Care in Context.* London: Routledge.

Dawson, P. (2003) *Understanding Organizational Change: The Contemporary Experience of People at Work.* London: Sage.

Deacon, B., Hulse, M. and Stubbs, P. (1997) *Global Social Policy: International Organizations and the Future of Welfare.* London: Sage.

DeCoste, F.C. (2001)'Faith and Political Philosophy in the Canadian Academy.' In R. Beiner and W. Norman (eds) *Canadian Political Philosophy: Contemporary Reflections.* Don Mills, Ontario: Oxford University Press.

Department for the Environment, Transport and the Regions (1998) *Modern Local Government: In Touch with the People.* London: The Stationery Office.

Department of Health (1998b) *Modernising Social Services, National Priorities Guidance.* London: Department of Health.

Department of Health (1999) *The Government's Objectives for Children's Social Services.* London: Department of Health.

Department of Health (2000a) *The National Health Service Plan 2000: A Plan for Investment, a Plan for Reform.* London: The Stationery Office.

Department of Health (2000b) *A Quality Strategy for Social Care.* London: The Stationery Office.

Department of Health (2000c) *Guidance on Health Act Section 31 Partnership Arrangements.* London: Department of Health.

Department of Health (2001a) *The Children Act Now: Messages from Research.* London: The Stationery Office.

Department of Health (2001b) *Working Together, Learning Together: A Framework for Lifelong Learning for the NHS.* London: Department of Health.

Department of Health (2001c) *Making It Happen – the Key Areas for Action.* London: Department of Health.

Department of Health (2002) *HR in the NHS Plan.* A document produced by the National Workforce Taskforce and HR Directorate for consultation. Online at http://www.doh.gov.uk/assettroot/04/08/42/14/04/04084214.pdf, accessed 16 November 2006.

Department of Health (2003a) *Amended National Minimum Standards for Care Homes.* Press release reference 2003/0070.

Department of Health (2003b) *Turning Around 'Failing' Organizations – Literature Review*, by J. Barnes for the Department of Health. London: Department of Health.

Department of Health (2003c) *Care Homes for Older People: National Minimum Standards*, 3rd edn. London: The Stationery Office.

Department of Health and Cleaver, H. (2000) *Assessment Recording Forms.* London: The Stationery Office.

Department of Health, Department for Education and Employment, and Home Office (2000) *Framework for the Assessment of Children in Need and their Families.* London: The Stationery Office.

Department of Health and Department for the Environment (1997) *Housing and Community Care: Establishing a Strategic Framework.* London: Department of Health.

Department of Health and Department for the Environment, Transport and the Regions (1999) *Better Care, Higher Standards: A Charter for Long Term Care.* London: Department of Health, Department for the Environment, Transport and the Regions.

Department of Social Security (1998) *Opportunities for All: Tackling Poverty and Social Exclusion.* London: The Stationery Office.

Disability Discrimination Act (1995) London: The Stationery Office.

Disability Rights Commission Act (1999) London: The Stationery Office.

Disability Rights Commission (2002) *Disability Discrimination Act 1995* (c.50). London: The Stationery Office.

Doherty, T.L. and Horne, T. (2005) *Managing Public Services: Implementing Changes – A Thoughtful Approach.* London: Routledge.

Dominelli, L. (1998) 'Multiculturalism, Antiracism and Social Work in Europe.' In C. Williams (ed.) *Social Work and Minorities.* New York: Routledge.

Douglas, A. (2005) 'Leadership for leaders.' Presentation at the SIEFF Conference, Windsor, UK, 8 September.

Downing, J., Fasano, R., Friedland, P. A., McCullough, M. F., Mizrahi, T. and Shapiro, J.J. (1991) (eds) *Computers for Social Change and Community Organizing.* Binghamton, NY: The Haworth Press.

Duffy, T. (2004) 'Worker vulnerability, the shadow of power in work with court mandated groups.' Council on Social Work Education, Annual Program Meeting, Anaheim, CA, 28 February.

Dunleavy, P. and Hood, C. (1994) 'From old public administration to new public management.' *Public Money and Management 14*, 3, 9–16.

Edwards, N., Fulop, N., Meara, R. and Protopsaltis, G. (undated) *Turning Around Failing Hospitals*. Unpublished paper, The NHS Confederation.

Edwards, R.L. and Gummer, B. (1988) 'Management of Social Services: Current Perspectives and Future Trends.' In P. Keys and L. Ginsberg (eds) *New Management in the Human Services*. Silver Spring, MD: National Association of Social Workers Press.

Edwards, R.R. and Austin, D.M. (1991) 'Managing Effectively in an Environment of Competing Values.' In R.L. Edwards and J.A. Yankey (eds) *Skills for Effective Human Services Management*. Silver Spring, MD: National Association of Social Workers Press.

Egger, R. with Yoon, H. (2004) *Begging for Change: The Dollars and Sense of Making Nonprofits Responsive, Efficient, and Rewarding for All*. New York: HarperCollins.

Elkin, A.J. and Rosch, P.J. (1990) 'Promoting mental health at the workplace: the prevention side of stress management.' *Occupational Medicine: State of the Art Review 5*, 4,739–754.

Ellis, K., Davis, A. and Rummary, K. (1999) 'Needs assessment, street-level bureaucracy and the new community care.' *Social Policy and Administration 33*, 262–280.

Epstein, I. (1992) 'Foreword.' In M. Fabricant and S. Burghardt (1992) *The Welfare State Crisis and the Transformation of Social Service Work*. New York: Sharpe.

Equity Institute (1990) 'Renewing commitment to diversity in the 90s.' Paper presented at the Sixteenth Annual Nonprofit Management Conference, June, Cleveland, OH.

Europe Information Service (2003) 'Anti-discrimination: diversity is good for business.' European Report, 13 November, 351. Online at www.stop-discrimination.info, accessed 23 June 2005.

Esping-Andersen, G. (1990) *The Three Worlds of Welfare Capitalism*. Cambridge: Polity Press.

Esping-Andersen, G. (1998) *Welfare States in Transition: National Adaptations in Global Economies*. London: Sage.

Ezell, M. (2000) 'Financial Management.' In R.J. Patti (ed.) *Handbook of Social Welfare Management*. Thousand Oaks, CA: Sage.

Ezell, M. (2002) 'A case study of an agency's three family preservation contracts.' *Family Preservation Journal 6*, 1, 31–50.

Ezell, M. and Wiggs, M. (1989) 'Surviving the threats from small business advocates.' *Child and Youth Care Administrator 2*, 1, 47–53.

Fabricant, M. and Burghardt, S. (1992) *The Welfare State Crisis and the Transformation of Social Service Work*. New York: Sharpe.

Fabricant, M. and Fisher, R. (2002) *Settlement Houses Under Siege*. New York: Columbia University Press.

Ferguson, I., Lavalette, M. and Whitmore, E. (eds) (2005) *Globalisation, Global Justice and Social Work*. London: Routledge.

Ferlie, E., Ashbourner, L., Fitzgerald, L. and Pettigrew, A. (1996) *The New Public Management in Action*. Oxford: Oxford University Press.

Fernandez, J.P. (1991) *Managing Diverse Workforce: Regaining the Competitive Edge*. Lexington, MA: D.C. Heath & Company.

Finn, J. and Holden, G. (eds) (2000) *Human Services Online: A New Arena for Service Delivery*. Binghamton, NY: Haworth Press.

Fisher, R. and Karger, H.J. (1997) *Social Work and Community in a Private World: Getting Out in Public*. New York: Longman.

Flannery, R., Penk, W. and Corrigan, M. (1999) 'The assaulted staff action program (ASAP) and declines in the prevalence of assaults: community-based replication.' *International Journal of Emergency Mental Health 1*, 19–21.

Fleishman, E.A. (1973) 'Twenty Years of Consideration and Structure.' In E.A. Fleishman and J.G. Hunt (eds) *Current Developments in the Study of Leadership*. Carbondale, IL: University of Illinois Press.

Flynn, N. (2000) 'Managerialism and Public Services: Some International Trends.' In J. Clarke, S. Gewirtz and E. McLaughlin (eds) *New Managerialism, New Welfare?* London: Sage.

Flynn, N. (2002) *Public Sector Management*. Essex: Pearson Education/Prentice Hall.

Flynn, N. and Strehl, F. (eds) (1996) *Public Sector Management in Europe*. Hemel Hempstead: Prentice Hall.

Flynn, R. (1999) 'Managerialism, Professionalism and Quasi-markets.' In M. Hexworthy and S. Halford (eds) *Professionalism and the New Managerialism in the Public Sector*. Buckingham: Open University Press.

Fong, R. and Furuto, S. (eds) (2001) *Culturally Competent Practice: Skills, Interventions and Evaluations*. Boston, MA: Allyn & Bacon.

Freeden, M. (1999) 'The ideology of New Labour.' *Political Quarterly 70*, 42–51.

French, W.L. and Bell, C.H. (1999) *Organization Development: Behavioral Science Intervention for Organization Improvement*, 6th edn. Upper Saddle River, NJ: Prentice Hall.

Gallop. L. (2003) 'Managing budgets and giving best value.' In J. Seden and J. Reynolds (eds) *Managing Care in Practice*. London: Routledge.

Gardner, J.R. (1965) 'How to prevent organisational dry rot.' *Harpers Magazine*, October.

Garvin, D. (1993) 'Building a learning organisation.' *Harvard Business School Review*, July–August.

Geiss, G. R. and Viswanathan, N. (1986) (eds) *The Human Edge: Information Technology and Helping People*. Binghamton, NY: The Haworth Press.

Gibbs, J. (1999) 'The California crucible: Toward a new paradigm of race and ethnic relations.' *Journal of Multicultural Social Work 7*, 1/2, 1–18.

Gibelman, M. (2000) 'Affirmative action at a crossroads: a social justice perspective.' *Journal of Sociology and Social Welfare 27*, 1, 153–74.

Gibelman, M. (2003) *Navigating Human Service Organizations*. Chicago: Lyceum Books.

Gibelman, M. and Demone, H.W. Jr (eds) (1998) *The Privatization of Human Services: Policy and Practice Issues*, vol. 1. New York: Springer.

Ginn, J. and Fisher, M. 'Gender and Career Progression.' In M. Fisher, S. Balloch and J. McLean (eds) *Social Services: Working Under Pressure*. Bristol: Policy Press.

Ginsberg, L. and Keys, P. (eds) (1994) *New Management in Human Services*, 2nd edn. Washington, DC: National Association of Social Workers Press.

Ginsberg, L.H. (2001) *Social Work Evaluation – Principles and Methods*. Boston: Allyn & Bacon.

Glastonbury, B., Lamendola, W. and Toole, S. (1989) *A Casebook of Computer Applications in the Social and Human Services*. Binghamton, NY: Haworth Press.

Glendenning, C., Powell, M. and Rummery, K. (eds) (2002) *Partnerships, New Labour and the Governance of Welfare*. Bristol: Policy Press.

Goffman, E. (1961) *Encounters: Two Studies in the Sociology of Interaction*. Indianapolis: Bobbs-Merrill.

Goffman, E. (1969) *The Presentation of the Self in Everyday Life*. London: Penguin.

Golensky, M. and DeRuiter. G.L. (1999) 'Merger as a strategic response to government contracting pressures: a case study.' *Nonprofit Management & Leadership 10*, 2, 137–152.

Gortner, H. (1991) 'How Public Managers View Their Environment: Balancing Organizational Demands, Political Realities and Personal Values.' In J.S. Bowman (ed.) *Ethical Frontiers in Public*

Management. San Francisco: Jossey-Bass.

Graham, M. (2002) 'The African-centered worldview: developing a paradigm for social work.' *British Journal of Social Work 29*, 2, 252–67.

Green, J.W. (1998) *Cultural Awareness in the Human Services: A Multiethnic Approach*, 3rd edn. Boston: Allyn & Bacon.

Grey, C. and Antonacopoulou, E. (2004) 'Introduction.' In C. Grey and E. Antonacopoulou (eds) *Essential Readings in Management Learning*. London: Sage.

Griffin, W.V. (1997) 'Staff safety in human services agencies.' *Protecting Children 12*, 4–7.

Gronbjerg, K.A. (1993) *Understanding Nonprofit Funding: Managing Revenues in Social Services and Community Development Organizations*. San Francisco: Jossey-Bass.

Guba, E.G. and Lincoln, Y.S. (1994) 'Competing Paradigms in Qualitative Research'. In N.K. Denzin and Y.S. Lincoln (eds) *Handbook of Qualitative Research*. Thousand Oaks, CA: Sage.

Guest, D.E. (1999) 'Human resources management – the workers' verdict.' *Human Resource Management Journal 9*, 3, 5–25.

Gummer, B. (1990) 'The Politics of Program Implementation.' In B. Gummer (ed.) *The Politics of Social Administration*. Englewood Cliffs, NJ: Prentice Hall, 92–114.

Gummer, B. (1998) 'Current perspectives on diversity in the workforce: how diverse is diverse?' *Administration in Social Work 21*, 1, 73–90.

Haley-Banez, L., Brown, S. and Molina, B. (2003) *Codes of Ethics for the Helping Professions*. Pacific Grove, CA: Brooks/Cole.

Handy, C. (1995) *Beyond Certainty: The Changing Worlds of Organizations*. London: Hutchinson/Random House.

Hansard (1988) House of Lords 2nd reading, 6 December, Col. 288.

Hardiker, P. and Barker, M. (1999) 'Early steps in implementing the new community care: the role of social work practice.' *Health and Social Care in the Community 7*, 6, 417–426.

Harper, C.L. and Leicht, K.T. (2002) *Exploring Social Change: America and the World*, 4th edn. Englewood Cliffs, NJ: Prentice Hall.

Harris, J. (1998) 'Scientific management, bureau-professionalism, new managerialism and the labour process of state social work.' *British Journal of Social Work 28*, 6, 822–862.

Harris, J. (2003) *The Social Work Business*. London: Routledge.

Harris, J. and Kelly, D. (1992) *Management Skills in Social Care: A Handbook for Social Care Managers*. Aldershot: Ashgate.

Harris, J. and McDonald, C. (2000) 'Post-Fordism, the welfare state and the personal social services. A comparison of Australia and Britain.' *British Journal of Social Work 30*, 51–70.

Harris, M. (2000) 'The changing challenges of management and leadership in the UK voluntary sector: an interview with Stuart Etherington.' *Nonprofit Management and Leadership 10*, 3, 319–324.

Harrison, M., Mann, G., Murphy, M., Taylor, A. and Thompson, N. (2003) *Partnership Made Painless*. Lyme Regis: Russell House.

Hartley, J. and Allison, M. (2000) 'The role of leadership in the modernization and improvement of public services.' *Public Money and Management*, April–June.

Hartman, A. (1991) 'Words create worlds.' *Social Work 36*, 4, 275–276.

Hasenfeld, Y. (1983) *Human Services Organizations*. Englewood Cliffs, NJ: Prentice Hall.

Hatton, K. (2001) 'Social work in Europe: radical traditions, radical futures?' *Social Work in Europe 8*, 32–42.

Havens, C.M. and Healy, L.M. (1991) 'Do women make a difference?' *Journal of State Government 64*, 2, 63–67.

Hawkins, L., Fook, J. and Ryan, M. (2001) 'Social workers' use of the language of social justice.' *British Journal of Social Work 31*, 1–13.

Hardiker, P. and Barker, M. (1999) 'Early steps in implementing the new community care: the role of social work practice.' *Health and Social Care in the Community 7*, 6, 417–426.

Harper, C.L. and Leicht, K.T. (2002) *Exploring Social Change: America and the World*, 4th edn. Englewood Cliffs, NJ: Prentice Hall.

Harris, J. (1998) 'Scientific management, bureau-professionalism, new managerialism and the labour process of state social work.' *British Journal of Social Work 28*, 6, 822–862.

Harris, J. (2003) *The Social Work Business*. London: Routledge.

Harris, J. and Kelly, D. (1992) *Management Skills in Social Care: A Handbook for Social Care Managers*. Aldershot: Ashgate.

Harris, J. and McDonald, C. (2000) 'Post-Fordism, the welfare state and the personal social services. A comparison of Australia and Britain.' *British Journal of Social Work 30*, 51–70.

Harris, M. (2000) 'The changing challenges of management and leadership in the UK voluntary sector: an interview with Stuart Etherington.' *Nonprofit Management and Leadership 10*, 3, 319–324.

Harrison, M., Mann, G., Murphy, M., Taylor, A. and Thompson, N. (2003) *Partnership Made Painless*. Lyme Regis: Russell House.

Hartley, J. and Allison, M. (2000) 'The role of leadership in the modernization and improvement of public services.' *Public Money and Management*, April–June.

Hartman, A. (1991) 'Words create worlds.' *Social Work 36*, 4, 275–276.

Hasenfeld, Y. (1983) *Human Services Organizations*. Englewood Cliffs, NJ: Prentice Hall.

Hatton, K. (2001) 'Social work in Europe: radical traditions, radical futures?' *Social Work in Europe 8*, 32–42.

Havens, C.M. and Healy, L.M. (1991) 'Do women make a difference?' *Journal of State Government 64*, 2, 63–67.

Henderson, J. and Seden, J. (2004) 'What Do We Want from Social Care Managers?' In M. Dent, J. Chandler and J. Barry (eds) *Questioning the New Public Management*. Aldershot: Ashgate.

Hersey, P. and Blanchard, K.H. (1983) 'An Introduction to Situational Leadership.' In W.R. Lassey and M. Sashkin (eds) *Leadership and Social Change*. San Diego, CA: University Associates.

Hersey, P. and Blanchard, K.H. (1988) *Management of Organizational Behavior Utilizing Human Resources*, 5th edn. Englewood Cliffs, NJ: Prentice Hall.

Hill, M. and Aldgate, J. (eds) (1996) *Child Welfare Services: Developments in Law, Policy and Practice*. London: Jessica Kingsley Publishers.

Hing, B. (2002) 'Answering challenges of the new immigrant- driven diversity: considering integration strategies.' University of Louisville, Immigration Symposium, 40. *Brandeis Law Review 861, LexisNexis*, accessed 26 February 2005.

HM Government (2004) *Every Child Matters: Change for Children*. London: Department for Education and Skills.

HM Government (2005) *Children's Workforce Strategy*. London: Department for Education and Skills.

HM Government (2006a) *Working Together to Safeguard Children*. London: The Stationery Office.

HM Government (2006b) *Information Sharing: Practitioners Guide*. London: Department for Education and Skills.

Hogan-Garcia, M. (2003) *The Four Skills of Cultural Diversity Competence: A Process for Understanding and Practice*, 2nd edn. Pacific Grove, CA: Thomson, Brooks/Cole.

Hood, C. (1991) 'A public management for all seasons.' *Public Administration 69*, 1, 3–19.

Horwath, J. and Morrison, T. (eds) (1999) *Effective Staff Training in Social Care*. London: Routledge.

Howe, E. and Kaufman, J. (1979) 'The ethics of contemporary American planners.' *Journal of the American Planning Association 45*, 3, 243–255.

Hudson, W.W. (1988) 'Measuring clinical outcomes and their use for managers.' *Administration in Social Work 12*, 59–71.

Human Rights Watch (1990) Human Rights World Report. Online at www.hrw.org/hrwworldreport99/intro/index.html, accessed 25 January 2005.

Humphries, B. (2004) 'An unacceptable role for social work: implementing immigration policy.' *British Journal of Social Work 34*, 1, 93–108.

Hunter, J.E. and Love, C.C. (1996) 'Total quality management and the reduction of in-patient violence and costs in a forensic psychiatric hospital.' *Psychiatry Service 47*, 751–754.

Hutton, J. (2005) 'Making public services serve the public.' Speech to the Social Market Foundation, 24 August. Online at www.cabinetoffice.gov.uk/about_the_cabinet_ office/speeches/hutton/html/smf.asp, accessed 28 July 2006.

Ife, J. (2001) *Human Rights and Social Work: Towards Rights-Based Practice.* Cambridge: Cambridge University Press.

Iglehart, A. (2000) 'Managing for Diversity and Empowerment in Social Services.' In R.J. Patti (ed.) *The Handbook of Social Welfare Management.* Thousand Oaks, CA: Sage.

Issacharoff, S. and Karlan, P. (2003) 'Groups, politics, and the Equal Protection Clause.' *Issues in Legal Scholarship, the Origins and Fate of Anti-Subordination Theory.* Article 19. Online at http://www.bepress.com/ils/iss2/art19, accessed 30 October 2006.

James, A. (2002) 'Survivors seek unity.' *Guardian*, 11 December, p.4.

Jansson, B.S. (2001) *The Reluctant Welfare State*, 4th edn. Belmont, CA: Wadsworth.

Jarvis, P. (1987) *Adult Learning in the Social Context.* London: Croom Helm.

Joint Review Team (2000) *People Need People: Releasing the Potential of People Working in Social Services.* London: Social Services Inspectorate/Audit Commission.

Joint Review Team (2002) *Tracking the Changes in Social Services in England: Joint Review Team Sixth Annual Report 2001/2.* London: Social Services Inspectorate/Audit Commission.

Jones, H., Clark, R., Kufeldt, K. and Norman, M. (1998) 'Looking after children: assessing outcomes in child care. The experience of implementation.' *Children and Society 12*, 212–222.

Jones, J., Aguirre, D. and Calderone, M. (2004) '10 principles of change management. Resilience report.' *Strategy+Business Magazine* 15 April.

Joseph, M.V. (1983) 'The ethics of organizations: shifting values and ethical dilemmas.' *Administration in Social Work 7*, 3/4, 47–57.

Kadushin, A. (1995) *Supervision in Social Work.* New York: Columbia University Press.

Kagle, J.D. (1991) *Social Work Records*, 2nd edn. Belmont, CA: Wadsworth.

Kanter, R.M. (1989) 'Foreword.' In L.J. Spencer (ed.) *Winning Through Participation: Meeting the Challenge of Corporate Change with the Technology of Participation.* Dubuque, IA: Kendall/Hunt.

Karger, H. J. and Levine, J. (2000) *The Internet and Technology for the Human Services.* Reading, MA: Addison, Wesley, Longman.

Karger, H.J. and Stoesz, D. (2006) *American Social Welfare Policy: A Pluralist Approach*, 5th edn. Boston: Allyn & Bacon.

Katan, J. and Prager, E. (1986) 'Consumer and worker participation in agency-level decision making: some considerations of their linkages.' *Administration in Social Work 10*, 1, 79–88.

Keane, J. (1988) *Democracy and Civil Society.* London: Verso.

Kerslake, A. (1998) 'Computerisation and the looked after children records: isues of implementation.' *Children and Society 12*, 236–237.

Kettner, P.M. (2002) *Achieving Excellence in the Management of Human Service Organizations.* Boston:

Allyn & Bacon.

Kettner, P.M. and Martin, L.L. (1996) 'The impact of declining resources and purchase of service contracting on private, nonprofit agencies.' *Administration in Social Work 20*, 3, 21–38.

Kettner, P., Moroney, R. and Martin, L. (1999) *Designing and Managing Programs: An Effectiveness-based Approach*, 2nd edn. Newbury Park, CA: Sage.

Keys, P.R. and Ginsberg, L.H (eds) (1988) *New Management in the Human Services*. Silver Spring, MD: National Association of Social Workers Press.

Kirkpatrick, I., Ackroyd, S. and Walker, R. (2005) *The New Managerialism and Public Service Professions: Change in Health, Social Services and Housing*. Basingstoke: Palgrave Macmillan.

Knauft, E.B., Berger, R.A. and Gray, S.T. (1991) *Profiles of Excellence: Achieving Success in the Non Profit Sector*. San Francisco: Jossey-Bass.

Knights, D. and McCabe, D. (2003) *Organization and Innovation: Guru Schemes and American Dreams*. Maidenhead: Open University Press.

Kouzes, J. and Mico, P. (1979) 'Domain theory: an introduction to organizational behavior in human service organizations.' *Journal of Applied Behavioral Science 15*, 1, 449–469.

Kubicek, M. (2003) 'Society.' *Guardian*, 15 January.

Kurz, B., Malcolm, B.P. and Cournoyer, D. (2005) 'In the shadow of race: Immigrant status and mental health.' *Affilia Journal of Women and Social Work 20*, 4, 434–437.

Kymlicka, W. (1998) *Finding Our Way: Rethinking Ethnocultural Relations in Canada*. Toronto: Oxford University Press.

Lago, C. and Thompson, J. (1996) *Race, Culture and Counselling*. Buckingham: Open University Press.

Leach S., Stewart J. and Walsh K. (1994) *The Changing Organisation and Management of Local Government*. Basingstoke: Macmillan.

Leather, P. (ed.) (1998) *Work-related Violence: Assessment and Intervention*. London: Routledge.

Lee, T.F.D. (2004) 'The goal of culturally sensitive gerontological care.' *Journal of Advanced Nursing 47*, 351–358.

Leigh, J.W. (2002) *Communicating for Cultural Competence*. Illinois: Waveland Press.

Levy, C.S. (1982) *Guide to Ethical Decisions and Actions for Social Service Administrators: A Handbook for Managerial Personnel*. New York: Haworth Press.

Lewis, D. (1998) 'Nongovernmental organizations, business and the management of ambiguity.' *Nonprofit Management & Leadership 9*, 2, 135–151.

Lewis, G. and Gunaratnam, Y. (2000), 'Negotiating "race" and "space": spatial practices, identity and power in the narratives of health and social welfare professionals.' Paper presented to the Social Policy Association Conference, Roehampton, 19 July.

Lewis, J.A., Lewis, M.D., Packard, T. and Souflee, F., Jr (2001) *Management of Human Services*. Belmont, CA: Wadsworth/Thomson Learning.

Lindblom, C. (1959) 'The science of "Muddling Through".' *Public Administration 19*, 79–88.

Lipsky, M. (1980) *Street-level Bureaucracy: The Dilemmas of Individuals in Public Service*. New York: Russell Sage Foundation.

Liptak, A. (2003) 'In Florida right to die case, legislation puts the constitution at issue.' *New York Times*, 23 October. Online at www.dwd.org/fss/news/nyt.10.23.03.asp, accessed 15 March 2004.

Loden, M. and Rosenor, J.B. (1991) *Workforce America: Managing Employee Diversity as a Vital Resource*. Irwin, IL: Homewood.

Loewenberg, F.M. Dolgoff, R. and Harrington, D. (2000) *Ethical Decisions for Social Work Practice*, 6th edn. Itasca, IL: Peacock.

Luke, J.S. (1991) ' New Leadership Requirements for Public Administrators: from Managerial to Policy Ethics.' In J.S. Bowmand (ed.) *Ethical Frontiers in Public Management*. San Francisco:

Jossey-Bass.

Lum, D. (2003) 'A Framework for Cultural Competence.' In D. Lum (ed.) *Culturally Competent Practice: A Framework for Understanding Diverse Groups and Justice Issues*, 2nd edn. Pacific Grove, CA: Thomson Brooks/Cole.

Lymbery, M. (2001) 'Social work at the crossroads.' *British Journal of Social Work 31*, 369–384.

Lyon, D. (2001) 'Virtual citizens, speed, distance and moral selves.' Paper presented to New Technologies and Social Welfare Conference, University of Nottingham, 17 December.

Madden, R.G. (2000) 'Legal content in social work education: preparing students for interprofessional practice.' *Journal of Teaching in Social Work 20*, 3–17.

Madden, R.G. (2003) *Essential Law for Social Workers*. New York: Columbia.

Madden, R.G. and Wayne, R. (2003) 'Social work and the law: a therapeutic jurisprudence perspective.' *Social Work 48*, 338–347.

Malka, S. (1989) 'Managerial behavior, participation and effectiveness in social welfare organizations.' *Administration in Social Work 13*, 2, 47–65.

Maluccio, A.N., Fein, E. and Olmstead, K.A. (1986) *Permanency Planning for Children. Concepts and Methods*. London and New York: Tavistock Publications.

Maluccio, A.N., Pine, B.A. and Tracy, E.M. (2002) *Social Work Practice with Families and Children*. New York: Columbia University Press.

Manning, N. (2001) 'The legacy of the new public management in developing countries.' *International Review of Administrative Sciences 67*, 297–312.

Manning, S.S. (2003) *Ethical Leadership in Human Services: A Multi-Dimensional Approach*. Boston: Allyn & Bacon.

Marcus, A. and Marcus, W. (1944) *Elements of Radio*. New York: Prentice Hall.

Marshall, T.H. (1963) 'Citizenship and social class.' In T.H. Marshall *Sociology at the Crossroads*. London: Heinemann.

Martin, L. (1993) *Total Quality Management in Human Service Organizations*. Newbury Park, CA: Sage.

Martin, V. (2002) *Managing Projects in Health and Social Care*. London: Routledge.

Martin, V. (2003a) 'Contributing as a Manager.' In J. Reynolds, J. Henderson, J. Seden, J. Charlesworth and A. Bullman (eds) *The Managing Care Reader*. London: Routledge and The Open University.

Martin, V. (2003b) *Leading Change in Health and Social Care*. London: Routledge.

Martin, V. and Henderson, E. (2001a) 'Values and Vision.' In V. Martin and E. Henderson (eds) *Managing in Health and Social Care*. London: Routledge.

Martin, V. and Henderson, E. (2001b) *Managing in Health and Social Care*. London: Routledge.

Mary, N.L. (2005) 'Transformational leadership in human service organizations.' *Administration in Social Work 29*, 2, 105–118.

Maslow, A.H. (1943) 'A theory of human motivation.' *Psychological Review 50*, 370–378.

McCarthy, J. (1966) 'Information.' In J. McCarthy *A Comprehensive Review of the Extraordinary New Technology of Information*. San Francisco: W.H. Freeman and Company.

McCourt, W. and Minogue, M. (eds) (2001) *The Internationalization of Public Management: Reinventing the Third World State*. Cheltenham: Edward Elgar.

McDonald, A. and Henderson, J. (2003) 'Managers and the Law.' In J. Henderson and D. Atkinson (eds) *Managing Care in Context*. London: Routledge and The Open University.

McDonald, C., Harris, J. and Wintersteen, R. (2003) 'Contingent on context? Social work and the state in Australia, Britain and the USA.' *British Journal of Social Work 33*, 191–208.

McGregor, D. (1960) *The Human Side of Enterprise*. New York: McGraw Hill.

McKinney, J.B. (1995) *Effective Financial Management in Public and Nonprofit Agencies: A Practical and*

Integrative Approach, 2nd edn. Westport, CN: Quorum Books.

McLaughlin, T.A. (1998) *Nonprofit Mergers and Alliances: A Strategic Planning Guide.* New York: John Wiley and Sons.

Meyer, M.W. and Zucker, L.G. (1989) *Permanently Failing Organizations.* London: Sage.

Mezirow, J. (1991) *Transformative Dimensions of Adult Knowledge.* San Francisco: Jossey-Bass.

Mika, K. (1996) *Program Outcome Evaluation.* Milwaukee, WI: Families International.

Miller, C.J., Aguilar, C. R., Maslowski, L., McDaniel, D. and Mantel, M.J. (2004) *The Nonprofits' Guide to the Power of Appreciative Inquiry.* Denver: Community Development Institute.

Miller, D.T. and Nowak, M. (1977) *The Fifties: The Way We Really Were.* Garden City, New York: Doubleday.

Milner, E. and Joyce, P. (2005) *Lessons in Leadership; Meeting the Challenges of Public Services Management.* London: Routledge.

Minogue, M. (1998) 'Changing the State: Concepts and Practice in the Reform of the Public Sector.' In M. Minogue, C. Polidano and D. Hulme (eds) *Beyond the New Public Management: Changing Ideas and Practices in Governance.* Cheltenham: Edward Elgar.

Minogue, M., Polidano, C. and Hulme, D. (eds) (1998) *Beyond the New Public Management: Changing Ideas and Practices in Governance.* Cheltenham: Edward Elgar.

Mishra, R. (1999) *Globalization and the Welfare State.* Northampton, MA: Edward Elgar.

Mizrahi, T. and Rosenthal, B.B. (2001) 'Complexities of coalition building: leaders' successes, strategies, struggles, and solutions.' *Social Work 46,* 1, 63–78.

Mohr, B.J. (2001) 'Appreciative Inquiry: igniting transformative action.' *The Systems Thinker 12,* 1, 1–5.

Moore, M.H. (2002) *Creating Public Value: Strategic Management in Government.* Boston: Harvard University Press.

Mosher, F.C. (1987) 'The Professional State.' In D.L. Yarwood (ed.) *Public Administration: Politics and the People.* New York: Longman.

Mullen, E.J. and Magnabosco, J.L. (1997) *Outcomes Measurement in the Human Services: Cross-Cutting Issues and Methods.* Washington, D.C.: National Association of Social Workers Press.

Murphy, J.W. and Pardeck, J.T. (1986) 'The burnout syndrome and management style.' *Clinical Supervisor 4,* 4, 35–44.

Murphy, J.W. and Pardeck, J.T. (eds) (1988) *Technology and Human Service Delivery: Challenges and a Critical Perspective.* New York: Haworth Press.

Murphy, M. (1993) *Working Together in Child Protection: An Exploration of the Multi-disciplinary Task and System.* Aldershot: Ashgate/Arena.

NASW (1996) *Code of Ethics.* Washington, DC: National Association of Social Workers.

NASW (1998) *Code of Ethics for Social Workers.* Washington, DC: National Association of Social Workers.

NASW (2001) *NASW Standards for Cultural Competence in Social Work.* Washington, DC: National Association of Social Workers.

Natiello, P. (2001) *The Person-Centred Approach: A Passionate Presence.* Hereford: PCCS Books.

National Health Council and the National Assembly of National Voluntary Health and Social Welfare Organizations (1998) *Standards of Accounting and Financial Reporting for Voluntary Health and Welfare Organizations,* 4th edn. Dubuque, IA: Kendall/Hunt Publishing Company.

Naumes, W. and Naumes, M.J. (1999) *The Art and Craft of Case Writing.* Thousand Oaks, CA: Sage.

Newhill, C.E. (2004) *Client Violence in Social Work Practice.* New York: Guilford.

Newman, J. (2005) *Modernising Governance: New Labour, Policy and Society.* London: Sage.

Nixon, R. and Spearmon, M. (1991) 'Building a Pluralistic Workplace.' In R.L. Edwards and J.A.

Yankey (eds) *Skills for Effective Human Services Management*, 155–170. Silver Springs, MD: National Association of Social Workers.

Nolan, Lord (1996) *First Report of the Committee on Standards in Public Life*. London: House of Commons.

Northouse, P. (2000) 'Leadership ethics.' In P.G. Northouse *Leadership: Theory and Practice*, 2nd edn. Thousand Oaks, CA: Sage.

Northouse, P.G. (2001) *Leadership Theory and Practice*. Thousand Oaks, CA: Sage.

Nurius, P.S. and Hudson, W.W. (1993) *Human Services Practice, Evaluation and Computers*. Pacific Grove, California: Wadsworth.

O'Hagan, K. (2001) *Cultural Competence in the Caring Professions*. London: Jessica Kingsley Publishers.

O'Hare, T. (2005) *Evidence-Based Practices for Social Workers: An Interdisciplinary Approach*. Chicago: Lyceum.

Obholzer, A. (2003) 'Managing Social Anxieties in Public Sector Organizations.' In J. Reynolds, J. Henderson, J. Seden, J. Charlesworth and A. Bullman (eds) *The Managing Care Reader*. London: Routledge and The Open University.

Office for Standards in Education (1997) *From Failure to Success: How Special Measures are Helping Schools Improve*. London: Publications.

Office for Standards in Education (1999) *Lessons Learned from Special Measures*. London: OFSTED.

Open University (2003a) *K303 Managing Care, Unit 6, Managing Environments*. Milton Keynes: The Open University.

Open University (2003b) *K303 Managing Care, Resources Section 1, 7*. Milton Keynes: The Open University.

Orlin, M. (1995) 'The Americans with Disabilities Act: implications for social services.' *Social Work 40*, 2, 233–239.

Osborne, D. and Gaebler T. (1992) *Reinventing Government: How the Entrepreneurial Spirit is Transforming the Public Sector*. Reading, MA: Addison Wesley.

Ousley, M. and Barnwell. M. (1993) 'Reviewing fostering services.' *Local Government Policy Making 20*, 328–337.

Ousley, M., Rowlands, J. and Seden, J. (2003) 'Managing Information and Using New Technologies.' In J. Seden and J. Reynolds (eds) *Managing Care in Practice*. London: Routledge and The Open University.

Owen, H. (2000) *The Power of Spirit: How Organizations Transform*. San Francisco: Berrett Koehler Publishers

Page, R. and Silburn, R. (eds) (1999) *British Social Welfare in the Twentieth Century*. Basingstoke: Macmillan.

Parekh, B. (2000) 'Preface.' *Report of the Commission on the Future of Multi-Ethnic Britain*. Online at www.runnymedetrust.org.uk/meb/the Report.htm, accessed 26 February 2005.

Patti, R. (2000) 'The Landscape of Social Welfare Management.' In R.J. Patti (ed.) *The Handbook of Social Welfare Management*. Thousand Oaks, CA: Sage.

Peace, S. (1998), 'Caring in Place.' In A. Brechin, J. Walmsley, J. Katz and S. Peace (eds) *Care Matters*. London: Sage.

Peace, S., Kellaher, L. and Willcocks, D. (1997) *Re-evaluating Residential Care*. Buckingham: Open University Press.

Peace, S. and Reynolds, J. (2003), 'Managing Environments.' In J. Henderson and D. Atkinson (eds) *Managing Care in Context*. London: Routledge and The Open University.

Pease, B. (2002) 'Rethinking empowerment: a postmodern reappraisal for emancipatory practice.' *British Journal of Social Work 32*, 135–147.

Pedlar, M., Burgoyne, J. and Boydell, T. (eds) (1998) *Applying Self-development in Organisations*. London:

Prentice Hall.

Peters, T.J. and Waterman, R.H. (1982) *In Search of Excellence: Lessons from America's Best-Run Companies*. New York: Harper and Row.

Perlmutter, F.D., Bailey D. and Netting, F.E. (2001) *Managing Human Resources in the Human Services: Supervising Challenges*. New York: Oxford University Press.

Peters, T.J. and Waterman, R.H. (1982) *In Search of Excellence: Lessons from America's Best Run Companies*. New York: Harper and Row.

Pine, B.A., Healy, L.M. and Maluccio, A.N. (2002) 'Developing Measurable Program Objectives: A Key to Evaluation of Family Reunification Programs.' In T. Vecchiato, A.N. Maluccio and C. Canali (eds) *Client and Program Perspectives on Outcome Evaluation in Child and Family Services: A Cross-National View*. New York: Aldine de Gruyter.

Pine, B.A., Warsh, R. and Maluccio, A.N. (1998) 'Participatory management in a public child welfare agency: a key to effective change.' *Administration in Social Work 21*, 1, 19–32.

Pinkerton, J., Higgins, K. and Devine, P. (2000) *Family Support – Linking Project Evaluation to Policy Analysis*. Aldershot: Ashgate.

Polidano, C., Hulme, D. and Minogue M. (1998) 'Conclusions: Looking Beyond the New Public Management.' In M. Minogue, C. Polidano and D. Hulme, D. (eds) *Beyond the New Public Management: Changing Ideas and Practices in Governance*. Cheltenham: Edward Elgar.

P.L. 96–272 The Adoption Assistance and Child Welfare Act of 1980. Online at www.info@ask.eeoc.gov, accessed 3 November 2006.

P.L. 101–336 The Americans with Disabilities Act of 1990. Online at www.info@ask.eeoc.gov, accessed 3 November 2006.

P.L. 104–191 Health Insurance Portability and Accountability Act (HIPAA) of 1996. Online at www/nhs/gov/oct/combinedregtext.pdf, accessed 3 November 2006.

Pollitt, C. (1993) *Managerialism and the Public Services*, 2nd edn. Oxford: Basil Blackwell.

Pollitt, C. (2003) *The Essential Public Manager*. Maidenhead: Open University Press.

Pollitt, C. and Bouckaert, G. (1995) *Quality Improvement in European Public Services: Concepts, Cases and Commentary*. London: Sage.

Pollitt, C. and Bouckaert, G. (2000) *Public Management Reform: A Comparative Analysis*. Oxford: Oxford University Press.

Postman, N. (1992) *Technology*. New York: Vintage.

Power, C. and Dickey, C. (2003) 'Generation M: Muslims asserting themselves in European countries.' *Newsweek International 48*, 1 December, 26–27.

Pressman, J.L. and Wildavsky, A. (1973) *Implementation*. Los Angeles: University of California Press.

Preston-Shoot, M., Roberts, G. and Vernon, S. (1998a) 'Social work law: from interaction to integration.' *Journal of Social Welfare and Family Law 20*, 65–80.

Preston-Shoot, M., Roberts, G. and Vernon, S. (1998b) 'Working together in social work law.' *Journal of Social Welfare and Family Law 20*, 137–150.

Prevatt-Goldstein, B. (2002) 'Catch 22: Black workers' role in equal opportunities for black service users.' *British Journal of Social Work 32*, 765–778.

Pslek, P.E. and Greenhalgh, T. (2001) 'The challenge of complexity in health care.' *British Medical Journal 323*, 15 September, 625.

Quinn, R.E. (1984) 'Applying the Competing Values Approach to Leadership: Toward an Integrative Framework.' In J.G. Hunt, D. Hosking, C. Schreisheim and R. Stewart (eds) *Leaders and Managers International Perspectives on Managerial Behavior and Leadership*. Elmsford, NY: Pergamon.

Race Relations Act 1976. London: Her Majesty's Stationery Office.

Radford, A. (2004) Online at http://www.aradford.co.uk, accessed 23 September 2006

Raisbeck, B.B. (1977) *Law and the Social Worker*. London: Macmillan.

Read, J. (2003) 'Mental Health Service Users as Managers.' In J. Reynolds, J. Henderson, J. Seden, J. Charlesworth and A. Bullman, (eds) *The Managing Care Reader*. London: Routledge and The Open University.

Reamer, F.G. (1987) 'Ethics committees in social work.' *Social Work*, May–June, 188–192.

Reamer, F.G. (2000) 'Administrative Ethics.' In R. Patti (ed.) *The Handbook of Social Welfare Management*. Thousand Oaks, CA: Sage.

Reamer, F.G. (2001) *The Social Work Ethics Audit: A Risk Management Tool*. Washington, DC: National Association of Social Workers Press.

Reed Business Information (2003) 'An affirmative action: food for thought: Michel Landel wins Diversity Best Practices CEO Leadership Award.' *Restaurants & Institutions*, 15 November.

Rein, M. (1983) *From Policy to Practice*. London: Macmillan.

Reisman, B. (1986) 'Management theory and agency management: a new compatibility.' *Social Casework: The Journal of Contemporary Social Work 67*, 7, 387–393.

Richardson, J. and Gutch, R. (1998) 'Fears Betrayed: Initial Impression of Contracting for United Kingdom Social Services.' In M. Gibelman and H.W. Demone Jr (eds) *The Privatization of Human Services: Policy and Practice Issues*. New York: Springer.

Robbins, S.P., Chatterjee, P. and Canda, E.R. (1998) *Contemporary Human Behavior Theory: A Critical Perspective*. Boston: Allyn & Bacon.

Robson, J. and Gomph, K. (1994) 'Management by objecting to tradition.' *Journal of Child and Youth Care 9*, 3, 27–32.

Roche, M. (1987) 'Citizenship, social theory and social change.' *Theory and Society 16*, 363–399.

Rogers, A. and Reynolds J. (2003a) 'Leadership and Vision.' In J. Seden and J. Reynolds (eds) *Managing Care in Practice*. London: Routledge and The Open University.

Rogers, A. and Reynolds, J. (2003b) 'Managing Change.' In J. Seden and J. Reynolds (eds) *Managing Care in Practice*. London: Routledge and The Open University.

Rose, W. (2001) 'Assessing Children in Need and Their Families: An Overview of the Framework.' In J. Horwath (ed.) *The Child's World*. London: Jessica Kingsley Publishers.

Rose, W. (2002) 'Achieving Better Outcomes for Children and Families by Improving Assessment of Need.' In T. Vecchiato, A.N. Maluccio and C. Canali (eds) *Evaluation in Child and Family Services*. New York: Aldine de Gruyter.

Rubin, H. (2002) *Collaborative Leadership Developing Effective Partnerships in Communities and School*. Thousand Oaks: Corwin Press.

Rubio, D.M., Birkenmaier, J. and Berg-Weger, M. (2000) 'Social welfare policy changes and social work practice.' *Advances in Social Work 1*, 2, 177–186.

Sabatier, P. and Mazmanian, D. (1979) 'The conditions of effective implementation: a guide to accomplishing policy objectives.' *Policy Analysis 5*, Fall, 481–504. San Francisco: Berrett-Koehler.

Sands, R. and Nuccio, K. (1992) 'Postmodern feminist theory and social work.' *Social Work 37*, 6, 489–494.

Sang, B. and O'Neill, S. (2001) 'Patient involvement in clinical governance.' *British Journal of Health Care Management 7*, 7, 278–281.

Scalera, N.R. (1995) 'The critical need for specialized health and safety measures for child welfare workers.' *Child Welfare 74*, 337–350.

Scapp, R. (2004) 'U.S. values and education: a dialogue.' *The Key Reporter: Newsletter of the Phi Beta Kappa Society 69*, 2, 5, 7 and 13.

Schein, E.H. (1992) *Organizational Culture and Leadership*. San Francisco: Jossey-Bass.

Schmid, H. (2004) 'Organization-environment relationships: theory for management practice in human service organizations.' *Administration in Social Work 28*, 1, 97–113.

Schoech, D. (1990) *Human Services Computing: Concepts and Applications.* Binghamton, NY: The Haworth Press.

Schoech, D. (1999) *Human Services Technology: Understanding, Designing, and Implementing Computer and Internet Applications in the Social Services.* Binghamton, NY: The Haworth Press.

Scottish Executive (2001) *For Scotland's Children.* Edinburgh: The Stationery Office.

Scottish Executive (2005) *Getting it Right for Every Child.* Edinburgh: Scottish Executive.

Scottish Office (1999) *Aiming for Excellence, Modernising Social Work Services in Scotland.* Edinburgh: The Stationery Office.

Seden, J. (2003) 'Managers and Their Organisations.' In J. Henderson and D. Atkinson (eds) *Managing Care in Context.* London: Routledge and The Open University.

Seden, J. and Katz, J. (2003) 'Managing Significant Life Events.' In J. Seden and J. Reynolds (eds) *Managing Care in Practice.* London: Routledge and The Open University.

Seligman, D. (1973) 'How equal opportunity turned into employment quotas.' *Fortune* 162, March.

Senge, P.M. (1990) *The Fifth Discipline: the Art and Practice of the Learning Organization.* New York: Currency Doubleday.

Sex Discrimination Act (1975) London: Her Majesty's Stationery Office.

Shachar, A. (2001) 'Two critiques of multiculturalism.' *Cardozo Law Review 253.*

Shardlow, S.M., Davis, C., Johnson, M., Murphy, M., Long, T. and Race, D. (2004) *Education and Training for Inter-Agency Working: New Standards.* Salford: Salford Centre for Social Work Research.

Shera, W. (1995) 'Organizational empowerment.' Paper presented at the annual program meeting of the Council on Social Work Education, San Diego, CA, 2 March.

Sims, H.P. Jr and Lorenzi, P. (1992) *The New Leadership Paradigm: Social Learning and Cognition in Organizations.* Newberry Park, CA: Sage.

Skelcher, C. (2003) *Learning from the Experience of Recovery: A Theoretical Framework for Understanding Poor Performance and Recovery in Local Government.* Birmingham: University of Birmingham, Inlogov.

Smith, S.R. (1998) 'Contracting for Alcohol and Drug Treatment: Implications for Public Management.' In M. Gibelman and H.W. Demone Jr (eds) *The Privatization of Human Services: Policy and Practice Issues.* New York: Springer.

Smith, S.R. and Lipsky, M. (1993) *Nonprofits for Hire: The Welfare State in the Age of Contracting.* Cambridge, MA: Harvard University Press.

Sommer, R. (1969) *Personal Space: the Behavioral Basis of Design.* Upper Saddle River: Prentice-Hall.

Spath, R. and Pine, B.A. (2004) 'Using the case study approach for improved program evaluations.' *Child and Family Social Work 9*, 1, 57–63.

Spencer, P.C. and Munch, S. (2003) 'Client violence toward social workers: the role of management in community mental health programs.' *Social Work 48*, 532–544.

Strom-Gottfried, K. (2003) 'Understanding adjudication: origins, targets and outcomes of ethics complaints.' *Social Work 48*, 1, 85–94.

Tang, K. (2003) 'Combating racial discrimination: the effectiveness of an international legal regime.' *British Journal of Social Work 33*, 17–29.

Taylor, G. (1993) 'Challenges from the margin.' In M. Lymberg (2001) 'Social work at a crossroads.' *British Journal of Social Work 31*, 369–84.

Taylor, I. (ed.) (1990) *The Social Effects of Free Market Policies: An International Text.* Hemel Hempstead: Harvester Wheatsheaf.

Thoburn, J., Lewis, A. and Shemmings, D. (1995) *Paternalism or Partnership? Family Involvement in the Child Protection Process.* London: The Stationery Office.

Thomas, E. (2005) 'People and politics.' Online at www.bbcnews.org, accessed 4 March 2005.

Thompson, N. (2002) 'Social movements, social justice and social work.' *British Journal of Social Work 32,* 711–722.

TOPSS (Training Organisation for the Personal Social Services) (1999) Modernising the Social Care Workforce: the First National Training Strategy for England, A Consultation Document. Online at www.topss.org.uk, accessed March 2002.

Tunstill, J., Aldgate, J. and Hughes, M. (2006) *Improving Children's Services Networks: Lessons from Family Centres.* London: Jessica Kingsley Publishers.

Tunstill, J., Allnock, D., Akhurst, S. and Garbers, C. (2005) 'Sure Start local programmes: implications of case study data from the national evaluation of Sure Start.' *Children and Society 19,* 158–171.

Tyler, T.R. (1992) 'The psychological consequences of judicial procedures: implications for civil commitment hearings.' *Southern Methodist University Law Review 46,* 433–445.

United Nations (1998) *Racism, Racial Discrimination, Xenophobia and Related Intolerance.* Report by Gele-Ahanhanzo, special rapporteur on contemporary forms of racism, racial discrimination, xenophobia and related intolerance. New York: United Nations.

US Census Bureau (2006) *American Fact Finder. 2004 American Community Survey Data Profile Highlights.* Online at http://factfinder.census.gov/, accessed 4 April 2006.

US Department of Health and Human Services (2003) 'Protecting the privacy of patients' health information,' HHS HIPAA Fact Sheet issued April 14, 2003. Online at www.hhs.gov/ocr/hipaa/ (accessed 21 June 2006).

US Department of Health and Human Services (2004) *Surgeon General's Report, 1999.* Washington, DC: Government Printing Office.

US Department of Justice (1997). 'Commonly asked questions about child care centers and the Americans with Disabilities Act' Civil Rights Division. Online at www.usdoj.gov/crt/ada/childq%26a.htm (accessed 20 June 2006).

Vaill, P.B. (1997) 'The learning challenges of leadership.' In *The Balance of Leadership and Fellowship: Leadership and Fellowship Focus Group.* College Park, MD: Kellogg Leadership Studies Project.

Vandervelde, M. (1979) 'The semantics of participation.' *Administration in Social Work 3,* 1, 65–77.

Van Vlissingen, R.F. (1993) 'Beyond democracy, beyond consensus.' *At Work: Stories of Tomorrow's Workplace 2,* 3, 11–13.

Veitch, R. and Arkkelin, D. (1995) *Environmental Psychology: An Interdisciplinary Perspective.* London: Prentice Hall.

Vernon, S. (1993) *Social Work and the Law.* London: Butterworths.

Vernon, S. (2005) *Social Work and the Law,* 3rd edn. Oxford: Oxford University Press.

Vinokur-Kaplan, D., Jayaratne, S. and Chess, W.A. (1994) 'Job satisfaction and retention of social workers in public agencies, non-profit agencies and private practice: the impact of workplace conditions and motivators.' *Administration in Social Work 18,* 3, 93–121.

Wahl, M. (1993) *Evaluation Outcomes for Family Service Programs.* Milwaukee, WI: Family Service America.

Waine, D. and Henderson, J. (2003) 'Managers, Managing and Managerialism.' In J. Henderson and D. Atkinson (eds) *Managing Care in Context.* London: Routledge and The Open University.

Ward, A. (2003) 'Managing the Team.' In J. Seden and J. Reynolds (eds) *Managing Care in Practice.* London: Routledge.

Ward, H. (ed.) (1995) *Looking After Children: Research into Practice.* London: The Stationery Office.

Warsh, R., Pine, B.A. and Maluccio, A.N. (1996) *Reuniting Families: A Guide to Strengthening Family*

Reunification. Washington DC: Child Welfare League of America.

Watkins, J.M. and Mohr, B.J. (2001) *Appreciative Inquiry: Change at the Speed of Imagination*. San Fransisco: Jossey-Bass Pfeiffer.

Webster's Dictionary (1996), New York: Random House.

Weil, M. and Sanchez, E. (1983) 'The impact of the Tarasoff decision on clinical social work practice.' *Social Service Review 57*, 112–124.

Weinbach, R.W. (2003) *The Social Worker as Manager: A Practical Guide to Success*, 4th edn. Boston: Allyn & Bacon.

Weiner, M.E. (1990) 'Managing Computers and Information'. In W.E. Weiner *Human Services Management: Analysis and Applications*, 2nd edn. Belmont, CA: Wadsworth.

Weisbord, M.R. (1987) *Productive Workplaces: Organizing and Managing for Dignity, Meaning, and Community*. San Francisco: Jossey-Bass.

Weisbrod, B.A. (1988) *The Nonprofit Economy*. Cambridge, MA: Harvard University Press.

Wexler, D.B. (1990) *Therapeutic Jurisprudence: The Law as a Therapeutic Agent*. Durham, NC: Carolina Academic Press.

Wheatley, M. and Kellner-Rogers, M. (1998) 'Turning to One Another.' In *Y2K Citizens Action Guide*. Minneapolis: Lens Publishing Company.

Whipp, R., Kirkpatrick, I., Kitchener, M. and Owen, D. (1998) 'The External Management of Children's Homes by Local Authorities.' In Department of Health, *Caring for Children Away from Home: Messages from Research*. Chichester: John Wiley and Sons.

Whitaker, D., Archer, L. and Hicks, L. (1998) *Working in Children's Homes, Challenges and Complexities*. Chichester: John Wiley and Sons.

White, V. and Harris, J. (eds) (2001) *Developing Good Practice in Community Care*. London: Jessica Kingsley Publishers.

White, V. and Harris, J. (eds) (2004) *Developing Good Practice in Children's Services*. London: Jessica Kingsley Publishers.

Wiener, N. (1965) *Cybernetics: Or Control and Communication in the Animal and the Machine*. Cambridge, MA: MIT Press.

Wigfall, V. and Moss, P. (2001) *More than the Sum of its Parts? A Study of a Multi-agency Child Care Network*. London: National Children's Bureau and Joseph Rowntree Foundation.

Willcocks, D., Peace, S. and Kellaher, L. (1987) *Private Lives in Public Places*. London: Tavistock.

Williams, F. (1996) 'Postmodernism, Feminism and Difference.' In N. Parton (ed.) *Social Theory, Social Change and Social Work*. London: Routledge.

Willis, E. (1992) 'Managing Volunteers.' In J. Batsleer, C. Cornforth and R. Paton (eds) *Issues in Voluntary and Non-profit Management*. PLACE: Addison Wesley.

Wodarski, J.S. and Palmer, A. (1985) 'Management application of behavioral science knowledge.' *Social Casework: The Journal of Contemporary Social Work*, May.

Wolfe, C. (2001) 'Good cause found to be no excuse in ethics case.' Associated Press Story, 2 June. Online at www.enquirer.com/editions/2001/0102/loc_good_cause_found_to.html (assessed 15 March 2004).

Wood, S., de Menezes, L. and Lasaosa, A. (2001) 'High involvement management and performance.' Paper given at seminar at the Center for Labour Market Studies, University of Leicester, May.

Yin, R.K. (1994) *Case Study Research*, 2nd edn. Thousand Oaks, CA: Sage.

Yukl, G.A. (1989) 'Managerial leadership: a review of theory and research.' *Yearly Review of Management 15*, 251–289.

專有名詞對照表

A

A Force for Change　變革的力量

a matrix approach　矩陣方法

A Theory of Justice　正義論（John Rawls的著作）

a thousand points of light　千萬點光芒

access　可近

access-and-legitimacy paradigm　近用與合法典範

accountability　責信

act utilitarianism　行為效益主義

action research　行動研究

administrative approach　行政方法

adversarial system　對抗式訴訟方式

affirmative action organization　權益平等促進行動組織

affirmative action　權益平等促進行動

Affirmative Action　優惠待遇法（美國）

altruism　利他主義

Americans with Disabilities Act（ADA）of 1990　美國身心障礙者法案

Americans with Disabilities Act 1996　1996美國身心障礙者法案

Anglo-American phenomenon
　盎格魯（英國人）－美國人現象（英美現象）

Appreciative Inquiry　肯定式探詢

Arnstein's Ladder of Participation　Arnstein參與階梯理論

artificial intelligence, AI　人工智慧

assimilation　同化主義

Audit Commission　審核委員會（英國）

Autonomy　自主

B

BASW Code of Ethics　英國社會工作倫理守則

behavior theory　行為理論

Best Value　最佳價值

boundaries　界限

British Association of Social Workers, BASW　英國社會工作人員協會

bureaucracy　科層體制

bureaucratic　官僚體系

C

capitation　論人計酬支付制度

Care Councils　照顧委員會

case law　案例法

Chief Inspector of Social Services　社會服務總稽查（英國）

citizen control　公民主導

Civil Rights Act of 1964　1964民權法（美國）

Civil Rights Act of 1991　1991民權法

client-citizens　顧客－公民

codes of ethics　倫理守則

collaborative action research　協同行為研究

collective obligations　集體責任義務

Colorado Association of Non-Profit Organizations, CANPO
科羅拉多非營利組織協會

Commission for Racial Equality　種族平等委員會

Commission for Social Care Inspection, CSCI　社會照護視導委員會

common law　普通法

community chest　公益金

Community Development Institute, CDI　社區發展協會（美國）

competence　稱職

Comprehensive Performance Assessment　全面性績效評估

Confidentiality　保密

Consensus model　共識模型

consumerism　消費主義

continual improvement　永續改善

continuous learning　持續學習

contract employment　約聘式就業

Contract with America　與美國訂契約

contracting　契約委外

core competences　核心能力

Council on Social Work Education, CSWE　社會工作教育協會

crèche place　托兒所

criminal justice　刑事司法

critical reflection　批判性反映

cultural awareness　文化覺察

cultural hegemony　文化領導權

cultural pluralism　文化多元論

cultural self-assessment　文化自評

culture audits　文化審查

culture shaping　文化形塑

customer care　顧客照顧

D

day centre　日間照顧中心

debriefing　減壓

decision-making　決策

deficit-based thinking　劣勢思考

delegation　授權

deontological approach　義務論

Department of Health and Human Services
衛生局及人群服務局（美國）

Department of Health　衛生部（英國）

devolution　權力下放

Disability Discrimination Act 1995, 2005　身心障礙歧視法

Disability Rights Commission Act　身心障礙權利委員會法案

Disability Rights Commission　身心障礙權利委員會

discrimination-and-fairness paradigm　歧視與公平典範

distributed leadership　分散式領導

distributive justice　分配正義

dual relationships　雙重關係

due diligence　實質審查

due process　適當／合法程序

E

economic globalization　經濟全球化

Education Amendments of 1972　教育修正案

Educational Policy and Accreditation Standards, EPAS
　　教育政策與評鑑標準

efficiency　效率

electronic revolution　電子革命

Electronic Technologies, ET　電子科技

Employment Act of 1973　就業法

employment at will　雇傭自願

Employment Regulations　就業法規

empowerment　充權

Equal Employment Opportunity Commission, EEOC
　　平等就業機會委員會

Equal Employment Opportunity（EEO）Act of 1972
　　平等就業機會法（美國）

equal employment organization　平等就業組織

Equal Opportunity Commission　平等機會委員會

Equal Pay Act of 1963　同酬法（美國）

Equality　公平

ethical climate　倫理氛圍

ethical decision-making　倫理決策

ethical dilemmas　倫理兩難

ethical leadership　倫理領導

ethical principles screen　倫理原則篩選

ethically literate　倫理修養

ethics audits　倫理審查

ethics committees　倫理委員會

ethnocentrism　民族中心主義

European Union　歐洲聯盟（歐盟）

evidence-based practice　實證基礎實務

exit strategy　退出策略

F

failing organization　失靈的機構

fairness　公正

Family and Medical Leave Act（FML）of 1993　家庭醫療假法

fixed rules　規則化

frame of reference　參考架構

free economy　自由經濟

free market　自由市場

Full Disclosure　完全揭露

G

generic model of management　管理的通用模式

geographic information system, GIS　地理資訊系統

Grace Commission　葛瑞斯委員會

Great Society　大社會

grievance procedures　申訴程序

H

Health Act　健康法

Health and Social Care Act　健康與社會照護法

Health Improvement Programmes　健康改善計畫

Health Insurance Portability and Accountability Act, HIPAA　可攜式醫

療保險及責任法案

hierarchical　階層體制

holography　全像攝影術

human dignity and worth　個人的尊嚴與價值

Human Rights Act, HRA　人權法案（英國）

human services management　人群服務管理

I

individualism　個人主義

Informal hearing　非正式聽證會

information and electronic technology, IT/ET　資訊與電子科技

informed consent　知情同意

integrity　正直

intentional tort　故意侵權行為

interface　介面

intervention　處遇

International Monetary Fund, IMF　國際貨幣基金會

interpretive theory　詮釋理論

J

joined up services　聯合服務

joined up work　聯合工作

Joint Review Annual Report　聯合年度審查報告

L

labeling theory　標籤理論

learning agenda　學習議程

learning and effectiveness paradigm　學習與效能典範

learning organization　學習型組織

Least Harm　最少傷害

legal competence　法律能力

legal consequences　法律後果

lighter touch　最低標準

Likert's system 4 management　Likert的管理四系統

logic model　邏輯模組

M

Management Grid　管理方格理論

managerial behaviors　管理行為

managerialism　管理主義

managing diversity　多元化管理

manipulation　操縱

maximum possible independence　獨立最大化

means and ends　方法與目標

means test　資產調查

mental health　心理衛生

mixed economy of welfare　福利混合經濟

mobile crisis teams　機動式危機小組

modernising social service　社會服務現代化

modernization agenda　現代化議程

moment of truth　真理的時刻

moral anesthesia　道德麻木

moral hazard　道德風險

multiculturalism　多元文化主義

N

National Assessment Framework　全國性評量架構

National Association of Social Workers (NASW) Code of Ethics
　社會工作倫理守則（美國）

National Association of Social Workers, NASW
　社會工作人員協會（美國）

national competitiveness　國家競爭力

National Health Service Trusts　國民保健服務信託機構（英國）

National Performance Review　國家績效評估

negligence law　過失法

negligent tort　過失侵權行為

negotiated order　協商秩序

neo-liberal politics　新自由主義政治

new public management　新公共管理

non-discrimination　無歧視

not-for-profit agencies　非營利機構

O

Office for Standardas in Education, OFSTED　教育標準局（英國）

OPEC crisis　中東石油危機

open door policy　門戶開放政策

Organization for Economic Cooperation and Development, OECD
　經濟合作發展組織

organizational climate　管理的氛圍

outreach　外展服務

P

Parliamentary Committee on Standards in Public Life
　公共生活標準議會委員會

participation tokenism　象徵性參與

participatory approach　參與式管理

participatory management　參與管理

partnership　夥伴關係

paternalism　父權主義

path dependency　路徑依賴

patriarchal　父權

people management　人員管理

People Need People　人民需要人民

Performance Action Teams　績效行動小組

Performance indicators　績效指標

performance management　績效管理

Performance Outcome Requirements, PORs　必備效能

permanent white water　身處長期激流中

phrase of intervention　處遇階段

pluralist or multicultural organization　多元或多元文化組織

pluralistic management　多元化管理

pooled budgets　整體性預算

post-code lottery　郵遞區號樂透

precedent　慣例

Pregnancy Discrimination Act　懷孕歧視法案

preventative approach　預防式取向

Primary Care Trusts　基層護理信託基金（英國）

privacy　隱私

private sector　私部門

privatization　民營化

privileged communication　法律上不可公開之訊息

professional discretion　專業的自由裁量權

professionalism　專業主義

proprietary firms　私營企業

Protection of Life　生命保護

providing　供給

public expenditure　公共支出

public service　公共服務

purchasing　購買

Q

Quality of Life　生活品質

R

Race Relation Act　種族關係法

racism　種族主義

racist　種族主義

reactive services　被動式服務

reference points　參考點

residential home　住宿型機構

respite care　喘息照護

respondeat superior　責任雇主

right to manage　管理權

role theory　角色理論

routinizaiton　程序化

rule utilitarianism　規則效益主義

S

safeguard　保護；為……提供防護措施

seamless services　無縫服務

second-guessing　事後審究

secrecy　保密

self-advancement　自我發展

self-determination　案主自決

self-reliance　自力更生

self-renewing organization　自我革新組織

service delivery　服務輸送

service　服務

Sex Discrimination Act　性別歧視法

Sexual Orientation Regulations　性別取向法案

situational ethics　情境倫理

situational theory　情境理論

social care　社會照護

social construction theory　社會建構論

social decision　社會決策

social inclusion　社會共融

social justice　社會正義

social mosaic　社會馬賽克

social service management　社會服務管理

Social Services Inspectorate, SSI　社會稽查委員會

social welfare management　社會福利管理

Social Work Inspection Agency　社會工作評鑑機關

special diversity day　特殊多元日

special measures　特別措施

specialization　規格化

staff care　員工照顧

stakeholders　利益團體

Standards for qualifying social workers in the UK
　英國合格社工人員準則

star-rated　星級評鑑等級

State Child Advocate's Office　美國州立兒童促進會

statutory law　實定法

statutory social work　法定的社會工作

strategic alliance　策略聯盟

Strategic Health Authorities　衛生策略管理局（英國）

striking uniformity　顯著的一致性

style theory　風格理論

superleader　超級領導者

support　支持

sure start programme　起跑點平等計畫

symbolic interaction　符號互動論

T

teleological approach　目的論

territory　領域

the Audit Commission　審計委員會

The European Convention on Human Rights　歐洲人權公約

the fifth discipline　第五項修練

The fifth generation of leadership theory　第五代領導理論

The Health Insurance Portability and Accountability Act, HIPAA
　健康保險可攜式與責任法案

the human side of enterprise　企業的人性面

The National Health Service Plan　國民保健服務計畫（英國）

The privacy act　隱私權法案

Third Way　第三條路

Total Quality Management in Human Service Organizations
　人類服務組織的全面品質管理

Trades Union Council, TUC　貿易聯盟理事會

trait theory　特質理論

transactional leadership theory　交易型領導理論

transformational leadership　轉換型領導

transformative learning　轉化學習

Truthfulness　誠實

turnaround　重整

turnover　員工流動率

U

UK Data Protection Act　英國資料保護法
United Way　聯合勸募
utilitarianism　效益論

 V

vacuum tube　真空管
valorization　政府穩定物價的措施
value hierarchies　價值等級
valve　電子管（真空管）
virtual organizations　虛擬組織
Vocational Rehabilitation Act of 1973　職業復健法案
voluntary agencies　志願性組織

 W

War on Poverty　對貧窮作戰
Winter of Discontent　不滿的冬季
Workforce Development Confederations　（英國）人力發展聯盟
World Bank　世界銀行

 X

xenophobia　恐外症（對外國人／事物的憎惡與恐懼）

Y

YWCA　基督教女青年會

社會工作管理

主　　編／Jane Aldgate, Lynne Healy, Barris Malcolm, Barbara Pine, Wendy Rose, Janet Seden

譯　　者／溫如慧、黃琇櫻、趙秋蕙、鮑曉詩

出　版　者／揚智文化事業股份有限公司

發　行　人／葉忠賢

總　編　輯／閻富萍

執行編輯／吳韻如

地　　址／新北市深坑區北深路三段 260 號 8 樓

電　　話／(02)8662-6826

傳　　真／(02)2664-7633

網　　址／http://www.ycrc.com.tw

E-mail ／ service@ycrc.com.tw

印　　刷／鼎易印刷事業股份有限公司

ISBN ／ 978-957-818-989-8

初版一刷／2011 年 3 月

定　　價／新台幣 450 元

國家圖書館出版品預行編目（CIP）資料

社會工作管理 / Jane Aldgate 等主編；溫如
慧等譯. -- 初版. -- 新北市：揚智文化，
2011.03
　　面 ；　公分.
譯自：Enhancing social work management：
theory and best practice from the UK and
USA
ISBN 978-957-818-989-8(平裝)

1.社會工作 2.組織管理 3.英國 4.美國

547　　　　　　　　　　　　　100002027